北京市专精特新企业
发展报告（2023）

北京市中小企业服务中心
北京国融工发投资管理有限公司 主编

2023 Report on the Development of Specialized and Sophisticated Small and Medium-sized Enterprises (SMEs) in Beijing

经济管理出版社
ECONOMY & MANAGEMENT PUBLISHING HOUSE

图书在版编目（CIP）数据

北京市专精特新企业发展报告. 2023 / 北京市中小企业服务中心，北京国融工发投资管理有限公司主编. -- 北京：经济管理出版社，2024. -- ISBN 978-7-5096-9751-1

Ⅰ. F279.244.4

中国国家版本馆 CIP 数据核字第 2024UT2396 号

组稿编辑：杨国强
责任编辑：王　洋
责任印制：许　艳
责任校对：王淑卿

出版发行：经济管理出版社
　　　　　（北京市海淀区北蜂窝 8 号中雅大厦 A 座 11 层　100038）
网　　　址：www.E-mp.com.cn
电　　　话：（010）51915602
印　　　刷：唐山昊达印刷有限公司
经　　　销：新华书店
开　　　本：720mm×1000mm/16
印　　　张：14
字　　　数：282 千字
版　　　次：2024 年 6 月第 1 版　　2024 年 6 月第 1 次印刷
书　　　号：ISBN 978-7-5096-9751-1
定　　　价：98.00 元

编 委 会

序　言

为进一步提升中小企业发展质量和水平，我国借鉴德国、日本等国中小企业发展策略和模式，做出引导中小企业"专精特新"发展的决策部署，并建立了具备中国特色的优质中小企业梯度培育体系。北京市深入贯彻落实党中央、国务院"专精特新"相关决策部署，搭建了"一基二优三助"工作框架，围绕构建梯度培育根基，优政策、优服务，助融资、助上市、助宣传，全力支持专精特新企业快速发展壮大。

截至 2023 年 12 月底，北京市已形成涵盖 10561 家创新型中小企业，7180 家专精特新中小企业，795 家国家级专精特新"小巨人"企业的梯度培育"金字塔"。提前超额完成"十四五"规划目标，国家级专精特新"小巨人"企业总量连续两年位列全国各城市之首。专精特新企业已成为北京市"十四五"时期落实城市发展战略定位、建设国际科技创新中心和构建高精尖产业结构的重要抓手。党和国家领导人、工业和信息化部领导、兄弟省市领导多次赴北京市调研专精特新企业发展情况，并对培育发展成效予以充分肯定。

为全面展示总结北京市专精特新企业发展成效，北京市经济和信息化局启动了《北京市专精特新企业发展报告（2023）》编制工作。报告致力于全面、系统展示北京市专精特新企业发展特点及典型案例，总结、分享北京市培育发展专精特新企业的先进举措和区域特色，系统阐述当前发展面临的重点问题并提出优化策略。报告从多维数据角度对专精特新企业进行全量刻画，并广泛征集代表企业、服务举措以及区域发展等鲜活案例，高度贴合发展实际情况。

报告的编制得到了北京市统计局、中国人民银行营业管理部、北京市 16 个区及经济技术开发区中小企业主管部门的协助，以及 100 余家专精特新代表企业的大力支持，在此表示衷心的感谢。希望报告能够对中小企业相关决策部门及研究工作者提供思考和启发，提振中小企业专精特新发展信心，为推动全国专精特新培育工作高质量发展提供典型案例、贡献北京智慧。

编委会

2024 年 2 月 21 日

前　言

为全面展示北京市专精特新企业发展情况，由北京市经济和信息化局指导，北京市中小企业服务中心和北京国融工发投资管理有限公司牵头，联合清华大学五道口金融学院、北京联合大学、北京股权交易中心、北京银行、北京八月瓜知识产权代理有限公司、长风联盟6家机构，编写形成《北京市专精特新企业发展报告（2023）》（以下简称《报告》）。《报告》分为政策环境、企业发展、服务生态、区域发展和优化策略五大部分，采用定量与定性分析相结合的研究方法，全面剖析发展情况，准确、客观刻画发展特征。在量化分析方面，截至2023年底，北京市已累计培育7180家专精特新中小企业、795家国家级专精特新"小巨人"企业，考虑到数据的完整性和时效性，我们选取以2023年8月31日为节点的企业数量为样本（6323家专精特新中小企业、795家国家级专精特新"小巨人"企业）分析企业发展特点；在案例分析方面，课题组征集了全市16个区以及经济技术开发区专精特新发展先进举措和163个代表企业案例，为研究工作提供了丰富的案例素材。希望通过本《报告》全面展示北京市专精特新企业发展风采，系统梳理专精特新企业扶持政策和服务举措，为相关政策制定部门提供参考和借鉴，以示范带动作用推动我国专精特新企业高质量发展。

目　录

第一章 政策环境

第一节 国内外发展环境

国际竞争环境激烈，我国处于转型升级重要时期。一方面，当今世界正经历百年未有之大变局，部分发达经济体逆全球化战略等因素造成全球供应链不稳定性加剧；另一方面，新兴科技的发展和应用不断改变产业格局和商业模式，使得传统产业面临挑战，转型迫在眉睫。

新一轮科技革命和产业革命深入发展，科技创新是重要突破点。伴随着不断涌现的创新浪潮，各类尖端领域研究成果和产品迭出，新一轮科技革命和产业革命正加快走向深入发展。智能化主导、融合式"聚变"、多点突破是新一轮科技革命的主要态势。新一代信息技术，如5G、人工智能、物联网、大数据、区块链等急速发展，通过与生物工程、新能源、新材料等新型技术交叉融合，正逐渐深入渗透到经济社会各领域，并使得现有产业形态、分工和组织方式面临全方位深刻变化。

发达国家纷纷以中小企业为突破口制定转型策略。中小企业量大面广，是推动国家经济发展、稳定就业的重要力量。主要发达国家以中小企业作为推动经济转型升级的重要突破口，制定不同发展策略，其中最具代表性的为德国、美国、日本、韩国等。德国采用"隐形冠军"① 发展策略，形成了以高科技和专精为两大突出特点的竞争优势，目前全球有近 3000 家隐形冠军企业，其中德国拥有近

---

① 指在某一细分领域处于绝对领先地位、年销售额不超过 50 亿美元且隐身于大众视野之外的中小企业。这一概念由德国中小企业管理学家赫尔曼·西蒙创立。

1400 家。美国致力于培养利基企业①，目前利基企业已成为美国最具创新活力的群体。与美国类似，日本提出了高利基企业概念，高利基企业推动了战后日本的迅速崛起，目前日本企业平均寿命 12.5 年，百年以上企业数量位列全球第一。自 2010 年起韩国政府开始大规模培育具备国际竞争力的中坚企业②，引导韩国从人力和资本集中的基础产业中脱离出来。

应对复杂的国际形势，我国深入实施供给侧结构性改革、调整经济结构、加快科技资源整合，推动经济发展从传统的资源密集型模式向创新驱动型模式转变，进入高质量发展阶段。

供给侧结构性改革力度加大，要素转化加速流通。三次产业增加值比重由 2012 年的 9.1：45.4：45.5 调整为 7.7：37.8：54.5，经济结构逐步优化③。配合着经济结构调整，我国要素市场化配置持续深化，特别是随着数据成为除传统生产要素之外的核心要素之一。"十三五"期间，与数据发展应用相关的信息传输、软件和信息技术服务业增加值年均增速高达 20.7%④。

数字经济融入国民经济各个领域，为经济发展提供新动能。数字经济推动经济社会发生深刻变革。当前数字经济已深刻融入国民经济各领域，为我国经济发展提供新动能。2021 年我国数字经济规模达到 7.1 万亿美元，居世界第二，取得了举世瞩目的成就⑤。2022 年数字经济规模占国内生产总值比重超过 40%，数字经济核心产业发明专利授权量达 33.5 万件，同比增长 17.5%⑥。截至 2022 年底，移动物联网终端用户数达到 18.45 亿户，成为全球主要经济体中首个实现物联网用户量超越人口数量的国家⑦。网约车、共享单车等新兴业态为广大群众日常出行提供便利，成为日常生活中的重要组成。

深入推动科技资源整合，加快形成新质生产力。习近平总书记曾强调："加快实现高水平科技自立自强，是推动高质量发展的必由之路"，"要整合科技创

---

① 指集中力量于某个特定的细分目标市场，或重点经营一个产品和一种服务，进而创造出产品和服务优势的企业。

② 指在技术、市场、投资、经营创新及人员招募等方面具有优势和国际竞争潜力的企业。

③ 数据来源：国家信息中心．"十四五"时期我国产业结构变动特征及趋势展望［EB/OL］．［2023-09-25］http：//www.sic.gov.cn/Sic/81/455/1012/11105 pchtml．

④ 数据来源：国家发展和改革委员会．"十四五"规划〈纲要〉解读文章之 1 | "十三五"时期经济社会发展的主要成就［EB/OL］．https：//www.ndrc.gov.cn/fggz/fzzlgh/gjfzgh/202112/t20211225_1309689.html．

⑤ 数据来源：中国信息通信研究院．全球数字经济白皮书（2022 年）［R］．2022．

⑥⑦ 数据来源：国家互联网信息办公室．数字中国发展报告（2022 年）［EB/OL］．［2023-09-15］http：//www.cac.gov.cn/2023-05/22/c_1686402318492248.htm．

新资源，引领发展战略性新兴产业和未来产业，加快形成新质生产力"①。2022 年，全社会研发经费首次突破 3 万亿元，研发投入强度达到 2.55%，一些关键核心技术攻关取得突破，战略性新兴产业发展壮大。我国在全球创新指数中的排名升至第 11 位，连续十年稳步提升，成功进入创新型国家行列②。北京、上海、粤港澳大湾区三大国际科技创新中心跻身全球科技创新集群前 10 位。新兴产业不断壮大，正在促进新质生产力加速形成。

产业链供应链现代化水平持续提升，内部市场前景广阔。我国是全世界唯一拥有联合国产业分类当中全部工业门类的国家。2022 年，我国工业增加值首次超过 40 万亿元，制造业增加值占整个 GDP 比重接近 30%③；制造业投资比上年增长 9.1%，其中高技术制造业投资增长超过 22%④。充足的市场需求为产业链供应链稳健发展提供了有力保障。近年来，我国坚持"一带一路"建设并形成良好辐射带动效应，加强全球产业链布局⑤的部署初见成效，在全球供应链体系中的地位越发稳固。此外，数字经济的蓬勃发展，为我国产业链供应链充分赋能，大数据、智能光伏、物联网、机器人等新技术新产业日新月异，可从多角度对产业链供应链进行结构优化、提升供需匹配效率。

第二节 专精特新企业内涵及作用

一、"专精特新"企业的概念内涵

党的二十大报告中，习近平总书记明确强调要"支持专精特新企业发展"。在专精特新企业培育过程中，我国初步形成了四个梯队的"金字塔"形企业结

---

① 《第一观察│习近平总书记首次提到"新质生产力"》，新华网，http：//m. news. cn/2023－09/10/c_1129855743. htm。

② 数据来源：以科技创新引领高质量发展［EB/OL］. 求是网， ［2023－09－15］http：//www. qstheory. cn/2023-08/29/c_1129831965. htm。

③ 数据来源：中华人民共和国工业和信息化部，https：//www. miit. gov. cn/xwdt/gxdt/ldhd/art/2023/art_7c3f2825171644c99c954049dc841bee. html，中 华 人 民 共 和 国 工 业 和 信 息 化 部，https：//www. miit. gov. cn/xwdt/szyw/art/2022/art_5b68ff75343b48e0a6a3b82be06859d7. html，2023-09-15。

④ 数据来源：工业和信息化部运行监测协调局. 2022 年中国工业经济运行报告［EB/OL］. ［2023-09-15］http：//lwzb. stats. gov. cn/pub/lwzb/fbjd/202306/W020230605407820366191. pdf。

⑤ 石建勋，卢丹宁，徐玲. 第四次全球产业链重构与中国产业链升级研究［J］. 财经问题研究，2022（4）：36-46.

构。处于塔尖的是"制造业单项冠军企业"，长期专注于基础零部件、基础装备、关键材料等细分产品市场，特定细分产品销售收入占全部销售收入比重超过70%，生产技术或工艺国际领先，产品质量精良，单项产品占有率居全球前3位。处于第二梯队的是专精特新"小巨人"企业，即从事特定细分市场时间达到3年及以上，企业主导产品在全国细分市场占有率达到10%以上，且主营业务收入占营业收入70%以上的企业，能为大企业、大项目提供关键零部件、元器件和配套产品，具有小配件蕴含高技术、小企业支撑大配套、小产业干成大事业等特点。处于第三梯队的是专精特新中小企业，指具有"专业化、精细化、特色化、新颖化"特征的中小企业，具体由各省工业和信息化部门认定。处于第四梯队的是数以百万计的量大面广的创新型中小企业，有持续的技术、品牌和模式等创新能力，是我国技术创新重要主体和制造业高质量发展生力军。"十四五"期间，我国将推动培育100万家创新型中小企业、10万家专精特新中小企业、1万家专精特新"小巨人"企业。

专精特新企业特指专精特新中小企业和专精特新"小巨人"企业，是按照政府一系列评价标准评选出来的，相比于其他创新型中小企业，专精特新中小企业和专精特新"小巨人"企业更加注重领域专业化、管理精细化、创新产品及服务特色化、新颖化（见表1-1）。具体而言，专精特新企业往往具有以下特征：一是专注核心业务，其产品和服务在产业链某个环节中处于优势地位；二是经营管理精细高效，产品或者服务质量突出，在企业经营中形成较高竞争壁垒；三是在细分行业市场有较高的市场影响力，凭借较为独特的创新产品或服务获得良好的行业口碑；四是产品或服务具有较高的技术含量，企业可持续创新能力强，能提供具有较高经济价值的高附加值产品，业务增长潜力较大。

表1-1 不同层级优质中小企业评价指标体系构成

企业特色	创新型中小企业	专精特新中小企业	专精特新"小巨人"企业
专业化	主营业务占比与增长率	特定细分市场从业时间*	特定细分市场从业时间
	主导产品所属领域情况	主营业务占比与增长率	主营业务占比与增长率
		主导产品所属领域情况	主导产品所属领域情况
精细化	资产负债率	资产负债率	资产负债率
		数字化水平	数字化水平
		质量管理体系认证	质量管理体系认证
		净利润率	

续表

企业特色	创新型中小企业	专精特新中小企业	专精特新"小巨人"企业
特色化		由省级中小企业主管部门结合本地产业状况和中小企业发展实际自主设定	**主导产品在全国细分市场占有率 & 拥有直接面向市场并具有竞争优势的自主品牌**
新颖化	<u>获国家级、省级科技奖励情况</u>	<u>获国家级、省级科技奖励情况</u>	**获国家级、省级科技奖励情况**
	<u>有效知识产权数量</u>	<u>有效知识产权数量</u>	**有效知识产权数量**
	<u>研发机构建设情况</u>	<u>研发机构建设情况</u>	**研发机构建设情况**
	<u>新增股权融资情况</u>	<u>新增股权融资情况</u>*	**新增股权融资情况**
	研发费用/占比	<u>研发费用/占比</u>*	**研发费用/占比**
	高新技术等荣誉获评情况	研发人员占比	**研发人员占比**
		"创客中国"获奖情况	**"创客中国"获奖情况**

注：普通字体为评分指标；标粗字体是必需指标；星号字体粗字体既是必需指标也是评分指标；下画线字体为创新直通指标；星号、粗字体既是创新直通指标也是必需指标。

资料来源：艾瑞咨询研究院；《"专精特新"企业发展研究报告》《优质中小企业梯度培育管理暂行办法》。

二、专精特新企业的引领作用

中小企业是一国经济实现高质量发展、促进技术创新的中坚力量，对解决就业问题，提升国民生活质量有着深远影响，专精特新企业则是从大量中小企业中脱颖而出的具有创新底蕴和科技实力的标兵企业，是创新型中小企业中的佼佼者，也是我国落实创新驱动发展战略的关键载体。专精特新企业从多个方面不断引领着我国中小企业的高质量发展。规模上，专精特新企业培育目标已基本完成；行业上，专精特新企业深耕制造业，同时推进高科技产业发展；经营上，专精特新企业以小微型企业为主，经营情况稳中有升；创新上，专精特新企业持续加大科创力度，形成新质生产力；转型升级上，专精特新企业注重数字化转型，并有效打通"上市"渠道。

专精特新企业培育规模持续扩大，基本完成"十四五"时期培育目标。据工业和信息化部（以下简称"工信部"）统计，截至2023年8月底，我国已累计培育创新型中小企业21.5万家，专精特新中小企业9.8万家，专精特新"小巨人"企业1.2万家。自2019年以来，工信部共分五批公示了9279家专精特新"小巨人"企业，已接近达成2025年培育1万家专精特新"小巨人"企业目标数量。

深耕制造业基础领域，高科技产业规模增高。我国专精特新"小巨人"企业中超过 60% 属于制造业领域，主要分布在计算机、通信和其他电子设备制造业、专用设备制造业、通用设备制造业、化学原料和化学品制造业等。① 与此同时，专精特新"小巨人"企业规模在高技术产业方面逐步提升，主要集中在科学研究和技术服务业以及信息传输、软件和信息技术服务业，如新材料、新一代信息技术、新能源等领域。

结构性分布特点突出，经营情况稳中有升。我国专精特新企业中以民营企业为主，小微型企业数量大幅增长，占比超过 50%。② 2022 年我国专精特新"小巨人"企业营业收入总额超过 5 万亿元，较 2021 年增长约 13%。其中，营业收入5 亿元以上企业占比超过 20%。③

创新能力持续提升，新质生产力引领新动能。作为新兴产业和未来产业的新型代表集群，专精特新企业依靠创新驱动引领产业发展，是新质生产力的主要代表。2022 年，我国专精特新"小巨人"企业平均研发经费投入超过 3100 万元，较 2021 年提高约 18%，平均研发强度约为 6.3%，是我国全社会研发经费投入强度的两倍；④ 企业专利申请总量约 24.2 万件，占比超过全国企业申请总量的 5%。⑤

注重数字化转型，成为上市企业主力。工信部发布的《中小企业数字水平评测指标（2022 年版）》将中小企业数字化发展水平评测结果划分为四个等级，分别从数字化基础、经营、管理、成效四个维度综合评估。有关资料显示，我国超过 80% 专精特新"小巨人"企业的数字水平达二级以上。截至 2023 年 7 月底，已累计有 1600 多家专精特新中小企业在 A 股上市，占 A 股上市企业的比例超过30%，1~7 月 A 股新上市企业中专精特新中小企业占比是 60%，充分展现了专精特新中小企业发展的韧性和活力⑥。

综上所述，专精特新企业作为创新型中小企业的"领头羊"，其在专业化、精细化、特色化、创新能力和产品服务新颖化方面的不断探索与深耕，为中小企业提供有效引领作用；其是提高产业链、供应链、创新链稳定性和竞争力的坚实保障，是经济新增长点的重要来源，更是我国强国建设中不可或缺的重要企业主体。

① 数据来源：艾瑞咨询研究院. "专精特新"企业发展研究报告 ［R］. 2022.
② 中国中小企业发展促进中心，中国信通院，中国工业互联网研究院. 专精特新中小企业发展报告（2022 年）［R］. 2022.
③④ 中国中小企业发展促进中心，中国信通院，中国工业互联网研究院. 专精特新中小企业发展报告（2023 年）［R］. 2022.
⑤ 资料来源：智慧芽. 2023 年专精特新"小巨人"企业科创力报告 ［R］. 2023.
⑥ 2023 年 9 月 4 日，国务院办公厅举办新闻发布会介绍推动民营经济高质量发展有关情况［EB/OL］. https：//www.gov.cn/lianbo/fabu/202309/content_6901978. htm.

第三节 国家专精特新政策体系发展历程

专精特新企业具有专业化、精细化、特色化、新颖化的特点，以专注铸专长、以配套强产业、以创新赢市场，是未来中小企业高质量发展的重要方向，已成为落实创新驱动发展战略的关键载体，为提高国家产业链供应链稳定性和竞争力提供坚实保障。

我国已转向高质量发展阶段，正处在转变发展方式、优化经济结构、转换增长动力的攻关期。我国立足国内企业培育的探索成果，借鉴发达国家企业培育的成功经验，强化制度引领，优化顶层设计，形成了中国特色的专精特新培育体系，为构建新发展格局注入源源不断的新动力，推动经济高质量发展。

纵观政策发展进程，可划分为三个阶段：2011～2018 年的政策提出和试验探索阶段；2019～2021 年的深化落地实施和质量提升阶段；自 2022 年起，已步入全面实施和快速发展阶段。

在政策提出和试验阶段，2011 年，工信部在《"十二五"中小企业成长规划》首次提出"专精特新"概念，将"专精特新"作为中小企业转型升级的重要途径。2012 年，《国务院关于进一步支持小型微型企业健康发展的意见》提出"鼓励小型微型企业走'专精特新'和与大企业协作配套发展的道路"，标志着"专精特新"从部委级规划上升至国家级规划。自 2016 年起，专精特新培育认定体系从单项冠军和专精特新"小巨人"开始启动，2018 年工信部明确了"小巨人"企业评价标准，逐渐探索出中国特色的专精特新梯度培育体系。

在深化落地实施和质量提升阶段，2019 年，培育专精特新"小巨人"从部委层面上升至更高的层级，中共中央办公厅、国务院办公厅提出在多个核心领域培育一批专精特新"小巨人"企业。2021 年是扶持"专精特新"企业发展的政策年，中央经济工作会议明确要求加大对专精特新企业培育支持力度，中央政治局会议要求"开展补链强链专项行动，加快解决'卡脖子'难题，发展'专精特新'中小企业"，标志着培育专精特新企业上升至国家战略高度。同年年底，国务院促进中小企业发展工作领导小组办公室发布《为"专精特新"中小企业办实事清单》《提升中小企业竞争力若干措施》。同年 11 月，北京证券交易所的设立，从资金导向上支持研发投入、技术创新、科技成果转化，为创新型中小企业发展打开新的成长空间。同年 12 月，工信部发布了《"十四五"促进中小企业发展规划》，明确"百十万千"培育目标："十四五"时期培育一百万家创新型中小企业、十万家专精特新中小企业、一万家专精特新"小巨人"企业、一千家制造业单项冠军企业。

在全面实施和快速发展阶段，2022年，"专精特新"首次纳入《政府工作报告》，全国多个省市全面开花，陆续推出专项政策支持"专精特新"企业发展。国家政策主要集中在专精特新企业评价和培育体系构建、政策与资金支持、制造业竞争力与融通创新能力提升等层面，更加看重企业的"专业化"和"新颖化"特质，引导企业在制造业的关键领域开展科研攻关和多主体合作。在培育过程中逐步形成涵盖制造业单项冠军企业、国家级专精特新"小巨人"企业、专精特新中小企业、创新型中小企业的梯队培育"金字塔"。

从中央到地方，从概念提出到形成体系，我国支持专精特新企业发展政策体系不断完善。各级政府部门按照党中央、国务院决策部署，统筹运用各类政策工具，出台帮扶政策组合拳：从财政投入、金融服务、系统培育、服务供给、科技创新、数字化转型、融通创新、资源对接等方面为专精特新企业提供了持续、精准和有效的支持，形成了梯次培育、滚动发展的靶向培育新格局。

第四节　北京市专精特新发展环境

一、北京市"2441"高精尖产业结构

2014年，习近平总书记视察北京并作出重要指示，通过疏解北京非首都功能，调整经济结构和空间结构，走出一条内涵集约发展的新路子，探索出一种人口经济密集地区优化开发的模式，促进区域协调发展，形成新增长极。北京市紧跟中央思路，实施战略调整，拉开了构建高精尖产业结构的序幕。

2017年，北京市政府发布《加快科技创新发展新一代信息技术等十个高精尖产业的指导意见》。摒弃"大而全"的工业体系，选取新一代信息技术、集成电路、医药健康、智能装备、节能环保、新能源智能汽车、新材料、人工智能、软件和信息服务以及科技服务业十个产业作为重点发展的高精尖产业，为北京市高精尖产业发展指明了方向，助力产业腾笼换鸟、提质增效。

经过四年发展，在全球创新版图重构以及我国加快构建双循环新发展格局的时代背景下，在前期创新积累和产业培育的基础之上，北京市高精尖产业进入了自主化的攻坚期、产业集群化的发力期和数字智能化的迸发期。面对新阶段的新挑战和新需求，北京市政府发布《北京市"十四五"时期高精尖产业发展规

划》，提出做大新一代信息技术、医药健康两个国际引领支柱产业，做强集成电路、智能网联汽车、智能制造与装备、绿色能源与节能环保四个"北京智造"特色优势产业，做优区块链与先进计算、科技服务业、智慧城市、信息内容消费四个"北京服务"创新链接产业，抢先布局一批未来前沿产业，形成了面向未来的"2441"高精尖产业体系。

为加快高精尖产业培育和集聚式发展，北京市出台了一系列支持政策，包括整合产业发展资源，构建"一区两带多组团、京津冀产业协同发展"新格局；成立了高精尖产业发展基金，以财政资金撬动社会资本为产业发展注入源头活水；筑牢核心技术、创新平台、产业设施、产业人才等发展根基，壮大链主企业，培育扶持专精特新企业，助力融通发展。目前，北京市高精尖产业发展取得积极成效，2023年重点培育的十大高精尖产业集群收入全部突破千亿级，其中，新一代信息技术产业突破3万亿元，智能装备产业突破5000亿元，成为首都经济发展的重要支撑。

二、北京市专精特新工作体系

北京市积极贯彻中共中央、国务院关于专精特新发展的相关决策部署，深入落实习近平总书记关于"培育一批'专精特新'中小企业"的重要指示精神，于2019年开展专精特新培育工作，以全面激发中小企业创新活力、提升中小企业发展质量。

北京市在国家专精特新政策体系基础之上，结合本区域产业特征，围绕"培育、服务、提升"三个方面，依托"一基二优三助"框架，构建全周期、全要素保障的工作体系，分级分类助力中小企业"雁阵"腾飞。

一基：打造梯队培育根基。坚持"强增量、稳存量"，按照敞口申报、线上办理、达标即享的原则，最大范围吸纳优质中小企业入群归队。构筑"蓄水池"，发掘"潜力股"，培养"尖子生"，建立滚动发展、靶向培育机制，不断完善"金字塔"形梯度培育格局。

二优：优政策、优服务。印发《北京市优质中小企业梯度培育管理实施细则》《北京市关于促进"专精特新"中小企业高质量发展的若干措施》《关于实施十大强企行动激发专精特新企业活力的若干措施》等一系列政策文件，为专精特新中小企业量身打造涵盖技术创新、转型升级、产业链配套、品牌建设、市场开拓、上市服务、融资需求等一揽子专属政策。搭建"市—区—示范平台和基地—服务站"四级服务网络，并为"小巨人"企业配备服务专员。将专精特新企业纳入市、区"服务包"机制，建立企业成长档案，开展一户一档、一户一策辅导培训，确保税费政策红利直达快享。

三助：助融资、助上市、助宣传。开展"千亿畅融"行动，实施"挂牌倍增"行动，将专精特新企业纳入信贷绿色通道，推出专属特色产品。充分发挥中小基金培育服务功能，累计投资中小企业1369家，实际投资额230.79亿元，其中高精尖领域企业占比为90.14%。全国首批设立"专精特新"专板，建立上市后备企业资源库，做好企业上市梯度培育和分类指导，为专精特新中小企业和"小巨人"企业上市提供专属服务。建立"产业链龙头企业出题、中小企业答题"协同创新模式，推出《专精特新研究院》系列节目，讲好专精特新品牌故事。

按照规划，到"十四五"时期末，北京将力争实现国家级专精特新"小巨人"企业500家、专精特新"小巨人"企业1000家、专精特新中小企业5000家。目前，北京市已提前超额完成目标，国家级"小巨人"企业总量连续两年位列全国各城市之首。专精特新企业已成为北京市"十四五"时期落实城市发展战略定位、建设国际科技创新中心和构建高精尖产业结构的重要抓手。

第二章　企业发展

第一节　企业发展现状

北京市积极贯彻国家"专精特新"决策部署，将专精特新企业的支持培育摆在重要位置，截至 2023 年 8 月 31 日，已建立涵盖 9910 家创新型中小企业，6323 家专精特新中小企业，795 家国家级专精特新"小巨人"企业的"金字塔"体系，形成了滚动发展、梯度培养的整体格局，为发展新质生产力培育优质储备军。

一、总体情况

（一）企业数量

1. 累计培育企业数量

优质中小企业梯队不断壮大，梯队转化成效提升。截至 2023 年 8 月 31 日①，北京市已累计培育认定专精特新中小企业 6323 家、国家级专精特新"小巨人"企业 795 家。与 2021 年相比②，专精特新中小企业增长 4217 家，涨幅达 200.24%，"小巨人"企业增长 544 家，涨幅达 216.73%。国家级"小巨人"企业占专精特新企业的比例为 12.57%，与 2021 年相比，增长了 0.65%（见表 2-1）。

---

① 截至 2023 年 12 月底，北京市已累计培育 7180 家专精特新中小企业、795 家国家级专精特新"小巨人"企业。考虑到数据的完成性和时效性，我们选取以 2023 年 8 月 31 日为节点的企业数量为样本开展分析。

② 北京市"专精特新"中小企业数量截至 2021 年第七批次；北京市国家级专精特新"小巨人"企业数量截至第三批次。

表 2-1　北京市专精特新企业数量及增长情况

企业类型	数值	与 2021 年底相比增长情况
专精特新中小企业	6323 家	200.24%
国家级专精特新"小巨人"企业	795 家	216.73%
国家级专精特新"小巨人"企业占比	12.57%	0.65%

规模以上专精特新企业占比超六成，规模以上国家级"小巨人"企业占比近九成。规模以上专精特新企业 3938 家，占全量专精特新企业的 62.28%。规模以上国家级"小巨人"企业共 684 家，占全量"小巨人"企业的 86.04%（见图 2-1）。

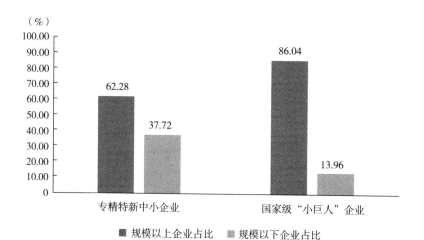

图 2-1　专精特新中小企业和"小巨人"企业规模以上、规模以下占比情况

规模以下专精特新企业占比提升，更多的中小企业走上"专精特新"发展之路。与 2021 年相比，规模以下专精特新企业占比由 28.06% 提升至 37.72%，增长了近 10 个百分点，规模以下国家级"小巨人"企业占比由 9.96% 提升至 13.96%，增长了 4 个百分点。说明北京市引导了越来越多的规模以下中小企业走上了"专精特新"发展道路，优质中小企业梯队培育取得了良好的成效（见图 2-2）。

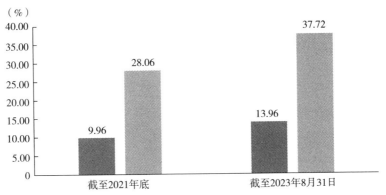

图 2-2　规模以下专精特新企业和国家级"小巨人"企业占比变化情况

2. 各区数量分布

海淀区、朝阳区和经济技术开发区（以下简称"经开区"）是专精特新企业主要聚集地。从企业注册地区看，超五成的专精特新企业来自海淀区（2105 家，占比 33.29%）、朝阳区（673 家，占比 10.64%）和经开区（634 家，占比 10.03%）。特别是海淀区，专精特新企业数量占比约为北京市专精特新企业总数的三分之一。此外，海淀区和经开区也是拥有国家级专精特新"小巨人"企业较多的区域，超五成的国家级"小巨人"企业来自这些区域（见图 2-3、图 2-4）。

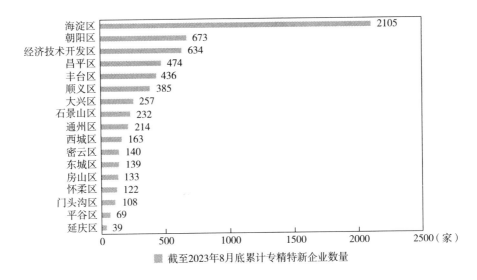

图 2-3　北京市专精特新企业区域分布

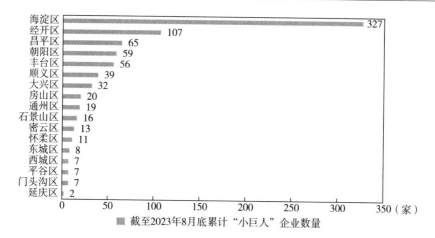

截至2023年8月底累计"小巨人"企业数量

图2-4　北京市国家级"小巨人"企业区域分布

经开区国家级"小巨人"企业占区域内专精特新企业总数的比例最高。从区域维度看，各区国家级"小巨人"企业占区域内专精特新企业总数的比例差距较大，排名前三的分别为经开区、海淀区和房山区，占比均等于或超过15%，其中经开区占比最高，达到16.9%（见图2-5）。经开区、海淀区、房山区、昌平区、丰台区五个区域国家级"小巨人"企业占比均超过北京全市整体水平（12.57）（见图2-5）。

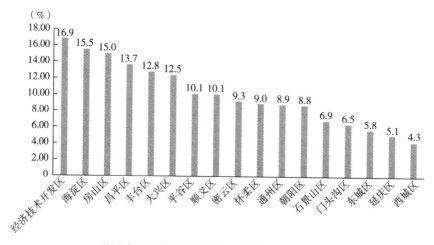

国家级"小巨人"企业占区域内专精特新企业总数的比例

图2-5　各区国家级"小巨人"占比情况对比

3. 各行业数量分布

北京市专精特新企业超八成分布在科技服务业、信息技术服务业和制造业。从国民经济行业分布看，6323 家专精特新企业中排名前三的行业依次为：信息传输、软件和信息技术服务业占比 36.22%，科学研究和技术服务业占比 23.61%，制造业占比 22.66%，总和超过 80%。规模以上专精特新企业也主要分布在这三个行业①，只不过制造业占比更高，达 28.92%，排名第二（见图 2-6、图 2-7）。

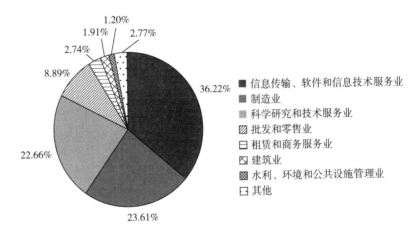

图 2-6　北京市专精特新中小企业国民经济行业分布

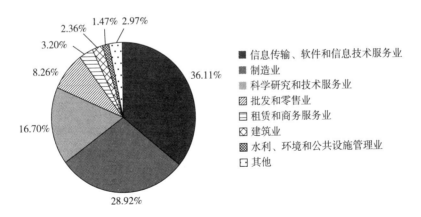

图 2-7　北京市规模以上专精特新中小企业国民经济行业分布

①　行业分布结果来自北京市统计局。

超四成国家级"小巨人"企业来自制造业。795家国家级"小巨人"企业中排名前三的行业依次为：制造业占比41.89%，信息传输、软件和信息技术服务业占比36.60%，科学研究和技术服务业占比15.60%，总和超过90%。规模以上国家级"小巨人"企业的行业分布与以上情况基本一致（见图2-8、图2-9）。

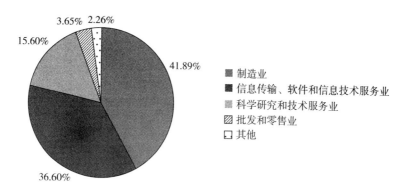

图2-8 北京市国家级"小巨人"企业国民经济行业分布

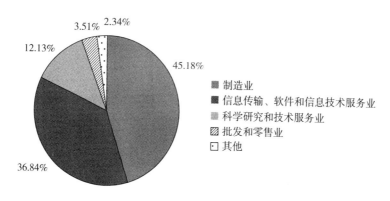

图2-9 北京市规模以上国家级"小巨人"企业国民经济行业分布

专精特新企业已成为北京市发展十大高精尖产业的重要力量。6323家专精特新中小企业中，79.11%来自十大高精尖产业，其中新一代信息技术、软件和信息技术服务业、人工智能产业的企业较多①，占比均达到30%以上。795家国家级"小巨人"企业中，91.70%来自十大高精尖产业，其中新一代信息技术企业最多，占比达47.67%（见图2-10、图2-11）。

①　一个企业可能属于多个高精尖产业。

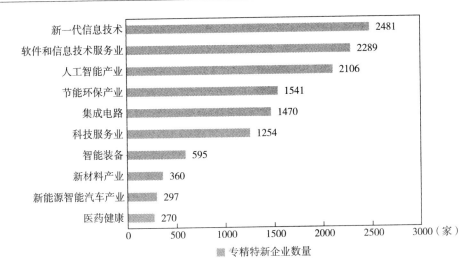

图 2-10　北京市专精特新企业高精尖产业分布

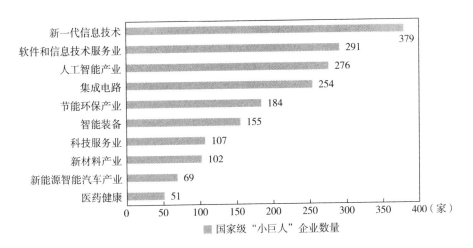

图 2-11　北京市国家级"小巨人"企业高精尖产业分布

　　北京各区专精特新企业高精尖产业占比均达到六成以上，其中海淀区、石景山区、西城区和经开区超八成。从各区高精尖产业分布看，北京 16 个区和经开区来自高精尖产业的专精特新企业占区域内专精特新企业的比例均达到六成以上。其中，海淀区（85.9%）、石景山区（82.3%）、西城区（80.0%）和经开区（80.8%）占比较高，均超过八成。海淀区不仅是拥有专精特新企业数量最多的区域，也是专精特新企业高精尖产业占比最高的区域。西城区虽然专精特新企业数量并不是很多，但是高精尖产业占比位于全区前三。

城六区（海淀区、朝阳区、石景山区、西城区、东城区、丰台区）专精特新企业主要来自信息、软件、人工智能等产业，高精尖产业分布较为聚集，远郊区节能环保产业专精特新中小企业占比较多，高精尖产业分布较为分散。由于各区产业特点不同，专精特新中小企业发展也呈现出不同的区域特色。海淀区、朝阳区、石景山区、西城区等城六区专精特新企业主要聚集在新一代信息技术、软件和信息技术服务业、人工智能产业，且呈现高占比、产业分布较为聚集的现象。昌平区、大兴区、房山区、密云区、门头沟区等近郊区，节能环保产业为专精特新企业占比最多的产业，且各高精尖产业占比相对较低，呈现较为分散的特点。此外，平谷区是全市（包括经开区）智能装备产业专精特新中小企业占比最多的区域（包括经开区），约四分之一的专精特新企业来自该产业（见表2-2）。

表2-2 各区高精尖产业专精特新企业分布

区域	高精尖专精特新企业占比	Top 1 产业	Top 2 产业	Top 3 产业
海淀区	85.9%	新一代信息技术（54.5%）	软件和信息技术服务业（52.2%）	人工智能产业（49.1%）
石景山区	82.3%	新一代信息技术（47.4%）	软件和信息技术服务业（46.6%）	人工智能产业（41.4%）
西城区	81.0%	软件和信息技术服务业（49.7%）	新一代信息技术（49.1%）	人工智能产业（43.6%）
经开区	80.8%	科技服务业（25.6%）	节能环保产业（25.2%）	新一代信息技术（25.1%）
昌平区	79.7%	节能环保产业（29.5%）	科技服务业（27.2%）	新一代信息技术（22.2%）
东城区	77.7%	软件和信息技术服务业（43.2%）	新一代信息技术（41.7%）	人工智能产业（36.7%）
丰台区	76.4%	新一代信息技术（35.8%）	软件和信息技术服务业（33.5%）	人工智能产业（20.3%）
朝阳区	75.0%	新一代信息技术（46.7%）	软件和信息技术服务业（45.3%）	人工智能产业（39.4%）
顺义区	74.8%	新一代信息技术（28.1%）	节能环保产业（26.5%）	软件和信息技术服务业（23.6%）
大兴区	71.6%	节能环保产业（21.0%）	科技服务业（19.1%）	新一代信息技术（17.5%）
门头沟区	70.4%	节能环保产业（30.6%）	新一代信息技术（27.8%）	软件和信息技术服务业（25.9%）

续表

区域	高精尖专精特新企业占比	Top 1 产业	Top 2 产业	Top 3 产业
通州区	69.6%	节能环保产业（24.8%）	新一代信息技术（23.4%）	软件和信息技术服务业（20.6%）
延庆区	69.2%	节能环保产业（28.2%）	新一代信息技术（25.6%）	科技服务业、人工智能产业（均为17.9%）
房山区	69.2%	节能环保产业（25.6%）	新一代信息技术（24.1%）	软件和信息技术服务业（17.3%）
密云区	68.6%	节能环保产业（31.13%）	新一代信息技术（21.4%）	软件和信息技术服务业（20.0%）
怀柔区	66.4%	新一代信息技术（27.9%）	人工智能产业（23.8%）	软件和信息技术服务业（23.0%）
平谷区	60.9%	节能环保产业（26.1%）	智能装备（24.6%）	新一代信息技术（17.4%）

北京各区国家级"小巨人"企业高精尖产业占比均达到七成以上，相较于专精特新企业，国家级"小巨人"企业集成电路、智能装备等占比更高。从各区高精尖产业分布看，北京16个区及经开区来自高精尖产业的专精特新企业占区域内专精特新企业的比例均达到七成以上。其中，顺义区、通州区、石景山区等六个区域占比为100%。相较于专精特新企业的高精尖产业分布，"小巨人"企业在集成电路、智能装备等领域占比更高，昌平区、顺义区等区域智能装备产业国家级"小巨人"企业占比超过三成，石景山区、西城区等区域集成电路产业国家级"小巨人"企业占比超过五成。

4. 规模分布

专精特新企业中的小微企业占比超七成，国家级"小巨人"企业中的中小企业占比近九成。从企业规模看①，专精特新企业超七成为小型和微型企业，其中小型企业占比超过四成，微型企业占比近三成。国家级"小巨人"企业近九成为小型和中型企业，小型企业占比近一半，中型企业占比超四成。相较于专精特新企业，国家级"小巨人"企业规模更大一些，中型企业占比更高（见图2-12、图2-13）。

---

① 为不完全统计结果，约有1.46%的企业没有划型结果。

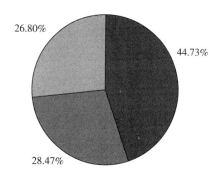

图2-12 北京市专精特新中小企业规模分布

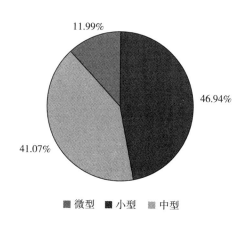

图2-13 国家级"小巨人"企业规模分布

东城区、朝阳区中型企业占比相对较高，丰台区、石景山区等地微型企业占比相对更高。从区域横向对比看，东城区和朝阳区中型企业占比较高，超三成；房山区、平谷区、通州区、顺义区、昌平区小型企业占比较高，均超过半数以上；丰台区、石景山区、门头沟区、大兴区等地微型企业占比较高，均达到三分之一以上（见表2-3）。

表2-3 各区企业规模对比情况 单位：家，%

区域	中型	占比	小型	占比	微型	占比
石景山区	62	27.31	84	37.00	81	35.68
海淀区	639	30.82	862	41.58	572	27.59

续表

区域	中型	占比	小型	占比	微型	占比
平谷区	19	27.54	38	55.07	12	17.39
通州区	45	21.23	111	52.36	56	26.42
经开区	138	22.22	309	49.76	174	28.02
朝阳区	220	33.18	280	42.23	163	24.59
丰台区	102	23.83	171	39.95	155	36.21
顺义区	79	20.84	197	51.98	103	27.18
昌平区	90	19.31	241	51.72	135	28.97
东城区	47	34.81	56	41.48	32	23.70
西城区	52	32.10	62	38.27	48	29.63
大兴区	48	18.82	121	47.45	86	33.73
密云区	36	25.90	66	47.48	37	26.62
房山区	25	19.23	72	55.38	33	25.38
门头沟区	32	29.91	38	35.51	37	34.58
怀柔区	29	23.77	58	47.54	35	28.69
延庆区	8	20.51	19	48.72	12	30.77

软件和信息服务业、人工智能产业中型企业占比相对较高，科技服务业微型企业占比较高。从高精尖产业横向对比来看，软件和信息服务业、人工智能产业、新一代信息技术业中型企业占比较高，均超过四成；医药健康、新材料、智能装备产业小型企业占比较高，达到了六成以上；科技服务业微型企业相对较高，近三成（见表2-4）。

表2-4 高精尖产业企业规模对比情况　　　　　　单位：家，%

高精尖产业	中型数量	占比	小型数量	占比	微型数量	占比
人工智能产业	741	44.21	477	28.44	458	27.31
医药健康	49	20.59	152	63.87	37	15.55
新一代信息技术	830	41.46	664	33.15	508	25.36
新材料产业	71	21.65	211	64.33	46	14.02
新能源智能汽车产业	56	20.22	163	58.84	58	20.94
科技服务业	215	18.01	622	52.09	357	29.90
节能环保产业	236	16.62	773	54.44	411	28.94

续表

高精尖产业	中型数量	占比	小型数量	占比	微型数量	占比
软件和信息技术服务业	812	44.30	533	29.06	488	26.61
集成电路	485	39.59	430	35.10	310	25.31
智能装备	64	12.72	339	67.40	100	19.88

民营企业是培育发展专精特新企业的主力军。从企业类型看，民营企业占比85.21%，国有企业占比9.65%，合资企业占比3.12%，外资企业占比2.02%。表明民营企业创新活力强、深耕细分领域练就产业绝活，是发展和培育专精特新企业的重要储备力量（见图2-14）。

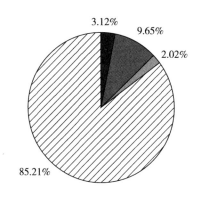

图 2-14　北京市专精特新企业类型分布

（二）成立时间

北京市专精特新企业可持续发展能力较强，六成以上为10年以上的企业。从企业成立时间来看，41.85%为成立10～20年的企业，占比最高，33.11%为成立5～10年的企业，20.49%为成立20～40年的企业，成立5年以内的企业占比约4%。表明北京市专精特新企业的可持续发展能力较强，通过深耕行业、练就产业"绝活"，实现了长远和高质量发展（见图2-15）。

智能装备企业走专精特新发展道路更需要长期深耕和积累，"双碳"政策驱动下节能环保领域催生了更多的专精特新企业。从高精尖产业横向对比看，智能装备产业相较于其他产业成立时间在10～20年、20～40年的企业占比较高，分别近一半和近四成，充分说明智能装备产业相较于其他产业更需要企业长期的深

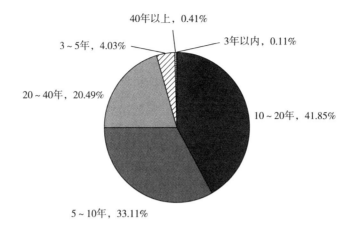

图 2-15　北京市专精特新企业成立时间分布

耕和积累，才能练就"产业绝活"；科技服务业成立时间 5~10 年的企业占比较高，超过四成；节能环保产业成立时间 10~20 年和 5~10 年的企业占比较多，分别占近一半和近四成，主要得益于近年来北京发布的各项节能降碳政策和产业培育举措影响（见表 2-5）。

表 2-5　十大高精尖产业专精特新企业注册时间　　　　　　　　单位：家

高精尖产业	10~20 年	20~40 年	3~5 年	3 年以内	40 年以上	5~10 年
人工智能产业	738	238	54	0	0	647
占比	44.01%	14.19%	3.22%	0	0	38.58%
医药健康	111	97	1	0	6	23
占比	39.22%	34.28%	0.35%	0	2.12%	8.13%
新一代信息技术	867	334	61	0	5	736
占比	43.29%	16.67%	3.05%	0	0.25%	36.74%
新材料产业	140	113	10	0	6	59
占比	42.68%	34.45%	3.05%	0	1.83%	17.99%
新能源智能汽车产业	109	77	10	0	3	78
占比	39.35%	27.80%	3.61%	0	1.08%	28.16%
科技服务业	474	176	56	2	1	485
占比	39.70%	14.74%	4.69%	0.17%	0.08%	40.62%
节能环保产业	575	276	98	1	4	466

续表

高精尖产业	10~20 年	20~40 年	3~5 年	3 年以内	40 年以上	5~10 年
占比	40.49%	19.44%	6.90%	0.07%	0.28%	32.82%
软件和信息技术服务业	809	257	57	0	0	711
占比	44.11%	14.01%	3.11%	0	0	38.77%
集成电路	523	208	45	0	5	444
占比	42.69%	16.98%	3.67%	0	0.41%	36.24%
智能装备	234	194	7	0	3	65
占比	46.52%	38.57%	1.39%	0	0.60%	12.92%

北京市五成以上专精特新企业深耕主导产品达 10 年以上。据不完全统计，从企业从事主导产品领域时间维度看，北京市专精特新企业 37.50% 为从事 10~20 年的企业，其次为 5~10 年，占比为 35.32%。超过 20 年以上的企业占比近两成，5 年以下的企业仅占比不到一成。整体来看，从事主导产品超过 10 年的专精特新企业占比达到 55% 以上，充分表明，北京市专精特新企业长期专注和深耕细分市场，不断打磨自身技术和产品，最终成为细分领域的行业翘楚，走上了"专精特新"发展道路（见图 2-16）。

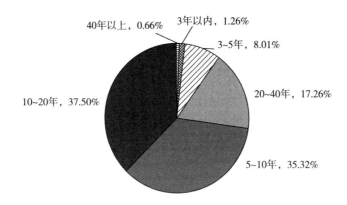

图 2-16　北京市专精特企业从事领域时间

（三）注册资本

北京市专精特新企业平均注册资本是全市中小企业平均水平的 3.5 倍。北京市专精特新企业注册资本总额达 4800 亿元以上，平均注册资本为 7758 万元，是北京市中小企业平均注册资本（2199 万元）的 3.5 倍。

新材料和新能源智能汽车领域企业平均注册资本较高,人工智能领域企业平均注册资本最低。从高精尖产业分布看,新材料、新能源智能汽车产业的企业平均注册资本较高,均达到 1.5 亿元以上,企业起步资金投入较大,而人工智能产业的企业平均注册资本最低,约为 5620 万元,起步资金投入相对较少(见图 2-17)。

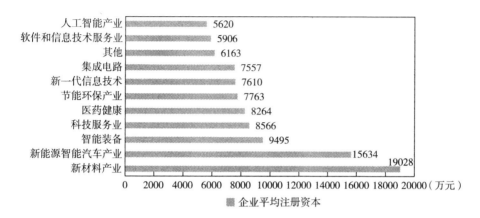

图 2-17 北京市高精尖产业平均注册资本

二、经济效益情况

(一)营业收入

专精特新企业户均营收超 1 亿元,国家级"小巨人"企业户均营收是专精特新企业的 2 倍以上。2022 年,全市专精特新企业实现营业收入 6871 亿元[①],户均营收 1.29 亿元,超两成企业营业收入超过平均值。全市国家级"小巨人"企业户均营收 2.7 亿元[②],是全市专精特新企业平均水平的 2 倍以上。从国民经济行业分类看,营业收入总额排名前三的行业分别为:制造业 2349.2 亿元,占比 34.2%;信息传输、软件和信息技术服务业 2101.9 亿元,占比 30.6%;科学研究和技术服务业 928.5 亿元,占比 13.5%(见图 2-18)。户均营收排名前三的行业分别为:采矿业 12.51 亿元,交通运输、仓储和邮政业 4.17 亿元,住宿和餐饮业 3.44 亿元(见图 2-19)。从企业规模看,中型企业户均营收为 2.85 亿元,小型企业户均营收为 1.04 亿元,微型企业户均营收为 0.4 亿元。

---

① 不完全统计结果,覆盖 84%的企业。
② 不完全统计结果,覆盖 22.7%的企业。

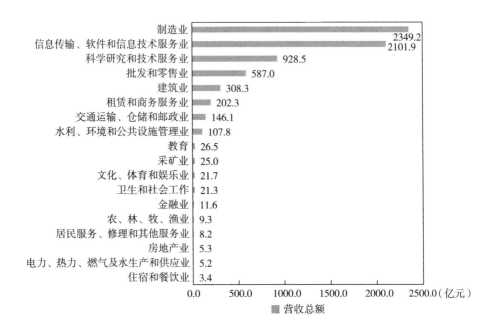

图 2-18　专精特新中小企业营业收入总额行业分布

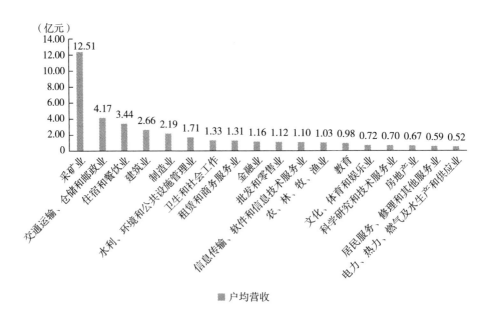

图 2-19　专精特新中小企业户均营收行业分布

专精特新企业近两年保持较高的营收增长率，实现逆势增长。北京市专精特新企业 2020～2022 年营业收入平均增长率超 10%，其中 2021 年增长率为 19.79%，2022 年增长率为 2.94%（见图 2-20）。公开数据显示，2022 年 1~4 季度北京市规模以上中小微企业营业收入同比下降 3.30%①，在经济下行压力下，北京市专精特新企业依然实现了营收逆势增长，表现出强大的发展韧性和抗风险能力。

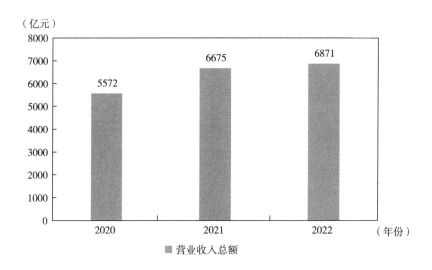

图 2-20　2020~2022 年北京市专精特新中小企业营业收入增长情况

规模以上②专精特新企业营业收入成本率③较 2021 年增长 2.33 个百分点。规模以上专精特新企业 2022 年营业收入总额达 7983.41 亿元，平均营业收入 2.03 亿元。制造业营业收入总额最高，达 3306.9 亿元，交通运输、邮政和仓储业企业平均营业收入最高，达 5.2 亿元。规模以上专精特新企业 2022 年营业成本总额达 5188.48 亿元，平均营业成本为 1.32 亿元。制造业营业成本总额最高，达 2162.4 亿元，交通运输、邮政和仓储业企业平均营业成本最高，达 4.6 亿元（见表 2-6）。从营业收入成本率看，规模以上专精特新企业 2022 年为 64.99%，比 2021 年增长 2.33 个百分点。其中，制造业营业收入成本率为 65.39%，比 2021 年增长 2.43 个百分点；信息传输、软件和信息技术服务业收入成本率最低，

---

① 数据来源：北京市促进中小企业发展工作领导小组发布的《2022 年北京市中小企业发展报告》。
② 本报告规模以上数据统计结果来自北京市统计局。
③ 营业成本率=营业成本÷营业收入×100%，指每得到一单位（元）的营业收入需要耗费的成本额。

为 55.72%，比 2021 年减少 1.79 个百分点（见表 2-7）。

表 2-6　规模以上专精特新企业营业收入和营业成本行业分布①

所属行业	营业收入			营业成本		
	营业收入（亿元）	比 2021 年增减（百分点）	平均值（亿元）	营业成本（亿元）	比 2021 年增减（百分点）	平均值（亿元）
制造业	3306.9	1.7	2.9	2162.4	2.6	1.9
建筑业	274.6	3.0	3.0	243.8	3.9	2.6
批发和零售业	520.4	-13.0	1.6	413.0	-13.4	1.3
交通运输、邮政和仓储业	141.3	13.5	5.2	124.1	16.7	4.6
信息传输、软件和信息技术服务业	2379.4	7.4	1.7	1325.8	-0.4	0.9
租赁和商务服务业	240.8	8.3	1.9	168.9	9.0	1.3
科学研究和技术服务业	903.4	6.8	1.4	611.0	8.0	0.9
水利、环境和公共设施管理业	105.1	-4.1	1.8	79.4	-2.2	1.4
教育	28.2	-2.9	1.2	8.8	-25.1	0.4
卫生和社会工作	35.6	75.6	2.5	21.3	91.4	1.5
文化、体育和娱乐业	18.4	-19.0	0.8	14.3	-15.5	0.6

表 2-7　规模以上专精特新企业营业收入成本率变化情况②

国民经济行业分布	2021 年	2022 年	2022 年比 2021 年增减（百分点）
制造业	62.96%	65.39%	2.43
建筑业	88.73%	88.77%	0.04
批发和零售业	75.55%	79.36%	3.82
信息传输、软件和信息技术服务业	57.51%	55.72%	-1.79
租赁和商务服务业	65.10%	70.14%	5.04
科学研究和技术服务业	64.12%	67.63%	3.51
水利、环境和公共设施管理业	67.64%	75.53%	7.88
总体情况	62.66%	64.99%	2.33

①② 本表仅统计企业数量超过 10 家的行业营业收入成本率情况。

规模以上"小巨人"企业营业收入成本率低于规模以上专精特新企业，制造业呈现降低态势。规模以上"小巨人"企业2022年营业收入总额达1907.08亿元，平均营业收入为2.79亿元，制造业营业收入总额和平均营业收入最高。规模以上"小巨人"企业2022年营业成本总额达1190.23亿元，平均营业成本为1.74亿元，制造业营业成本总额和平均营业成本最高（见表2-8）。从营业收入成本率看，规模以上"小巨人"企业2022年为62.41%，比2021年增长1.48个百分点，低于专精特新企业。其中，制造业营业成本率为62.96%，比2021年降低1.12个百分点；信息传输、软件和信息技术服务业营业收入成本率最低，为56.97%（见表2-9）。

表2-8　规模以上"小巨人"企业营业收入和营业成本行业分布①

所属行业	营业收入			营业成本		
	营业收入（亿元）	比2021年增减（百分点）	平均值（亿元）	营业成本（亿元）	比2021年增减（百分点）	平均值（亿元）
制造业	1078.4	11.0	3.5	679.0	11.7	2.2
批发和零售业	40.4	-11.4	1.7	29.7	-11.4	1.2
信息传输、软件和信息技术服务业	536.0	4.7	2.1	305.4	6.1	1.2
科学研究和技术服务业	174.3	23.7	2.1	112.2	27.2	1.4
水利、环境和公共设施管理业	17.8	-15.3	2.2	13.2	-0.9	1.7

表2-9　规模以上"小巨人"企业营业收入成本率变化情况②

国民经济行业分布	2021年	2022年	2022年比2021年增减（百分点）
制造业	64.08%	62.96%	-1.12
批发和零售业	62.35%	73.64%	11.29
信息传输、软件和信息技术服务业	52.60%	56.97%	4.37
科学研究和技术服务业	63.94%	64.35%	0.42
总体情况	60.93%	62.41%	1.48

①② 本表仅统计企业数量超过5家的行业营业收入及成本情况。

（二）利润情况

专精特新企业户均净利润超 1000 万元，国家级"小巨人"企业是全市专精特新企业平均水平的 2 倍。2022 年，全市专精特新企业实现净利润 552 亿元①，户均净利润 1037 万元，超两成的企业净利润超过平均水平。国家级"小巨人"企业户均净利润 2100 万元，是全市专精特新企业平均水平的 2 倍。2022 年净利润总额排名前三的行业分别为采矿业（1.54 亿元）②、批发和零售业（0.57 亿元）、金融业（0.35 亿元）（见图 2-21）。

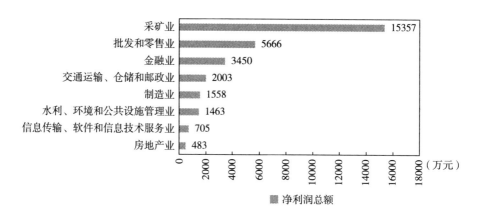

图 2-21　专精特新企业净利润总额行业分布③

规模以上专精特新企业平均利润总额近 2000 万元，制造业利润总额最高。规模以上专精特新企业 2022 年利润总额达 758.62 亿元，平均利润为 1927.88 万元。其中，制造业利润总额最高，达 364.6 亿元，占比 48.06%，平均利润也较高，达 3203.88 万元（见表 2-10）。

表 2-10　规模以上专精特新企业利润行业分布④

所属行业	利润总额		
	利润总额（亿元）	同比增长（%）	平均值（万元）
制造业	364.6	-13.5	3203.88

① 不完全统计结果，覆盖 84% 的专精特新企业。
② 采矿业企业数量不足 10 家，数据受极大值影响净利润总额较高。
③ 仅展示几个主要行业。
④ 本表仅统计企业数量超过 10 家的行业利润情况。

所属行业	利润总额		
	利润总额（亿元）	同比增长（%）	平均值（万元）
建筑业	5.6	1.1	605.88
批发和零售业	16.9	−30.5	520.60
交通运输、邮政和仓储业	7.5	−28.0	2795.26
信息传输、软件和信息技术服务业	218.6	84.2	1538.27
租赁和商务服务业	57.5	54.7	4561.59
科学研究和技术服务业	73.3	−7.0	1115.79
水利、环境和公共设施管理业	8.1	16.0	1397.45
教育	0.6	—	243.50
卫生和社会工作	−0.6	—	—
文化、体育和娱乐业	0.1	−97.2	27.00

　　规模以上"小巨人"企业平均利润总额近 3000 万元，制造业利润总额和平均利润最高。规模以上"小巨人"企业利润总额达 188.23 亿元，占规模以上专精特新企业利润总额的 24.8%，平均利润为 2751.98 万元。其中，制造业利润总额和平均利润最高，利润总额占规模以上"小巨人"企业利润总额的近 80%，利润均值是规模以上"小巨人"企业利润均值的近 2 倍（见表 2-11）。

表 2-11　规模以上"小巨人"企业利润行业分布①

所属行业	利润总额		
	利润总额（亿元）	同比增长（%）	平均值（万元）
制造业	146.8	4.7	4749.83
批发和零售业	1.4	−44.5	596.21
信息传输、软件和信息技术服务业	19.0	−40.9	754.71
科学研究和技术服务业	20.2	3.5	2436.37
水利、环境和公共设施管理业	0.4	−83.7	443.38

①　本表仅统计企业数量超过 5 家的行业利润情况。

（三）税收情况

北京市专精特新企业户均上缴税金超800万元，国家级"小巨人"企业是全市专精特新企业平均水平的1.4倍。2022年，全市专精特新企业共上缴税金442亿元[①]，户均上缴831万元，超八成税金来自制造业和信息传输、软件和信息技术服务业。国家级"小巨人"企业户均纳税1159万元，是全市专精特新企业平均水平的1.4倍。户均上缴税金排名前三的行业分别为：采矿业5945万元，制造业1749万元，交通运输、仓储和邮政业1334万元（见图2-22）。从企业规模看，中型企业户均上缴税金1634万元，小型企业户均上缴税金749万元，微型企业户均上缴税金320万元。

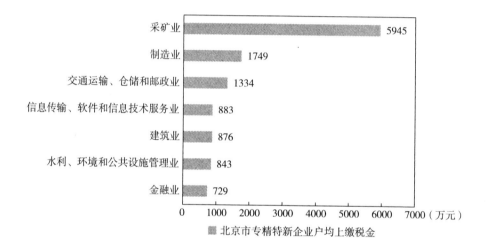

图2-22　北京市专精特新企业户均上缴税金行业分布

三、就业带动情况

专精特新企业的就业带动作用明显。从猎聘发布的公开数据显示，2022年3月至2023年2月，全国专精特新企业新发布的职位占新发布职位总量的比重由11.6%提升至14.3%[②]，在经济形势下行国际局势紧张导致的岗位量下降趋势下，呈现出逆势增长态势。

[①]　不完全统计结果，覆盖84%的专精特新企业。

[②]　数据来源：2023年4月1日，由福州高新区管委会、工业和信息化部网络安全产业发展中心（工业和信息化部信息中心）、《中国企业家》杂志社共同主办的2023"专精特新"企业家论坛暨福州高新区"榕创汇"发布仪式上，猎聘高级副总裁李晓峰发表了题为"战略性新兴产业就业趋势"的主题演讲。

北京市专精特新企业带动就业能力是全市中小企业平均值的 10 倍以上。2022 年全市专精特新企业从业人员总数达 70.87 万人，信息传输、软件和信息技术服务业和制造业专精特新企业从业人员占比超六成（见图 2-23）。户均从业人员 112 人，是全市中小企业平均值的 12.5 倍。从行业维度看，户均从业人员排名前三的行业分别为租赁和商务服务业（280 人/家）、采矿业（212 人/家）和教育（190 人/家）（见图 2-24）。

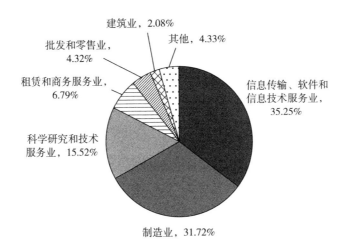

图 2-23　专精特新企业从业人员行业分布

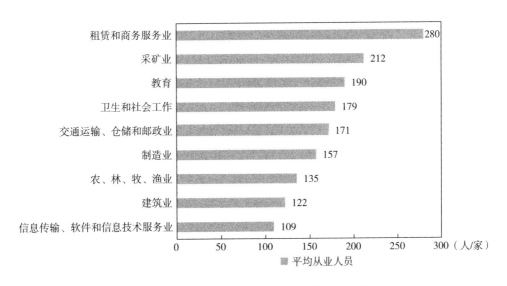

图 2-24　专精特新企业平均从业人员行业对比

北京市国家级"小巨人"企业带动就业能力是专精特新企业的 1.6 倍。国家级"小巨人"企业从业人员总数 14.4 万人。户均从业人员 182 人，是全市专精特新企业的 1.6 倍，全市中小企业平均值的 20 倍。制造业国家级"小巨人"企业从业人员占比最多，近 50%，户均从业人员 157 人（见图 2-25、图 2-26）。

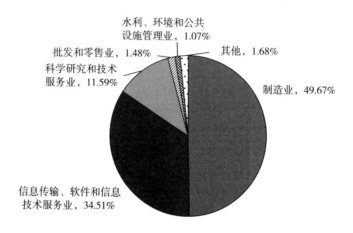

图 2-25 国家级"小巨人"企业从业人员行业分布

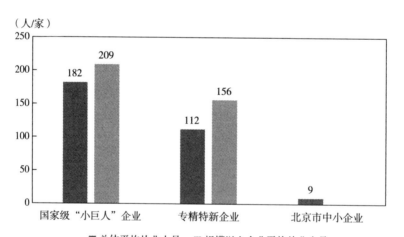

**图 2-26 北京市国家级"小巨人"企业、专精特新企业、
中小企业平均从业人员对比**

上市专精特新企业带动就业能力是全市专精特新企业平均值的 5 倍以上。从北交所上市的专精特新企业看，截至 2023 年 6 月底在北交所上市的专精特新企

业平均从业人员近 600 人，约六成企业的员工规模集中在 200~600 人①，规模远大于专精特新企业，平均从业人员是专精特新企业的 5 倍以上（见图 2-27）。

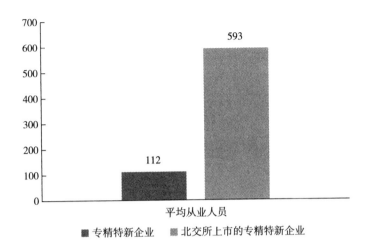

图 2-27　专精特新企业和北交所上市的专精特新企业平均从业人员对比

专精特新"小巨人"企业家创新活力强劲，50 岁以上是主力群体。从专精特新企业家特征看，专精特新企业家的创新活力很强，通常主动投入到企业创新活动中，发挥着企业技术创新领军人的角色，这也成为专精特新企业能够持久保持以技术创新作为驱动引领的战略发展的重要优势。从年龄分布看，专精特新"小巨人"企业家的年龄主要集中在 40~60 岁，尤其以年龄 50 岁以上为主力群体，占比近六成。从行业分布看，"30+"的企业家在医药制造领域较多，而"70+"的企业家主要分布在汽车智造领域，可见传统工业转型升级领域的企业家更需要长期的行业深耕和积累②（见图 2-28）。

高精尖产业人才需求旺盛。北京市专精特新企业近八成来自十大高精尖产业，国家级"小巨人"企业这一比例更是超九成，而高精尖产业的发展离不开源源不断的高质量人才输送。从人才需求侧看，近一年新发布职位同比增长较快的产业为新能源、新材料、新能源汽车、智能制造、芯片、生物技术（见图 2-29）。

---

① 数据来源：根据 SFPII 专精特新智造指数统计得到（https：//zhuanlan. zhihu. com/p/654937942）。

② 数据来源：内容及数据引自专精特新智造指数（SFPII）（https：//zhuanlan. zhihu. com/p/558505628）。

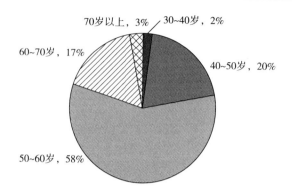

图2-28 "小巨人"企业家年龄分布

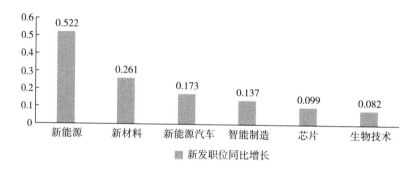

图2-29 近一年新发职位同比增长明显的六大战略性新兴产业①

四、信贷情况

2022年北京市专精特新企业贷款支持力度增强，贷款规模、服务企业数量均有较大幅度增长，呈现良好发展态势。

专精特新信贷支持力度加大，贷款额度实现高速增长。2022年，北京市"专精特新贷"共发放贷款24427笔，惠及专精特新企业8303家，贷款余额836亿元，贷款总额达957亿元，各项数据同比增长均超70%，其中贷款总额增幅近80%（见表2-12）。专精特新企业贷款余额增速比2022年本外币企事业单位高出近60个百分点②，表明对专精特新企业支持力度较大。

---

① 数据来源：内容及数据引自专精特新智造指数（SFPII）（https：//zhuanlan.zhihu.com/p/55850 5628）。

② 根据中国人民银行对外公布数据显示，2022年末，本外币企事业单位贷款余额139.36万亿元，同比增长13.6%，比上年末高出2.6个百分点。

表 2-12　北京市"专精特新贷"统计数据

专精特新贷	数量	同比增长情况
发放笔数	24427	71.74%
支持企业	8303	71.55%
贷款余额（亿元）	836	70.86%
贷款总额（亿元）	957	79.96%
其中：信用贷款	416	188.77%
保障贷款	317	46.86%
抵（质）押贷款	125	15.99%
票据融资	98	54.72%

信用贷和保证贷为主要贷款方式，票据融资更为灵活高频。从贷款品种看，信用贷款当年累计发放 8272 笔，金额达 416 亿元；保证贷款 6242 笔，金额达 317 亿元；抵（质）押贷款 2911 笔，金额达 125 亿元；票据融资 7002 笔，金额达 98 亿元。从服务企业占比看，信用贷和保证贷均达 40% 以上，是两大主要的贷款渠道。从贷款频次看，信用贷款和保证贷款平均服务 2 次/家，抵（质）押贷款平均服务 3 次/家，票据融资平均服务 18 次/家，远高于其他贷款渠道，是相对灵活高频的贷款方式。

户均授信额度同比增长，超八成支持对象为小微企业。2022 年，专精特新企业笔均授信金额为 392 万元，同比增长近 5%。其中，信用贷款笔均授信 503 万元，保证贷款笔均授信 508 万元，抵（质）押贷款笔均授信 430 万元，票据融资笔均授信 141 万元（见图 2-30）。从支持对象看，8383 家企业中，约 86% 为小微企业。

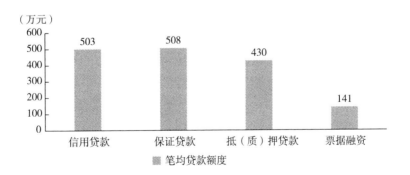

图 2-30　"专精特新贷"笔均贷款情况

五、上市情况

（一）上市整体情况

企业上市在一定程度上代表着企业的实力，也能体现出一个地区的经济活力，在带动地方产业发展和投资规模增长方面发挥积极作用。专精特新企业创新能力强、成长性好，是提升产业链竞争力和供应链稳定性的基础力量，党的二十大报告指出，要"支持专精特新企业发展"。专精特新企业的高质量发展离不开金融"活水"的精准"滴灌"，近年来，北京市持续推动专精特新企业利用多层次资本市场实现高质量发展，着力为企业打造上市服务生态圈，取得了显著成效。

截至 2022 年 12 月 31 日，北京上市企业共 456 家。其中，专精特新企业 129 家[①]，较 2021 年末新增 24 家，同比增长 22.9%，占北京市上市企业的 28.3%[②]。

板块分布层面，北京专精特新上市企业中，创业板 51 家，占比 39.5%；科创板 39 家，占比 30.2%；主板 26 家，占比 20.2%；北交所上市 13 家，占比 10.1%。分布情况总体上充分体现出"高精尖""高成长"的专精特新企业的特点，创业板、科创板等强调"三创四新"及科创属性的高成长性板块占比较大；同时，主要服务于大型企业、蓝筹股的主板市场也有一定比例的企业分布，主板上市的北京专精特新企业，上市时间主要集中于 2020 年之前；北交所作为北京市重点支持建设的证券交易所，近年来发展势头良好，2022 年度上市 5 家专精特新企业，占 2022 年度全部北京专精特新上市企业的 20.8%。

行业分布层面，北京专精特新上市企业的行业分布比较集中，其中科学研究和技术服务业占比为 63.6%，共 82 家企业；制造业占比位列其次，为 21.7%，共 28 家企业；位列第三的行业是信息传输、软件和信息技术服务业，占比为 8.5%，共 11 家企业。2022 年上市的北京专精特新企业中，95.8% 的企业属于前三大行业范畴，行业的集中性进一步凸显。北京专精特新上市企业行业的分布充分体现了专精特新特色，集中于大数据、生物医药、智能制造、新材料、航空航天、新能源等高精尖产业（见图 2-31）。

所有制分布层面，北京专精特新上市企业中仅有 12.4% 的企业为国有企业，87.6% 的企业为民营企业（见图 2-32）。近年来，党和国家对民营经济的发展提供了全方位支持，着力优化民营经济发展环境，推动高质量发展。北京市委、市政府认真贯彻党和国家的方针政策，北京专精特新上市企业的所有制分布，体现

---

① 本报告内上市企业仅包含京沪深证券交易所上市企业。
② 数据来源于北京市经济和信息化局。

了北京市对专精特新民营企业的关注以及对优化营商环境的重视。

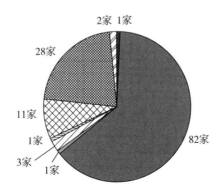

图 2-31　北京专精特新上市企业行业分布

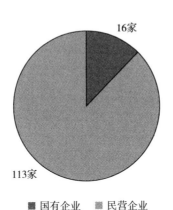

图 2-32　北京专精特新上市企业所有制性质分布

　　地区分布层面，北京专精特新上市企业中，数量最多的地区为海淀区 52 家，占比 40.3%；其次为昌平区 14 家，占比 10.9%；朝阳区位列第三，企业数量为 13 家，占比 10.1%；经开区位列第四，企业数量为 11 家，占比 8.5%；丰台区位列第五，企业数量为 8 家，占比 6.2%（见图 2-33）。

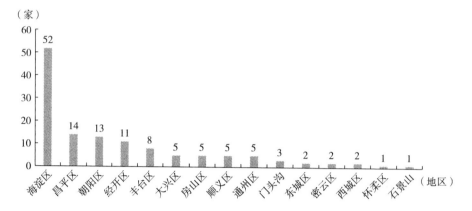

图2-33　北京专精特新上市企业地区分布

（二）上市储备情况

北京市为培育、助力企业上市，扎实推进企业上市服务生态建设，形成企业上市储备蓄水池，由市经济和信息化局、市科委、中关村管委会、市国资委、市金融监管局、北京证监局等单位协同发力，共同推动企业上市服务工作。特别是围绕支持北京证券交易所发展方面，由相关单位共同指导北京股权交易中心建立了全市新三板及拟上市后备企业库。截至2022年底，后备企业库储备拟新三板挂牌及拟上市企业达330家；其中，约85%为专精特新企业。北京市专精特新企业通过梯度培育孵化，已经成为新三板挂牌及北交所上市储备的主力军[①]。

（三）上市意愿情况

通过对非上市的专精特新企业及拟挂牌上市企业的走访、调研发现，上市已成为北京市专精特新企业的普遍需求，90%以上的企业有上市规划。

企业寻求上市的原因主要包括：一是获得相对稳定的融资渠道，上市公司可以通过公开发行股票、债券等形式获取长期稳定、成本较低的融资；二是提升企业的品牌影响力和市场认可度，上市公司的市场认可度和品牌影响力远超非上市公司，在业务拓展方面相较非上市公司有明显优势，特别是对民营企业更为显著；三是增强人才管理效能，专精特新企业呈现出"高精尖、高研发、高成长"的特点，对于技术、人才的要求较高，强化人才管理效能对企业间的竞争尤为重要，上市企业对于人才的吸引力更强，并且可以更便利地推行以股权激励为核心的人才激励机制。

---

① 数据来源于北京股权交易中心。

六、技术创新情况

（一）专利分布情况

1. 专利申请和授权量分布情况

2022 年，北京市专精特新企业展现出了强大的创新活力，专利申请量达到了 70285 件，比去年同期增长了 61.42%。其中，发明专利申请量占据了相当大的比例，达到了 29402 件，同比增长了 21.23%。北京市的专精特新企业在技术研发和创新方面投入了大量的资源和精力，积极推动技术创新和知识产权保护。与此同时，2022 年度北京市专精特新企业的专利授权量也取得了显著的增长，共计 53887 件，同比增长了 80.88%。其中，发明专利授权量为 13004 件，同比增长了 23.83%（见图 2-34）。这些企业在技术创新方面的成果得到了国家专利局的认可和保护，进一步提高了企业的市场竞争力。

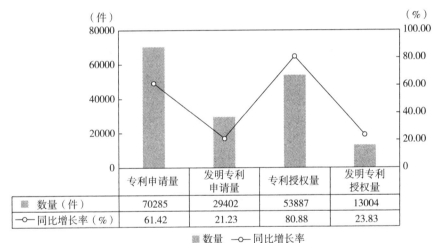

	专利申请量	发明专利申请量	专利授权量	发明专利授权量
数量（件）	70285	29402	53887	13004
同比增长率（%）	61.42	21.23	80.88	23.83

■数量　—○—同比增长率

图 2-34　2022 年度北京市专精特新企业专利主要数据情况

截至 2022 年底，北京市专精特新企业累计授权专利数量 174886 件，同比增长 24.23%，以千分之三的数量占比贡献了全市中小企业近三成的技术创新规模，企业平均授权专利 27 件/家。其中，累计授权发明专利、实用新型专利、外观专利分别为 59041 件、91372 件、24473 件，同比增长率分别为 28.25%、21.89%、23.74%。这些企业在各自领域的技术研发上投入了大量的精力并取得了显著的成果（见图 2-35）。

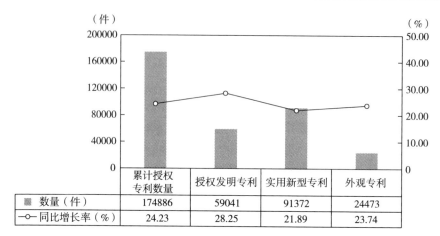

	累计授权专利数量	授权发明专利	实用新型专利	外观专利
数量（件）	174886	59041	91372	24473
同比增长率（%）	24.23	28.25	21.89	23.74

■ 数量　—○— 同比增长率

图 2-35　北京市专精特新企业累计授权专利主要数据情况

国家级"小巨人"企业在专利申请和授权方面取得不俗成绩。2022 年，国家级"小巨人"企业的专利申请量达到了 20205 件，同比增长了 51.61%，而专利授权量为 14302 件，同比增长了 67.75%。其中，发明专利申请量达到了 10968 件，同比增长了 28.13%，发明专利授权量为 5065 件，同比增长了 34.74%。北京市国家级"小巨人"企业在技术创新和知识产权保护方面具备了较高的水平和较强的能力（见图 2-36）。

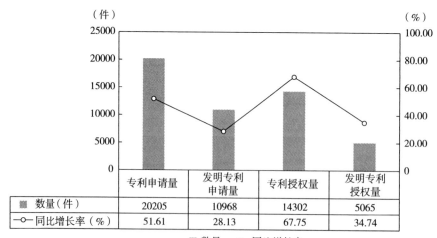

	专利申请量	发明专利申请量	专利授权量	发明专利授权量
数量（件）	20205	10968	14302	5065
同比增长率（%）	51.61	28.13	67.75	34.74

■ 数量　—○— 同比增长率

图 2-36　2022 年度北京市国家级"小巨人"企业专利主要数据情况

截至 2022 年底，北京国家级"小巨人"企业累计授权专利数量 48632 件，其中累计授权发明专利、实用新型专利、外观专利分别为 20317 件、23661 件、4654 件，同比增长率分别为 33.21%、24.02%、31.99%。国家级"小巨人"企业在专利积累和研发速度上均表现出色，为北京市的科技创新发展做出了积极贡献（见图 2-37）。

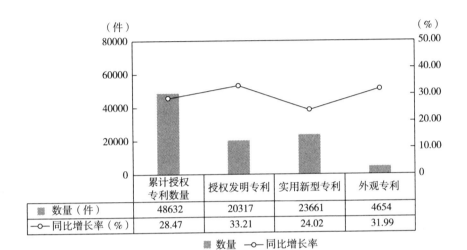

	累计授权 专利数量	授权发明专利	实用新型专利	外观专利
▨ 数量（件）	48632	20317	23661	4654
—○— 同比增长率（%）	28.47	33.21	24.02	31.99

▨ 数量　—○— 同比增长率

图 2-37　北京市国家级"小巨人"企业累计授权专利数据情况

2. 各区累计专利数量分布

从各区专精特新企业累计专利申请数量分布看，海淀区以 33.36% 的占比位居第一，该地区在科技创新和知识产权保护方面的优势显著。作为北京市的科技创新中心，海淀区集聚了一批具有强大研发实力的专精特新企业，积极投入研发并注重知识产权的积累。朝阳区累计专利申请数量占比为 13.07%，位列第二。朝阳区作为北京市的经济发达区域，拥有众多具有创新活力的专精特新企业，在专利申请方面也表现得相当活跃。经济技术开发区以 11.34% 的占比位列第三，该地区在推动专精特新企业的科技创新和发展方面起到了重要作用。作为北京市的重要经济增长极，经济技术开发区致力于为企业提供良好的创新环境和政策支持，推动科技创新和知识产权保护。昌平区和丰台区分别以 8.00% 和 6.94% 的占比位列第四、第五位（见图 2-38）。这两个地区的专精特新企业在专利申请方面也具备一定的积累，为地区经济的发展注入了创新活力。

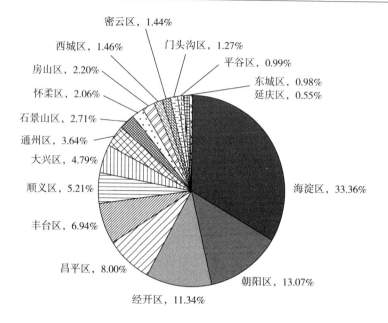

图2-38 北京市专精特新企业累计专利申请数量区域分布

从各区专精特新企业累计专利授权数量分布看，海淀区以30.27%的占比位列第一，作为北京市的科技创新高地，海淀区汇聚了众多拥有核心技术的专精特新企业，授权专利数量最多。朝阳区以12.34%的占比位列第二，该地区的专精特新企业在专利授权方面也具备一定优势，这些企业通过不断加强研发和创新，获得了不少具有核心价值的授权专利。经济技术开发区以11.48%的占比位列第三，经济技术开发区注重培育和支持专精特新企业的发展，为企业提供全方位服务和支持，推动科技创新和知识产权保护。昌平区和丰台区分别以8.61%和7.55%的占比位列第四、第五位，也表明了这两个地区在专精特新企业发展方面的潜力（见图2-39）。

3. 专利与国民经济行业分布

图2-40显示了北京市专精特新企业累计专利申请和专利授权数量的国民经济行业分布情况，行业分类依据GB/T 4754—2017《国民经济行业分类》中的大类进行划分。制造业专精特新企业在累计专利申请和专利授权数量上均占据主导地位，累计专利申请数量达到了102183件，占比约为38.66%，累计专利授权数量为74618件，占比约为42.67%，这表明制造业企业在技术创新和知识产权保护方面具有显著优势。其次是信息传输、软件和信息技术服务业，累计专利申请数量为78760件，占比约为29.80%，累计专利授权数量为42549件，占比约为

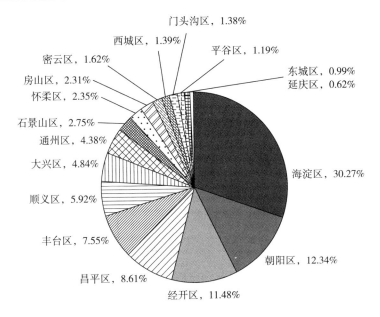

图 2-39 北京市专精特新企业累计专利授权数量区域分布

24.33%。这表明信息技术类专精特新企业在技术创新和知识产权保护方面也具有较高的活跃度，为北京市的科技创新发展做出了积极贡献。科学研究和技术服务业的企业累计专利申请数量为 52012 件，占比约为 19.68%，累计专利授权数量为 33918 件，占比约为 19.39%（见图 2-40）。

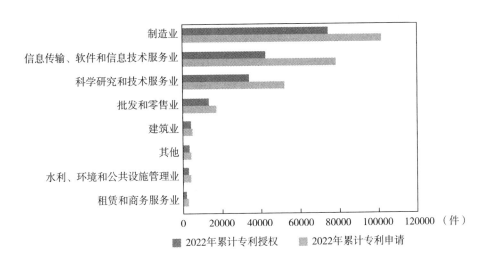

图 2-40 专精特新企业发明专利行业分布

（二）注册商标概况

1. 商标分布情况

北京市专精特新企业 2022 年注册商标数量共 25583 件。梅卡曼德（北京）机器人科技有限公司、北京仁创科技集团有限公司、北京可瑞生物科技有限公司年度注册商标数量位于前三，分别有 561 件、277 件和 274 件注册商标。截止到 2022 年末，累计注册商标数量总计达到 165833 件，同比增长 18.24%。北京奇虎科技有限公司累计注册商标数量居首位，达到 4795 件。

北京国家级"小巨人"企业 2022 年注册商标数量共 5285 件，同比增长 19.00%。截止到 2022 年末，国家级"小巨人"企业累计注册商标数量总计达到 27523 件，同比增长 23.77%（见图 2-41）。

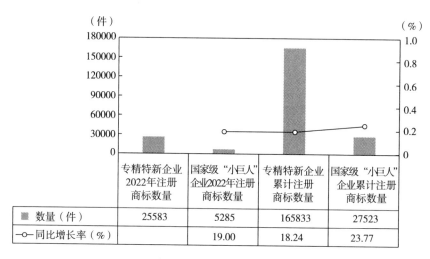

	专精特新企业 2022年注册商标数量	国家级"小巨人"企业2022年注册商标数量	专精特新企业累计注册商标数量	国家级"小巨人"企业累计注册商标数量
数量（件）	25583	5285	165833	27523
同比增长率（%）		19.00	18.24	23.77

■ 累计注册商标数量　——同比增长率

图 2-41　北京市专精特新及国家级"小巨人"企业商标主要数据情况

2. 各区累计注册商标数量分布

海淀区的专精特新企业在商标注册方面表现尤为突出，其累计注册商标数量达到了 54760 件，同比增长率高达 19.22%。这表明海淀区的专精特新企业不仅注重技术创新，同时也非常重视品牌建设和市场推广。朝阳区的专精特新企业累计注册商标数量达到了 28361 件，同比增长率也达到了 14.69%，朝阳区的专精特新企业在品牌意识和市场影响力方面也具有相当的优势。值得注意的是，经济开发区和门头沟的专精特新企业累计注册商标增长速度最快，同比增长率分别达到了 31.19% 和 31.00%（见图 2-42）。尽管它们的累计注册商标数量相对较少，但增长速度却相当迅猛，相关地区的专精特新企业正在逐渐崭露头角，其品牌意识和市场影响力也在不断提升。

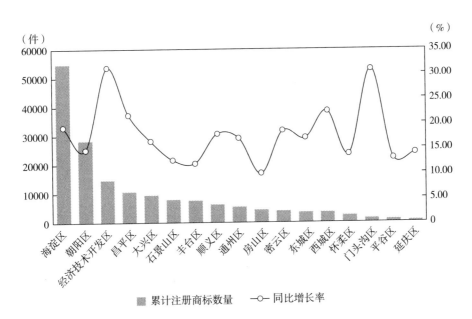

图 2-42　北京市专精特新企业注册商标数量区域分布

3. 行业与注册商标数量分布情况

图 2-43 显示了北京市专精特新企业累计注册商标数量行业分布情况。信息传输、软件和信息技术服务业在商标注册方面表现出色，企业累计注册商标数量达到了 70345 件，同比增长了 17.09%。这一数据表明，随着信息技术的发展和应用的普及，信息传输、软件和信息技术服务业的专精特新企业对于品牌建设的需求日益增强，他们通过注册商标来保护自己的知识产权，提高市场竞争力。其次是制造业的专精特新企业，累计注册商标数量达到了 37549 件，同比增长了 14.09%，制造业的专精特新企业在技术创新的同时，也十分注重品牌的建设和保护，通过注册商标来提升企业的市场形象和影响力。科学研究和技术服务业的企业累计注册商标数量为 29220 件，同比增长了 28.02%，科学研究和技术服务业的专精特新企业在科技创新的同时，对于品牌建设也给予了高度重视，它们通过注册商标来保护自己的知识产权和创新成果，提高市场竞争力。

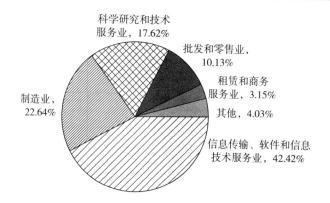

图 2-43　北京市专精特新企业累计注册商标数量行业分布情况

（三）软著分布情况

1. 软著分布情况

图 2-44 显示了北京市专精特新企业及国家级"小巨人"企业软著主要数据情况。北京市专精特新企业 2022 年的软件著作权登记数量为 25669 件，与 2021 年相比，同比下降了 17.35%。这可能是受多种因素的综合影响导致，包括但不限于疫情、市场环境、企业内部策略调整等。尽管在软件著作权登记方面有所下降，但专精特新企业在其他方面的创新活动并未停止。截至 2022 年末，专精特新企业的累计软件著作权登记数量总计达到 207681 件，同比增长了 14.10%。这一增长表明，尽管面临一些挑战，但专精特新企业仍持续进行创新活动并积极寻求知识产权保护。

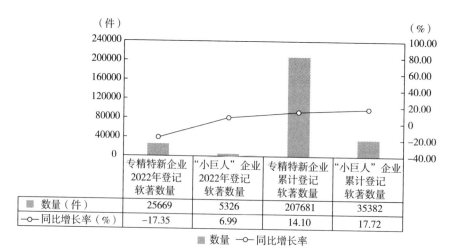

	专精特新企业2022年登记软著数量	"小巨人"企业2022年登记软著数量	专精特新企业累计登记软著数量	"小巨人"企业累计登记软著数量
数量（件）	25669	5326	207681	35382
同比增长率（%）	−17.35	6.99	14.10	17.72

图 2-44　北京市专精特新中小企业及国家级"小巨人"企业软著数据情况

北京国家级"小巨人"企业 2022 年软著登记数量共 5326 件，同比增长了 6.99%。这一增长表明国家级"小巨人"企业在科技创新方面的积极性有所提高，并且在知识产权保护方面的意识也日益增强。截至 2022 年末，国家级"小巨人"企业的累计软件登记数量总计达到 35382 件，同比增长了 17.72%。这一高速增长的数字进一步凸显了国家级"小巨人"企业在科技创新和知识产权保护方面的强大活力和潜力。

2. 各区累计软著数量分布

图 2-45 展示了 2022 年北京市专精特新企业软著数量区域分布情况。海淀区的专精特新企业累计软著登记数量达到 93589 件，同比增长 14.30%。其次是朝阳区，累计软著登记数量达到 24490 件，同比增长 13.58%。丰台区累计软著登记数量为 14326 件，同比增长 15.77%（见图 2-45）。综合来看，海淀区、朝阳区和丰台区在北京市专精特新企业累计软著登记数量方面占据了主导地位。这些区域的专精特新企业在科技创新和知识产权保护方面的表现均较为出色。

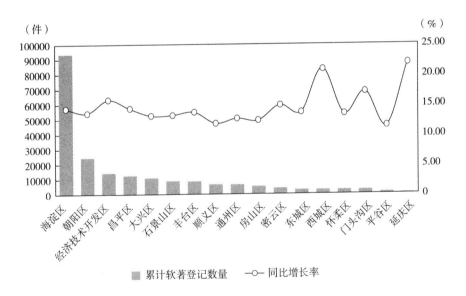

图 2-45 北京市专精特新企业软著数量区域分布

3. 行业与软著数量分布情况

图 2-46 显示了北京市专精特新企业累计软著登记数量行业分布情况。从图中可以看出，信息传输、软件和信息技术服务业在北京市专精特新企业中表现突出，累计软著登记数量有 123909 件，稳居所有行业之首，同比增长 14.22%，这

一数据也表明该行业的专精特新企业在科技创新和知识产权保护方面的活跃度正在逐步提升。信息传输、软件和信息技术服务业的专精特新企业在推动北京市信息技术发展和提升城市竞争力方面发挥了重要作用。其次是科学研究和技术服务业的企业，累计软著登记数量35710件，同比增长15.56%。这一数据表明科学研究和技术服务业的专精特新企业在科技创新方面的积极性和在知识产权保护方面的意识均有所提高。这些企业通过积极申请软著，保护了自己的创新成果，并为推动科技进步做出了贡献。制造业的企业累计软著登记数量24837件，同比增长10.86%，制造业的专精特新企业在科技创新和知识产权保护方面的潜力正在逐步释放。

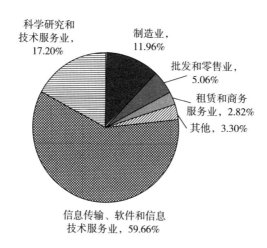

图2-46　北京市专精特新企业软著数量行业分布

七、数字化转型情况

专精特新企业数字化转型水平整体较高。工业和信息化部数字化转型评测数据显示，北京市自愿参评的4744家专精特新企业中，近半数（47.9%）专精特新企业数字化转型达到了三级及以上水平，即实现了全部主营业务数字化管控，实现数据驱动的业务协同与智能决策；超四分之一（27.1%）的企业达到了一级水平，开展了基础业务流程梳理和数据规范化管理；约四分之一（25.0%）的企业达到了二级水平，实现了单一业务数字化管理（见图2-47）。

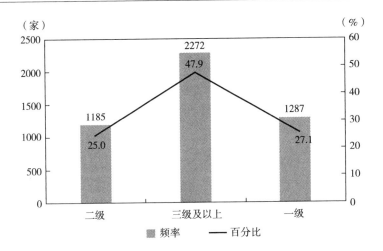

图2-47 北京市专精特新企业总体数字化转型水平分布

从行业来看，非制造业行业中超半数（53.0%）企业数字化水平达到了三级及以上，一级和二级数字化水平企业各占四分之一左右；而制造行业中仅有三分之一（33.5%）企业数字化水平达到了三级及以上，比例明显低于非制造业，一级数字化水平企业占到40.0%，二级数字化水平企业占到26.5%（见图2-48）。

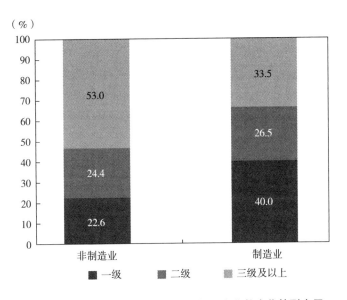

图2-48 北京市专精特新企业不同行业企业数字化转型水平

从企业成立年限来看，如图2-49所示，注册时间在0~5年的初创型企业中超半数（53.4%）数字化水平达到了三级及以上，而企业成立时间越久，数字化水平在三级及以上的企业数量越少，数字化水平处于一级及二级的占比逐渐提升。以上结果说明，并不是企业成立时间越长，数字化水平越高，这也反映出组织惯性可能是中小企业推进数字化转型的障碍。

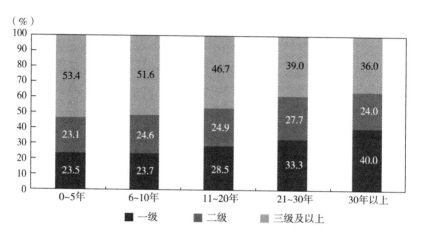

图2-49 北京市不同年限的专精特新企业数字化转型水平

从转型结果来看，数字化在赋能专精特新企业高质量发展上发挥了积极作用。2023年对北京市324家专精特新企业数字化转型的抽样调查显示，如图2-50所示，专精特新企业在进行数字化转型后实现了综合办公效率提升、研发能力提升、人均劳动生产率提升、项目/产品交付效率提升等效果，实现这些效果的企业分别占到被调查企业的75.9%、50.3%、49.7%和41.0%。

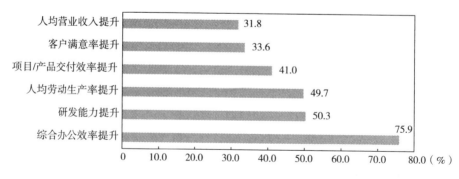

图2-50 北京市专精特新企业数字化转型效果

从驱动因素来看，组织内部和外部市场环境是专精特新企业数字化转型的主要驱动因素。抽样调查数据显示，专精特新企业数字化排在前四位的驱动因素分别为做大做强企业的愿望、产品技术升级换代、成本负担上升及政策支持引导，分别占到被调查企业的 75.6%、56.5%、33.0% 和 27.2%（见图 2-51）。

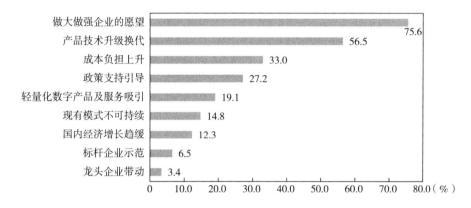

图 2-51　北京市专精特新企业数字化转型驱动因素

从开展领域来看，专精特新企业数字化转型主要应用在管理领域。数字化转型开展领域主要包括财务管理、研发设计、供应链管理、产品（服务）管理、人力（资源）管理等，如图 2-52 所示，分别占到被调查企业的 72.2%、55.6%、47.8%、43.5% 和 43.2%。

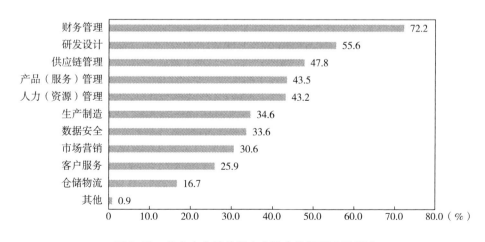

图 2-52　北京市专精特新企业数字化转型开展领域

专精特新企业数字化转型开展方式通用性和个性化兼具。从开展方式看，如图 2-53 所示，专精特新企业数字化转型的主要开展方式为购买通用型数字化软件或解决方案、自主开发和建设数字化平台或系统以及购买细分行业数字化软件或解决方案，分别占到被调查企业的 67.0%、64.2%和 36.4%。

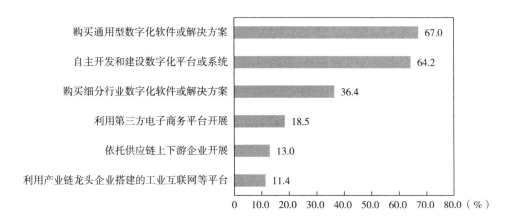

图 2-53 北京市专精特新企业数字化转型开展方式

专精特新企业数字化转型产品应用多元化。从部署的信息系统类型看，如图 2-54 所示，专精特新企业主要使用的产品是企业信息管理系统、综合办公软件、云计算和数据存储服务、报销、采购等通用办公流程性系统和研发设计工具，分别占到被调查企业的 85.5%、78.4%、55.2%、51.5%和 40.4%。

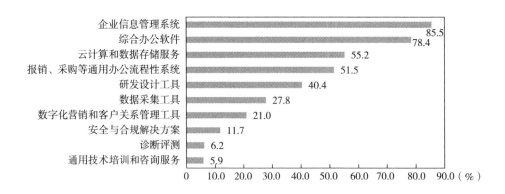

图 2-54 北京市专精特新企业数字化转型产品部署

从资金投入来看，专精特新企业数字化转型投入呈现"两端分化"特征。从企业近三年在数字化转型方面的总投入来看，近四分之一的企业（23.8%）投入超过500万元，近三分之一的企业投入不足100万元，近四分之一的企业投入在200万~500万元，近五分之一的企业（21.6%）投入在100万~200万元（见图2-55）。

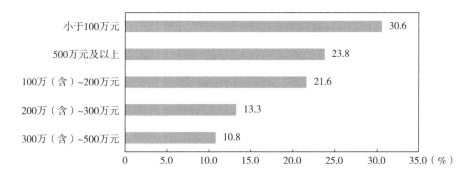

图2-55　北京市专精特新企业近3年数字化转型资金投入

从投资领域来看，专精特新企业数字化转型投资呈现多样化特征。企业数字化转型目前主要投资领域如图2-56所示，排在前三位的软件购置（62.0%）、系统运维（44.4%）和技术研发或引进（43.5%）。企业数字化转型的未来最迫切投资领域，排在前三位的是技术研发或引进（54.0%）、数字产品开发（41.0%）和软件购置（33.0%）。调研结果反映出目前专精特新企业数字化转型已经逐步进入"深水区"，数字化转型投资的重点从初期的软件购置等通用性需求进入到技术研发和数字产品开发等个性化需求阶段。

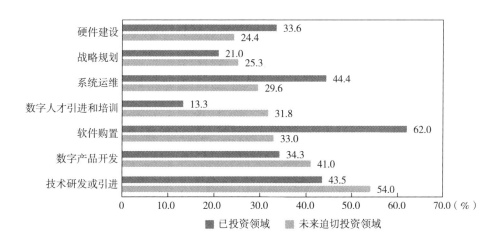

图2-56　数字化转型投资领域分布

八、发展现状综述

整体来看，北京市专精特新企业培育呈现量质齐升发展态势，专精特新企业和国家级"小巨人"企业持续壮大，优质中小企业梯队转化成效显著，整体呈现"四高三强"的发展特征：一是"高"精尖特征突出。约八成专精特新企业来自高精尖产业，国家级"小巨人"这一比例超九成，主要分布在新一代信息技术、软件和信息技术服务业、人工智能等产业。二是"高"成长性，盈利能力较好。超六成为成立10年以上企业，超五成深耕主导产品达10年以上。户均营收超1亿元，户均净利润超1000万元，近两年营业收入平均增长率超10%。三是"高"质量，成为上市主力军。北京市上市企业中"专精特新"企业占比约三成，上市后备企业库中，约85%也为专精特新企业。四是"高"数字化转型水平。专精特新企业数字化转型水平整体较高，约五成达到三级及以上水平。转型后在综合办公效率提升、研发能力提升、劳动生产率提升等方面都取得了显著效果。五是就业带动能力"强"。专精特新企业从业人员总数达70.87万人，户均112人，是全市中小企业平均水平的10倍以上，国家级"小巨人"企业户均从业人员182人，是专精特新企业的1.6倍。六是科技创新能力"强"。专精特新企业累计授权专利近17.5万件，户均拥有专利27件/家，以千分之三的中小企业数量占比贡献了全市中小企业近三成的技术创新规模。累计软件登记总量20.8万件，同比增长14.1%，户均拥有计算机软件著作权33件/家。七是小微和民营属性较"强"。专精特新企业中的小微企业占比超七成，国家级"小巨人"企业中的中小企业占比超八成。民营企业是培育发展专精特新企业的主力军，占比近九成。

第二节　企业发展特征

一、专业化：深耕细作铸匠心

专业化是"专精特新"中小企业的重要特征之一，其强调企业能够从事特定细分市场，具有较高的专业化生产和协作配套能力。基于此，本部分将从以下三个方面对北京市"专精特新"企业的专业化特征进行总结。

（一）深耕垂直领域，锻造主导产品

专精特新企业的"专"首先体现在行业垂直度高，即企业高度专注于其所在行业的某一领域或环节。企业具备高度的行业垂直度，不仅可以使企业在其所在的领域中更加深入，提供更加专业的产品和服务，同时也可以使企业建立与特定行业或领域的紧密合作关系，进而使企业在激烈的市场竞争中脱颖而出，赢得市场份额和合作伙伴的信任。

北京市的专精特新企业主要分布于新一代信息技术、人工智能、生物医药、智能制造、新能源、新材料以及节能环保等"高精尖"产业领域，在垂直领域锻造主导产品方面取得了积极的成效，突破了很多技术壁垒，涌现出一批在细分行业和细分领域具有竞争力的企业。

在深耕细分领域方面，很多专精特新企业长期聚焦于行业细分领域，不断积累技术和经验，形成了自身的核心竞争力，逐渐发展成为细分领域头部企业。例如：北京星箭长空测控技术股份有限公司自 2003 年成立至今，一直在惯性器件领域深耕细作，在该细分领域具有非常强的技术优势；北京耐德佳显示技术有限公司在 AR/VR 领域及核心光学技术上不断深耕和探索，将自由曲面光学技术做到全球领先，8 年时间已成为国内光学模组的头部企业。

在主导产品部署情况方面，北京市专精特新企业通过自主研发，普遍形成了具有一定竞争力的主导产品，主导产品在细分行业和领域内具有较高的技术水平和市场占有率。同时，这些企业也非常注重产品的持续创新和升级，以满足市场的不断变化。例如：芯盾时代自主研发基于人工智能的零信任安全网关，主营业务包括多因素认证、统一身份管理、人工智能反欺诈、零信任安全 4 个产品及解决方案，填补了国内持续自适应安全技术的空白，在金融行业的认证和交易安全领域，市场占有率近 80%；三未信安科技股份有限公司自 2008 年成立至今，15 年来一直深耕密码领域，专注于密码技术及产品的创新，产品包括密码芯片、密码整机、密码板卡、密码系统等，覆盖商用密码产品全产业链，自主研发的密码产品达 63 款，数量及技术水平在行业内均位于前列。

北京华科同安监控技术有限公司

北京华科同安监控技术有限公司成立于 2001 年，主要从事仪器仪表制造，其核心产品及服务为机组状态监测系统的研发、生产及技术服务。近年来，公司自主开发了振动传感器、摆度传感器、空气间隙传感器、转子温度传感器、定子温度传感器等状态监测核心元件以及国产振动保护装置状态监测核心元件，实现了机组状态监测领域的完全国产化替代。2021 年，该公司被工信部认定为"国家级专精特新小巨人企业"，2022年被工信部认定为"国家级制造业单项冠军示范企业"。

北京华科同安监控技术有限公司深耕机组状态在线监测领域20余年，主导产品为TN8000系列机组状态监测与故障诊断系统，该系统融合了传感器、大数据、智能化和工业互联网技术等新一代信息技术，已经成为数字化、智能化电站建设的核心内容。目前，该系统已广泛应用于水电、火电、核电、调相机等发电领域，为保障三峡水电站等大国重器安全稳定运行发挥了很好的作用。截至目前，该主导产品已经累计部署在超过3000台的大型机组上，在大型抽水蓄能机组和大型混流机组领域份额占比超过80%，并已出口应用到30多个国家100多座电站。

（二）聚焦关键领域，弥补产业空白

当前，我国已经建立了相当完整的产业体系，是联合国产业分类中工业门类最齐全的国家，但其中绝大多数是可复制、可模仿的技术，在产业链关键环节缺乏一批创新能力强、具备国际竞争力的自主品牌领军企业，很容易被"卡脖子"，尤其是当中国企业沿着价值链向上攀升的时候，常常面临巨大阻力。加快培育专精特新企业则成为解决"卡脖子"问题的关键手段。

近年来，北京市专精特新企业积极布局工业"六基"领域，即核心基础零部件、核心基础元器件、关键基础软件、先进基础工艺、关键基础材料以及产业技术基础，在"补短板""填空白"方面取得了积极成效。

一大批专精特新企业成为突破关键核心技术，解决"卡脖子"技术难题的"突出主力"。例如：凯普林光电专注于激光器及系统研发与产业化20年，在自主可控先进激光光源方面填补了国内空白，主导产品高功率激光器产品在高档数控机床和机器人领域补短板，实现"国产替代"；蓝箭航天空间科技股份有限公司的"朱雀二号"（ZQ-2）液体运载火箭是全球首枚成功入轨的液氧甲烷火箭，也是国内民商航天首款基于自主研制的液体发动机实现成功入轨的运载火箭，填补了国内液氧甲烷火箭的技术空白；北京中科盛康科技有限公司自主研发的经皮胃造瘘套装和球囊型经皮胃造瘘管打破了该领域进口产品垄断市场的局面，实现了关键领域的"填空白"。

北京唯迈医疗设备有限公司

北京唯迈医疗设备有限公司成立于2014年，是国家级专精特新"小巨人"企业、北京市级专精特新"小巨人"企业、国家高新技术企业和中关村高新技术企业。唯迈医疗专业专注于介入诊疗设备及全流程解决方案的提供，拥有多年数字血管成像产品研发设计及产业化经验，产品覆盖大型血管造影机（DSA）、移动式 X 射线 C 形臂、移动式 X 射线 C 形臂一体机、介入手术机器人等多条介入产品线。

目前，北京唯迈医疗设备有限公司是国内仅有的 4 家高端医疗设备 DSA 产研公司之一，也是具备国际市场竞争力的血管介入机器人产研公司之一。公司坚持创新驱动发展，平均每两年完成一次产品创新迭代，唯迈医疗 DSA—极光于 2020 年获得 NMPA 和 CE 双认证，是国内首台获得海外 CE 认证的产品，其技术先进性和稳定性得到了国际市场认可。在血管介入手术机器人研发领域，该公司已经走在世界前列，已累计申请血管介入机器人相关发明专利近百项，国际 PCT 专利 50 余项，血管介入机器人相关发明专利申请总量位居全球前列，是国际仅有的 5 家介入手术机器人产研公司之一，有效打破了血管介入机器人领域国外垄断。其自主研发的产品上市后，不仅改变了医用血管造影 X 射线机全部只能依靠进口的局面，也大大降低了该设备的市场价格，显著降低了医院手术成本和患者花费。

（三）强化配套能力，服务龙头企业

专精特新中小企业与龙头企业深化合作，一方面，有助于为行业龙头企业提供短板领域的供给，同时也为专精特新企业提供稳定的需求，进而加强产业链上下游的协作配套，提高产业链的整体效率和竞争力；另一方面，不仅可以优化自身的采购模式，提升应对市场价格波动风险的能力，保障自身生产的稳定可持续，也有利于专精特新企业提高产品与服务的品质，提升企业在资源约束下的效率，为企业开展技术创新、专注主导产品与服务提供积极推动力。

近年来，北京市专精特新企业在强化配套能力、服务龙头企业方面取得了积极进展，"小规模，大协作"的产业协同发展趋势日益强化。当前，北京市专精特新企业与龙头企业建立稳固的合作关系主要通过以下两种方式：

其一，精准定位企业所处的产业链位置，实现专业化配套。"专精特新"中小企业往往是龙头企业协作配套追逐的对象，通过精准定位企业所在的产业链位置，专精特新企业积极与龙头企业开展协作配套，有助于实现共荣共赢的目标。例如，康明克斯（北京）机电设备有限公司身处于盾构泥水分离装备行业的产业链之中，该公司的主导产品"全地质零排放盾构泥水分离装备"处于产业链中游位置，并率先为中国中铁、中国铁建、中交集团、中水集团、中建集团、中石油等大型央企配套，在全产业链中起到承上启下和补链强链的作用。

其二，依托于大项目、大工程，为龙头企业提供配套支持。在协作配套体系中，龙头企业往往居于中心地位，专精特新企业通过为龙头企业提供配套产品或服务的方式，在助推龙头企业发展的同时也有效推进了自身的成长。例如，北京佰才邦技术股份有限公司专注于小基站相关的无线宽带接入解决方案、业务运营平台研发和未来无线宽带技术创新，为国内外通信运营商提供配套服务，先后承建了中国移动、中国联通、中国电信、日本软银、Facebook 等多个重大项目。

北京易智时代数字科技有限公司

北京易智时代数字科技有限公司成立于 2005 年，是国家级专精特新"小巨人"企业、北京市专精特新"小巨人"企业、北京市专精特新"中小企业"，提供的 5G Cloud XR 数字孪生智慧平台处于行业领先位置，近三年实际落地项目近百家，项目成果在工业、能源、教育、交通、军工、文旅等领域的 138 家企业应用。

国内方面，该公司自 2007 年起陆续服务于中国石化、中国石油、中国海油、国家电网、中国烟草、中国核电、航天科工、航天科技、中国普天、中国中车、中国人寿、应急管理部等大型央企和各类科研院校，从职业技能实训到产线生产信息化系统，已与客户形成深度绑定。目前已与中国移动、中国联通、中国电信、华为、中兴签署战略合作协议，在此基础上已陆续开展深度合作，形成渠道效应。国外方面，易智时代通过各个海外渠道、政府的国际化战略布局的不断拓展、将国内的数字孪生赋能传统行业的成功案例输送到国外，弥补国外市场的工业场景应用。

易智时代积极辅助提升大型集团企业数字化管控能力，构建覆盖各业务环节的数字化管控平台，推动集团决策层与各生产企业间管理层、执行层的纵向贯通，实现财务管控、运营管控、战略管控，促进集团发展战略落地。易智时代与国家电网、中国石化、中国移动等公司合作，推出项目数字孪生应用解决方案，支持国家"一带一路"政策，提升和完善产品服务质量，积累企业资本，抓住机遇拓展国际化品牌市场，推动与周边国家的建设合作。

二、精细化：数智转型提质量

（一）修炼数智内功，推动转型升级

数字化转型已成为赋能专精特新企业高质量发展的必然要求。面对快速变化的市场环境、高强度的研发投入以及精细化的发展要求，专精特新中小企业需要数字化工具支撑企业的业务发展。北京市专精特新企业行业垂直度高，其数字化转型呈现出"千企千面"的特点。

近年来北京市专精特新企业积极布局数字化转型，企业在经营管理、研发设计、生产制造、销售营销等环节都不同程度地使用了企业资源规划（ERP）、OA系统、人力资源管理平台（HRM）、供应链管理平台（SCM）、客户关系管理平台（CRM）、研发设计软件（CAD）及制造执行系统（MES）等信息系统或数字技术，数字化转型对提升企业管理效率、降低经营成本、提高产品质量和提升企业创新能力等方面起到了显著的促进作用。例如，北京品驰医疗设备有限公司通过加强 ERP、PLM 系统等建设和维护，全面优化了企业研发、设计、采购、生产、销售、物流、库存等在线业务流程，提升了决策效率，企业平均产品研发周期由 36 个月缩短至 24～30 个月，数字化改造为企业日常运维成本节约开支超过200 万元。

对北京市 324 家专精特新企业数字化转型现状的抽样调查显示，目前北京市专精特新企业数字化转型布局重点已经从通用软件购置进入到结合业务需求进行技术研发的个性化阶段，越来越多的企业开始基于自身业务场景进行数字化转型产品和方案的研发。全链路数字化系统、全生命周期管理系统、自动化和智能化生产设备、人工智能大模型、数据安全等成为很多专精特新企业数字化转型布局的重点。

依托北京信息服务业聚集优势，在工业互联网、产业互联网、信息和数据安全、数据库、云计算等数字经济关键技术领域，北京市专精特新企业中也涌现出一批深耕于细分产业和细分领域的数字化服务商，为企业开展数字化转型提供了有力支撑。例如，依文服饰聚焦纺织服装行业，打造了"依文数智"服装行业数字化产业平台，在消费端，为消费者提供线上线下一体的智能化服装定制服务，在企业端，链接全球设计师打造样衣云仓，形成全球设计、全球销售的创新中心，服务全球 80000 家中小商户、5000 家品牌商；北京中成科信科技发展有限公司专注文旅信息化票务软件研发，深耕智慧景区、全域旅游、智慧场馆等文旅细分领域超 10 年，服务文旅相关领域群体超 1000 家，在旅游服务数字化转型等方面取得实际成效。

北京三元基因药业股份有限公司

北京三元基因药业股份有限公司（以下简称三元基因）1992 年成立，主要从事研制、开发、生产和销售医药生物技术产品，包括基因工程药物、基因工程疫苗和诊断试剂，以及相关的技术贸易与技术咨询服务业务。2021 年11 月，该公司作为首批上市企业登陆北京证券交易所。在经营管理方面，三元基因逐步在公有云部署了 ERP、OA、CRM、SCM、BI 等经营层信息化管理系统，以管理内部资源及上下游供应链，扩展信息化手段以分析和把握市场动态，从而实现精确的产销联动和预测功能。

2022 年，在中关村科技园大兴生物医药园区，公司设计和建设了高度信息化的新厂区智能化生产和研发基地。公司新厂区智能化生产和研发基地项目于 2021 年和 2022 年连续两年被北京市政府列入"北京市 100 项科技创新及高精尖产业重点工程"。三元基因新基地建设以智能化转型为亮点，部署符合欧盟 GMP 规范要求的顶尖级智能自动化联动产线设备以扩充产能，科学有序地将三元基因建设为生物制药领域国家级工业 4.0 标杆企业。

新厂区大量运用工业物联网、窄带物联网、大数据分析、云存储、AI、信息安全等先进技术。全新的数字化车间实现了全产线感知，并实现了设备间高度联动控制。该系统实时采集监控生产过程中的工艺参数、设备运行状态、告警和审计等重要数据，实施全流程的精细化管理。结合自身工艺特点与战略发展需求，三元基因引入 SCADA、DCS、MES、WMS、LIMS、QMS、EAM、EMS、BMS、数字孪生等前沿信息化系统和一流的创新化专业解决方案，与现有 OA、ERP、CRM、SCM、BI 等经营管理系统集成，将人流、物流、资金流、信息流等资源要素打通，实现增信、提效、降本、环保的愿景，激发企业活力与竞争力。

（二）强化精细管理，形成长效机制

专精特新的"精"是指精细化，包括精细化生产、精细化管理和精细化服务。精细化不仅是产品创新的前提，也是专精特新企业脱颖而出的关键指标之一。企业的精细化管理体现在研发设计、生产制造、供应链管理、质量管理、设备管理、信息管理、服务管理等各个方面。通过精细管理，企业能够有效地降低成本，提高效率，改进产品质量，加快新产品开发速度，从而获得更好的市场竞争优势。在数字经济时代背景下，专精特新企业要形成精细化管理的长效机制，需要制度和技术的双重支撑。

一方面，精细化管理依赖于企业不断完善自身制度、业务流程和管理体系。北京市专精特新企业整体上都非常注重管理体系的规范和业务流程的持续改进，逐步建立起规范的管理制度和业务流程，从粗放式管理走向精细化管理。精细化管理建立在规范管理的基础上，不少企业都开展了 ISO9001 质量管理体系、ISO14001 环境管理体系、ISO45001 职业健康安全管理体系等国际化管理体系认证，为精细化产品提供保障。

另一方面，精细化管理依赖于数字技术和信息系统的支撑。北京市专精特新企业在研发设计、生产制造、供应链管理等环节不同程度地采用了数字技术或信息系统支撑，通过数字技术推动研发、生产、管理、销售、服务等各个业务环节的协同。在营销环节应用大数据技术可以帮助企业实现实时和精细的客户细分，让企业对客户需求的洞察更加精准，从而实现服务的精细化；在企业经营管理环节应用 ERP 等信息系统或协同软件，可以帮助企业提高管理效率，实现数据驱动的精细化管理；在生产制造和研发环节应用人工智能、物联网、MES、自动化和智能化生产设备等系统和技术，使企业可以实时监测生产过程，并对物料消耗、设备监控、产品检测进行管控，实现生产制造的精细化。

北京天玛智控科技股份有限公司

北京天玛智控科技股份有限公司（以下简称"天玛智控"）是北京市第一批"隐形冠军"企业、北京市智能制造标杆企业、北京市专精特新企业，产品荣获"国家制造业单项冠军产品"等荣誉称号。公司专业化特色突出，为煤矿无人化智能开采控制技术、装备、服务一体化解决方案提供商。天玛智控自2014年启动精益管理，确定了"精益立企、人人主动、全面覆盖"的方针后，按照打造精益产线、精益车间、精益工厂、精益企业的总体路径，经过近9年的实践与积累，在现场管理、计划与采购协同、质量提升等多方面优化流程，将最优做法固定下来，形成标准化的操作指导，使其发挥最大成效。同时，公司培养了一支高素质的精益团队，为智能制造的实施推进奠定了坚实基础。

在精细化生产方面，天玛智控通过深度融合新一代信息技术，提高一体化运营水平。结合企业经营管理、生产运营，梳理产品设计、工艺设计、生产制造、产品质量、仓储物流以及产品运维各业务流程。建设了以 MES 为核心，融合了 PLM、ERP、APS、WMS、QMS、SRM、大数据平台、数字化工艺等系统，通过系统间的集成开发，消除信息孤岛，打通数据、流程通道，实现产品从研发设计、生产制造到销售服务全过程的一体化、数字化及协同化。持续的精益生产管理，改善加强了生产异常管理，控制了生产过程质量损失；帮助供应商提升了生产效率；此外，公司还分类制定了物料采购降本策略和降本目标，降低了采购成本，提升了整体运营水平。

在采购方面，2022年天玛智控对组织架构、制度、流程、作业标准、考核指标等方面进行精细化管理，提高了采购效率。一是优化调整采购组织架构，采购工作效率大幅提升。公司在采购方面设立了策略组、采买组、招标组，实施分段、精细化管理，设立个人绩效考核指标，在采购人员未增加情况下，采购工作效率提升约20%。二是优化采购流程，提高采购流程效率。优化采购流程14项，新增采购流程4项，全年招标项目减少约35%，上会定标项目减少约65%。三是分类制定采购成本管控措施，重点控制电子元器件采购成本。严把采购方案，分解降本责任。四是加强招标工作标准化，招标效率提升了32.79%。五是推进SRM系统全模块上线，提高采购协同效率，实现了供应商在线确认订单、反馈订单进度；实现发货协同和条码管理，提高了采购物料的可追溯性。

（三）细分行业领先，竞争实力强劲

专精特新企业的"精"同时体现在产品的精细化上。在新一代信息技术、先进通信、集成电路、医药健康、环保科技、新能源、科技服务、人工智能等众多细分行业领域，北京市涌现出很多细分行业的领军企业，在技术和产品水平上达到国际或国内领先水平，在细分行业市场占有率位居国内外前列。以下将对各领域的代表性专精特新企业进行简述。

在专用设备制造领域，北人智能装备科技有限公司作为国家级专精特新"小巨人"企业、制造业单项冠军示范企业，补足了国内精密印刷机械技术短板，在卷筒纸书刊胶印机细分领域国内市场占有率达到70%以上；北京华科同安监控技术有限公司是我国发电设备状态监测领域的开拓者和领先者，公司主营产品市场占有率超过70%，特别在大型抽水蓄能机组和大型混流机组领域市场占有率超过80%；北京卓越信通电子股份有限公司在工业交换机细分行业拥有较高的市场占有率和领先的技术及产品水平，2022年主导产品国内细分市场占有率超过三分之一；北京惠朗时代科技有限公司专业从事5G银行物联网控制平台、智能印章监管设备及重控凭证管理系统等软硬件产品开发，在该细分领域全国市场占有率为40%，全国市场占有率第一。

在基础零部件制造细分领域，北京博格华纳汽车传动器有限公司致力于开发、生产和销售汽车四轮及全轮驱动扭矩管理系统，其生产的适时分动器达到国内先进水平，国内市场占有率约为85%；中安锐达（北京）电子科技有限公司研制成功了国内第一款探鸟雷达、第一款空地一体探测雷达，在整个市场的占有率达到75%以上，产品技术在国际上领先。

在人工智能领域，北京市也涌现出了许多达到国际领先水平的专精特新企业。北京声智科技有限公司的声学计算与人工智能交叉技术位于国际领先水平，在国内人工智能感知层排行榜排第一名；北京智谱华章科技有限公司研发的ChatGLM-6B是目前唯一可以与国际主流开源模型竞争的国内模型，智谱的AI

开源模型全球累计下载量超 800 万，收到包括 70 多个国家 1000 多个科研机构的使用需求。

北京理正软件股份有限公司

北京理正软件股份有限公司成立于 1995 年，致力于为工程建设行业细分领域岩土勘察行业提供持久、专业化、全方位的数字化技术支撑服务，产品涵盖计算机辅助设计（BIM）、勘察设计企业数字化、建设云化服务等领域，拥有 280 项自主知识产权。理正软件及数字化方案已在建筑、规划、铁路、交通、水利、电力、冶金、煤炭、邮电、石油、石化、市政、煤炭等 22 个行业得到良好应用，用户遍及全国 31 个省市区。公司采用自主研发建设客户管理云平台，建立了完善的销售管理制度体系，在数字化云平台的作用下，实现销售各部门的客户管理、系统演示与方案管理，实现随时随地填报、审批，销售管理效率明显提升。根据《2021 年全国工程勘察设计统计公报》数据显示，勘察企业为 2873 家，其中 2757 家为理正勘察、岩土软件用户单位，产品市场占有率高达 95%，在工程建设行业岩土勘察细分领域市场占有率领先。

在工程建设行业岩土勘察细分领域中，工程地质勘察软件、岩土计算分析软件、深基坑软件、勘察三维地质软件、勘察岩土数字化系统等行业明星产品，为工程设计师在工程设计及安全研判时提供科学技术支撑、为勘察企业生产经营管理提供全数字化生产管控、数字资产管理。理正勘察系列、岩土系列软件已在北京王府井大街改造、北京图书大厦、首都新机场扩建、三峡工程、南水北调、京福高速、重庆市鹿角隧道工程、北京地铁、广州地铁、南京地铁等国家重点工程及设计工作中得到应用，取得良好应用效果。

三、特色化：营造特色塑品牌

（一）发挥长板优势，练就产业绝活

发挥企业长板优势意味着企业具有抢占行业制高点的优势业务，练就产业绝活表明企业在其所属行业中形成独特的核心竞争力和差异化优势。北京市专精特新企业凭借自己在垂直领域的深刻理解和丰富的实践经验锻长板、补短板、增投入、强研发，在科技服务、设备制造与生物医药等重点领域集中优势做大做强一大批不可替代的长板技术，不断提升自身的核心竞争力，从而在激烈的市场竞争中脱颖而出。

一方面，注重专业技术的培养、积累与创新。北京市专精特新企业在产业链某个环节或领域中钻研深耕，通过持续的技术研发、创新和知识更新，逐步积累起独特的专业技术能力。例如，在制造业行业，北京诚益通控制工程科技股份有限公司在原料药、制剂、中药等药品生产过程中的工艺、质量、设备管理、能源管理等方面积累了丰富的知识和技术经验，并形成了企业独到的系统设计理念和实施方法，成为北京市第一批智能制造系统解决方案供应商，被评为工信部服务型制造示范单位；北京惠朗时代科技有限公司最早开展智能印控管理系统和产品研究，深耕10余年，市场占有率稳居行业第一。在科技服务行业，如北京时代亿信科技股份有限公司在信息安全行业具有丰富的实践经验，多次参与并承担国家发展改革委、科技部及相关部门国家级项目和研究课题以及信息安全标准制定工作。这种专业技术的培养与创新同时需要企业投入大量资源与相关科研机构、高校等合作，进行持续的技术研发。在智能制造领域，北醒（北京）光子科技有限公司、北京瑞莱智慧科技有限公司、北京昇科能源科技有限责任公司等企业结合区位优势，与高校研究所以及科研机构合作，设立博士后科研工作站，培养了一批优秀的人才队伍，为技术研发与创新提供人才储备。

另一方面，聚焦优势业务进行深耕细作。在专用设备制造细分领域，如丰电科技集团股份有限公司作为国内领先的氢能等工艺气体压缩机和压缩空气系统综合节能解决方案提供商，研制了首台90MPa及250MPa高压、超高压氢气压缩机，解决了国家关键领域核心技术问题；在生物制药行业，北京三元基因药业股份有限公司在全球率先开展人干扰素α1b（运德素®）针对呼吸道合胞病毒肺炎的临床研究，引领了干扰素在防治病毒性肺炎领域新的临床应用与市场拓展。

北京捷杰西石油设备有限公司

北京捷杰西石油设备有限公司（以下简称"捷杰西"）是国家级专精特新"小巨人"企业，国家高新技术企业。作为钻井机器人智能制造领域的先行者，不断攻克石油行业"卡脖子"难题，经过十几年的市场打磨及开发设计、生产制造经验的积累，自主研发了系列化钻井机器人与智能钻井集群系统，产品以"智能、安全、高效"的独特优势被广泛应用于国内外多个重点项目，大幅提升工业高质量发展保障力。

以捷杰西智能钻井机器人为例，捷杰西设计并开发出智能化程度高、安全性强、能有效提高作业效率的铁钻工，可广泛适用于陆地、海洋钻井平台、超深井等多种环境工况下的钻井作业，在钻井过程中高效、安全地连接数千米的钻具，是油气开发中最核心的装备。以独特的性能优势替代国内市场上的进口同类产品，打破高端钻井设备被国外公司垄断的局面具有极大的市场意

义和社会价值，对于我国石油工业的"自主可控、提质增效"具有重要作用。

捷杰西经过不断的研发，深入研究了传统的液压大钳及国外铁钻工设备的不足之处，解决现有冲扣钳在扭矩载荷大时易打滑，在上扣或卸扣时夹紧力过大，夹紧缸容易漏油、维修困难等技术难题。其中，SW10-D1 和 SW10-F1 型铁钻工已广泛应用于国内钻井平台，SW12-D1 和 SW12-F1 型铁钻工已广泛应用于国内超深井平台。

捷杰西智能铁钻工从破解关键核心技术到研制原型机，再到样机落地，捷杰西研发出适应各类钻机的系列产品，带有基于"卷积神经网络"的机器视觉技术，实现真正的全自动作业，大幅提升生产效率。复杂工况、环境下，准确识别钻具接头部位的尺寸和位置；根据接头尺寸，自动优化钻井参数；根据接头位置，铁钻工"一步到位"准确夹持。

其核心原理取得中国和美国发明专利，凭借卓越的性能在多家钻井平台上替代了原有国外进口钻井机器人，并实现了钻机集成控制系统的无缝衔接，全面超越了同类产品的国际先进水平，破除"卡脖子"的枷锁，逐步实现石油装备高端制造领域的国产替代和性能超越。相比国内外其他同类产品成本较低，产品可靠性较高，拥有良好的社会效益及经济效益。

（二）研发特色产品，实现差异发展

现阶段，北京市专精特新企业凭借坚定不移的科技创新决心，精耕于新一代信息技术、人工智能、集成电路、智能制造、高端装备制造、航空航天、生物医药及高性能医疗器械等领域，锻造了具有独特性和特色化的产品或服务，在行业内或领域内保持着领先地位，对推进科技自立自强、稳定产业链供应链做出了重要贡献。以下将对各领域的代表性专精特新企业进行简述。

在新一代信息技术领域，芯盾时代在零信任安全、大数据风控、反欺诈 AI 模型、终端威胁感知、数据安全等技术领域拥有近百项发明专利技术，基于核心技术的各产品在行业里形成头部竞争力。联动优势科技有限公司作为三大运营商消息业务的重要合作伙伴，是首个开展 5G 消息（RCS）探索与研究工作的解决方案提供商。

在人工智能领域，北京瑞莱智慧科技有限公司凭借技术上的领先优势，加快产品化进程，形成了一系列平台型产品，面向城市治理、金融、教育科研、智能汽车等行业场景，提供以通用 AI 模型、AI 安全为核心能力的 AI 平台产品与行业解决方案，已服务多个国家部委以及国家电网、中国石油、中国电建、中国银联、中国工商银行、中国建设银行等 300 余家头部企业。

在集成电路领域，北京中科昊芯科技有限公司在全球范围内开创性地使用

RISC-V 指令集进行数字信号处理 DSP 的设计研发，领先定义基于 RISC-V 的专用 DSP 指令集，打造多个系列数字信号处理器产品，并构建完善的处理器产品生态系统，一举解决了国内 DSP 应用市场困扰多年的生态和知识产权两大难题。

在智能制造领域，北京炎凌嘉业机电设备有限公司主攻防爆产品系统，拥有自主研发高等级的防爆工业机器人产品系列、重载工业机器人产品系列等，为中国兵器、航天科工、中国中车、上海商飞、长安汽车等企业提供智能化相关解决方案；新石器慧通（北京）科技有限公司重点研发国产化数字孪生 3D 引擎、云渲染平台，实现数字孪生操作系统、3D 开发引擎、渲染等核心操作系统和开发工具的国产化，填补国内在上述技术和工具方面的空白。

在高端装备制造领域，遨博（北京）智能科技股份有限公司专注于协作机器人研发、生产和销售，开发了具有自主可控知识产权的协作机器人产品，实现了核心部件国产化，打破了国外企业在该行业领域上的长期垄断局面；丰电科技集团股份有限公司研制了首台 90MPa 大排量加氢站压缩机，填补了我国 70MPa 加氢站压缩机的空白，弥补了核心技术主要掌握在美国、德国的短板，解决了"卡脖子"问题。

在航空航天领域，北京星箭长空测控技术股份有限公司研制生产的车载红外光电辅助驾驶系统适用于我军各兵种部队、武警、公安、消防等领域地面移动平台、装甲与特种车辆、危险品运输车辆的车载安全驾驶辅助。

在生物医药及高性能医疗器械领域，北京昭衍新药研究中心股份有限公司建立了多个拥有核心技术的专业实验室，包括国内首个眼科评价实验室、国内规模最大的吸入及呼吸系统药物评价实验室等，完成了数百余项 CGT 药物的临床前评价服务，成功助力多个 CGT 药物获得 FDA 或我国药监局临床试验批件；北京软体机器人科技股份有限公司基于软体机器人技术开发的柔性夹爪，能够模仿人手的简单重复劳动，实现工业生产中近 96% 异形、易损物品的抓取搬运，解决了工业自动化生产"最后一厘米"难题。

北京开运联合信息技术集团股份有限公司

北京开运联合信息技术集团股份有限公司（以下简称"开运集团"）成立于 2004 年，是一家深耕于航天领域信息化建设的国家级专精特新"小巨人"企业，也是国内商业航天编目数据领域的先行者，国内首批数据资产评估中唯一的航天企业，开创了商业航天科技金融的创新模式，参与了多个航天领域的国家重点项目和国家专项的技术研制，被评为 2022 中国商业航天 30 强企业。

开运集团通过在航天领域不断深耕发现目前制约我国商业航天发展的核心问题是航天领域缺乏金融的有效支持，在航天重资产领域缺乏债权融资。债权融资缺失的原因，是由于卫星资产缺少保险支持，无法成为有效抵押品；给卫星上保险，由于缺少碰撞预警数据，保险公司无法进行精算使在轨产品落地。所以问题的源头在于我国缺乏自主可控的实时原始数据。

开运集团自主研发了核心产品"Aseem"，覆盖太空管理服务和太空数据服务，形成了 AOS 和 ADS 两大产品体系，主要面向政府、企业及特种领域用户，提供软件产品、数据产品和技术开发服务。基于全球观测网络，可实时掌握全量目标的卫星运行状态，为银行、保险公司、再保险公司等金融机构对卫星资产的风险评估和管理提供了有力支持手段，打通了我国金融和航天产业之间的壁垒。

开运集团自建的全球太空目标监测网络，实现对太空的持续观测，通过建立一套完全自主可控的实时太空数据库，实现美国 TLE 数据的国产化升级替代，填补国内空白，解决我国紧缺的太空安全数据源问题，可以为星箭产业上下游企业发展提供数据底座。助力星箭产业进行数据资产价值评估与管理，推动企业率先进行数据资产登记，推动企业成为数据资产入表试点和财政部试点；助力星箭产业与金融的深度结合，为开发区银行、投资机构、融资租赁公司开展相关的数据资产业务，拓展数据金融活动提供支撑。

（三）布局品牌工程，提升行业影响

近年来，北京市通过实施"品牌点亮"行动，支持专精特新企业提升品牌国际国内影响力，鼓励专精特新企业创制国际国内先进标准。一大批专精特新企业，特别是国家级"小巨人"和"单项冠军"企业，在行业细分领域不断积累和投入，商标注册数量和具有竞争优势的自有品牌数量不断增加，已成为区域或全国性优秀品牌，获得多项国家和省级质量奖项及多项权威认证，促进了"中国制造"质量品牌形象的提升。

在制造业领域，丰电科技深耕装备制造及节能技术推广领域，自有品牌21个，2022年主营业务收入达3.39亿元；北京天玛智控科技股份有限公司共注册商标名称及图形31个，在行业内建立了技术领先、产品优质和用户信赖的品牌影响力，2022年营业收入19.68亿元，共获得国家科学技术进步奖3项、省部级奖项60余项，拥有184项矿用产品安全标志证书、64项中国国家强制性产品认证证书和82项防爆合格证证书。

在软件和信息技术服务业领域，北京佰才邦技术股份有限公司目前已有品牌数约65项，4/5G室内外小基站、云核心网等产品已获得北美 FCC、加拿大 IC、欧洲 CE、日本 MIC、新加坡 IMDA 等多项产品认证；北京众绘虚拟现实技术研究院有限公司完成了 10 余项自主品牌名称的认证，产品先后获得了新技术新产品、双软证书认证，以及 CE 欧盟认证；星际数科科技股份有限公司拥有 51 件商标，54 项软件著作权，9 项周边专利技术，自有品牌销售收入 2.1 亿元。

在新一代信息技术领域，易智时代拥有自主商标 13 个，2022 年销售收入达 7049.07 万元，品牌曾获得 2020 北京工业 APP 和信息消费创新大赛信息消费 5G 创新奖、北京工业 APP 和信息消费创新大赛信息消费创新人才奖、"金 V 奖"年度优秀"5G+XR"应用奖、世界 VR 产业大会 VRAR 创新奖、世界 5G 大会荣誉证书、中国企业培训首选服务商等奖项。

在航空航天领域，北京星箭长空测控技术股份有限公司拥有 30 多款自有产品，2022 年的销售收入达 1.004 亿元，军用产品严格按照国家军用标准要求，建立并持续运行国军标质量管理体系，民用产品先后通过并持续运行 ISO9001C 质量体系认证、产品 CE 认证、CQC 及 RoHS 认证等。

在人工智能领域，北京羽医甘蓝信息技术有限公司拥有自有品牌近 50 项，产品通过了美国 HIPPA 认证，获得 II 类医疗器械生产许可证和欧盟 CE 证书，荣获 2019 全国医疗人工智能创新奖评选技术创新奖和 2017 中关村前沿科技创新大赛人工智能领域 Top10 等奖项。

此外，还有一些专精特新企业在激光雷达、VR/AR 光学、信息安全、文化创意等领域也已形成了直接面向市场且具有竞争优势的自主品牌。北京连山科技股份有限公司拥有商标 54 项，获得国家科学技术进步二等奖和中国网络与信息安全产业"金智奖"。

北京华大九天科技股份有限公司

北京华大九天科技股份有限公司（以下简称"华大九天"）成立于 2009 年，自成立以来一直聚焦于 EDA（电子设计自动化）工具的研发工作，中国电子信息产业集团有限公司是该公司最大股东，公司也是国内唯一一家具有央企背景的 EDA 企业。公司初始团队部分成员还曾参与中国第一款具有自主知识产权的全流程 EDA 系统"熊猫 ICCAD 系统"的研发。经过多年发展，公司在 EDA 工具软件及相关服务领域形成了行业领先的技术优势，已经成为国内规模最大、产品线最完整、综合技术实力最强的本土 EDA 企业，也是"国家 EDA 工程研究中心""国家企业技术中心"依托单位。公司相关产品已服务全球 600 余家客户，其中有 6 家全球十强设计企业、10 家中国十强设计企业、6 家全球十强晶圆代工厂以及中国主要 CPU 企业、面板企业和系统厂商均是公司的重要客户。

华大九天在集成电路 EDA 领域有着 30 多年的研发与管理经验，可提供模拟电路设计全流程 EDA 工具系统、存储电路设计全流程 EDA 工具系统、射频电路设计全流程 EDA 工具系统、平板显示电路设计全流程 EDA 工具系统、数字电路设计 EDA 工具、晶圆制造 EDA 工具、先进封装 EDA 工具等 EDA 工具软件，拥有多项全球独创的领先技术。

经过多年发展，公司目前已成为国内规模最大、产品线最完整、综合技术实力最强的 EDA 企业。公司现拥有"EDA 国家工程研究中心""国家企业技术中心"和"博士后科研工作站"。2022 年 8 月，公司被认定为第四批国家级专精特新"小巨人"企业。近年来，公司凭借核心技术实力以及在行业的领先地位，先后承担了诸多重大科研项目，技术水平得到了肯定。

公司为 EDA 行业乃至整个集成电路产业所做出的贡献获得了各界的广泛认可，曾荣获"第二届集成电路产业技术创新奖（成果产业化奖）""中国半导体创新产品和技术奖""第八届中国电子信息博览会创新奖"等多项荣誉。2022 年 8 月，公司荣获"中国 IC 设计成就奖 20 周年特殊贡献奖"；11 月公司荣获"中国芯优秀支撑服务企业奖"。

华大九天已累计申请发明专利 500 项，获得授权专利 241 项，获得软著 129 项；累计申请商标 150 件。2022 年公司实现营业收入 7.98 亿元，净利润 1.86 亿元。

四、新颖化：技术创新谋发展

（一）加大研发投入，铸牢创新底座

北京市专精特新企业整体表现出"高精尖、高研发、高成长"特点。从产业来看，工业互联网、5G、芯片、数字虚拟人、人工智能、大数据等新一代信息技术、软件和信息技术服务、新基建产业的研发人员占比和研发投入占比相对较高。其中，研发人员占比普遍超过 50%，以下将对各领域的代表性专精特新企业进行简述。

在芯片制造领域，专精特新企业持续研发、苦心钻研，突破高精尖领域技术壁垒，填补国内空白。以北京晟芯网络科技有限公司为例，晟芯网络推出的光网络通信芯片系列产品作为全数字化时代承载算力、存力的运力网络基础，核心技术全部来源于公司自研积累，具有很高的技术壁垒和技术门槛。晟芯网络现有员工 50 余人，全部人员中研发人员占比超过 80%。公司创始团队拥有近 20 年的通信、网络技术领域的深厚积累，对于技术、业务、市场、运作方面都有完整且成功的经历；团队成员大多具备 10 年以上的逻辑设计、芯片设计和系统设计开发经验，掌握多项技术发明专利。

在工业互联网领域，随着人工智能技术和互联网技术的不断发展，工业企业的生产模式也在不断改变，工业企业在提高效率、降低成本、提高品质方面越来越依赖新技术的支持。北京猫眼视觉作为北京市国家级专精特新"小巨人"企业，推出"工业互联网 AR 应用管理平台"，采用了专业的"5G+AR+AI"技术，结合工业制造的实际需求，提供了一系列定制化解决方案，产品已经在制造业、能源、物流、工业园区等多个领域得到应用，公司研发人员占总人数的 80% 以上，研发投入总额达到了千万级，占公司总收入的 20% 左右。

在数字虚拟人以及生成式人工智能领域，专精特新企业技术钻研和应用领域开拓两手抓。以北京红棉小冰科技有限公司为例，公司深耕人工智能领域，具有完备的人工智能技术框架——小冰框架，已孵化出数以千万计的人工智能数字人类（AI Being）。应用场景包括数字员工、数字偶像、数字陪伴等，辅助人类生产生活。公司产研人数占比 89%，核心研发人员均具备互联网大厂经验和高等学历。

在大数据领域，北京柏睿数据技术股份有限公司作为工业"六基"基础软件领域企业，形成了以数据库（全内存数据库、流数据库、库内人工智能、向量数据库、数据库加速芯片、数据存算一体机）、人工智能（建模平台、大型语言模型平台）为基础的数据智能大脑体系，研发团队人员占比超过 60%。公司持续投入超过 2 亿元用于技术研发及迭代。

北京柏睿数据技术股份有限公司

北京柏睿数据技术股份有限公司（以下简称"柏睿数据"）采用完全独立自主的技术路线，专注于以"全内存分布式计算引擎"为核心的数据智能产品体系创新研发。公司汇聚了中科院、国家信息中心、人民大学、复旦大学、哈工大等机构数十位世界技术大咖，研发团队人员占比超过 60%。公司持续投入超过 2 亿元费用，经过近 9 年的技术研发和完善迭代，形成了具有完全的自主知识产权的以"全内存分布式计算引擎"为核心的数据智能产品体系。

柏睿数据成功突破了工信部《"十四五"信息化和工业化深度融合发展规划》明确要求的"卡脖子"技术——"关键基础软件补短板数据库——全内存高速数据引擎、高可靠数据存储引擎、分布式数据处理"，实现了数据库内核技术的创新突破。申请国际国内专利超过 150 件，其中国外专利申请 28 件，构建了从数据库内核技术、数据库库内人工智能技术及数据库硬件加速技术三大体系的专利保护和自主可控。

柏睿数据是发起并主笔数据库领域两项国际标准的公司，是国标委大数据工作组产品与平台组组长单位、市数标委数据资源库工作组组长单位，参与数十项国际和国家标准建设。

作为数据库厂商，入选 Gartner《2023 年中国数据、分析与人工智能技术成熟度曲线报告》《2023 中国数据库管理系统市场指南》《中国数据库市场指南》；作为数据智能厂商，入选 IDC《Market Glance：中国数据智能市场概览，2022》《Innovators：中国数据智能市场创新者，2023》。

（二）围绕新兴领域，创新应用场景

北京"专精特新"企业聚力科技创新、深耕细分领域，攻克关键核心技术，破解"卡脖子"难题，在机器人、信创、氢能等前沿新兴领域取得了丰硕的技术创新和应用场景开发成果。以下将对各领域的代表性专精特新企业进行简述。

机器人产业由零部件、本体制造、整机三个环节构成。从机器人企业分布区域来看，海淀区、朝阳区、大兴区的机器人企业占比较多。从机器人应用领域来看，机器人在医疗和工业自动化领域应用广泛，医疗机器人作为全球机器人和医疗器械的新兴发展方向，逐渐成为各方竞相角逐的科技制高点。代表性的北京专精特新企业有长木谷医疗科技股份有限公司、北京软体机器人科技股份有限公司、北京和华瑞博科技有限公司等。长木谷医疗科技股份有限公司可依据患者 CT 影像，用一套智能算法通过三维建模设计治疗方案，再用手术机器人按术前计划精准实施手术，有效地提高手术效率和安全性；北京软体机器人科技股份有限公司在机器人前端柔性夹爪相关技术方面全球领先，可实现工业生产中近 96% 异形、易损物品抓取搬运；北京和华瑞博科技有限公司自主研发国产关节手术机器人，在全国已成功完成 1800 余例关节手术机器人协同全膝人工关节置换术。

北京专精特新企业围绕信息技术应用创新产业，加快补齐关键技术短板，重点强化自主基础软硬件的底层支撑能力，突破核心电子元器件、基础软件等技术瓶颈，加快数字产业化进程。从产业来看，信创由基础软件、基础硬件、应用软件、信息安全、系统集成 5 个一级环节构成。从信创企业分布区域来看，昌平区、海淀区和大兴区位于前列。代表性的北京专精特新企业包括北京经济开发区亦庄企业联通数科、北京海淀区中科驭数等。其中，联通数科以联通云为载体，实现了"联接+感知+计算+数智能力"的云上聚合，全面服务数字中国建设；中科驭数研发国内首颗功能较完整的 ASIC 形态的 DPU 芯片，可以适用于金融计算、高性能计算、数据中心、云原生、5G 边缘计算等应用场景。

氢能是世界各国加快能源转型升级、培育经济新增长点的重要战略选择，氢能应用已在化工、冶金、电力等领域全面加速拓展。代表性的专精特新企业有北京海淀区的氢璞创能科技有限公司、北京昌平区的国家电投集团氢能科技发展有限公司等。其中，氢璞创能科技有限公司是一家成立 13 年的燃料电池头部企业，专注做石墨板及金属板电堆的研发和产业化；国家电投集团氢能科技发展有限公司积极构建全自主化技术链，已形成"氢腾"品牌燃料电池系列产品和"氢涌"品牌 PEM 制氢系列产品，目前正在和长安汽车联合开发氢燃料电池乘用车，年内有望做出样机。

中科驭数（北京）科技有限公司

中科驭数（北京）科技有限公司（以下简称"中科驭数"）成立于 2018 年，是专注于智能计算领域的芯片和解决方案公司。数据智能时代，各行各业推进数字化以后，数据处理需求激增，随着服务器规模的增长，服务器之间的通信、资源管理、任务调度成为瓶颈。DPU 作为新型数据专用处理器，可以针对基础设施层（IaaS）的计算负载，通过创新的专用 DPU 计算架构，解决"CPU 处理效率低下、GPU 处理不了"的任务负载，如网络协议处理、高速存储协议、硬件资源虚拟化等。DPU 也被称为继 CPU、GPU 之后，数据中心的"第三块主力芯片"，为数字经济提供算力底座。

中科驭数作为国家专精特新"小巨人"企业，北京市知识产权试点单位，牵头和参与了近二十项 DPU 行业标准。研发迭代了三代 DPU 芯片产品，其中 2022 年完成研发的 DPU 芯片 K2 是首颗全功能国产 DPU 芯片，获评 2023 年中关村论坛十大最具影响力新技术新产品等奖项。K2 采用 28nm 成熟工艺制程，可以支持网络、存储、虚拟化等功能卸载，是目前国内首颗功能较完整的 ASIC 形态的 DPU 芯片，具有成本低、性能优、功耗小等优势，可以达到 1.2 微秒超低时延，支持最高 200G 网络带宽，可以适用于金融计算、高性能计算、数据中心、云原生、5G 边缘计算等应用场景。

（三）引领产业发展，开展标准研制

北京专精特新企业呈现高质量发展态势，企业创新引领作用凸显。从模式创新来看，北京市专精特新制造企业由生产型制造向服务型制造转变，深入开展模式创新，通过研发设计、品牌与行销等服务集成来进一步扩大产品价值，从而提升企业竞争力。重点发展工业设计服务、定制化服务、供应链管理、共享制造、检验检测认证服务、全生命周期管理、总集成总承包、节能环保服务、生产性金融服务九大创新模式，从制造业各环节内部和跨环节、跨领域的集成服务两个侧面推进先进制造业和现代服务业深度融合，代表性北京专精特新企业是北京天玛数控股份有限公司、北人智能装备科技有限公司。其中，北京天玛数控股份公司在常规售后服务之外，提出了三种创新模式，即专项维保模式、全生命周期专业化运维模式以及远程运维服务模式。北人智能装备科技有限公司大力开展数字化改造、服务型制造转型，通过云服务平台可对设备进行远程管理、远程故障诊断、远程调试、维修保养与程序升级，实现产品全生命周期管理，为客户赢得时间的同时，极大程度地节约了运维成本。

从标准制定方面来看，专精特新企业大多是新兴产业企业，往往具有技术创新和前瞻性，如先进制造业、人工智能、工业互联网安全等领域。但相应的这些领域国家标准、行业标准、团体标准还不完善。企业通过积极参与标准制定，为企业及行业的规范化和可持续发展提供有力支持。在数字安全领域，北京奇虎科技有限公司作为拥有专利数量最多的数字安全企业，充分发挥行业领军企业优势，将十多年来积累的安全能力贡献到国际和国内的标准制定中，2022年牵头发布标准2项，参与标准发布48项，在研标准50余项；在医疗设备制造领域，北京力达康科技有限公司作为行业领先企业，参与3D打印金属植入物有限元分析方法、增材制造钽金属髋关节假体等多项标准制定。

北京声智科技有限公司

北京声智科技有限公司成立于2016年，是声学计算与人工智能交叉领域的第二批国家专精特新"小巨人"企业，在声学计算与人工智能交叉技术方面位于国际领先水平，在国内人工智能感知层排行榜位列第一名。基于自主研发的壹元（Azero）人工智能开发框架，拥有多模态远场感知和多技能语言模型的特色，具备大流量、高并发、低延迟、多活热备的算法与硬件融合能力，面向数字经济和生命健康等领域，提供壹元语言模型（AzeroGPT）、壹元物联系统（AzeroIoT）和壹元非结构化数据软件（AzeroDatrix）。入选"科创中国"电子信息先导技术榜，承担工信部揭榜挂帅人工智能重点项目，荣获1项省级级技术发明奖、3项省部级科技进步奖、3项中国专利奖和3项市区级发明专利奖，出版人工智能教材2部，发起参与100余项国家、行业及团体标准，获得300余项荣誉资质和2000余项知识产权。

声智壹元大模型在政务服务、医疗健康、金融税务、教育办公、储能安全等场景可实现普遍应用，应用方包括电信运营商、政府机关、医疗机构、金融机构、科技企业、C 端用户等。目前，公司凭借声智壹元大模型，受邀参与中国大模型应用体系 2.0 中的标准《大规模预训练模型技术和应用评估方法 第 4 部分：模型应用》的编写工作；在税务领域的应用入选"北京人工智能行业赋能典型案例"；声智壹元大模型产品入选中国信通院筑基计划；声智壹元大模型产品入围 2023AIGC 基础服务 TOP10 榜单；声智壹元大模型产品荣获 2023 年最值得关注的 AIGC 公司；公司荣获国家工业信息安全发展研究中心颁发的"2023 年人工智能融合发展与安全应用典型案例领航型"企业称号。

第三章　服务生态

北京市专精特新企业茁壮成长的背后离不开强劲的政策引导和良好的营商环境。北京市高度重视优质中小企业梯度培育工作，从政策、服务、资金、创新、环境等方面着力构建"五位一体"的培育体系，推动专精特新企业发展壮大成为新质生产力。

第一节　北京市专精特新政策体系

近年来，北京市出台了一系列专精特新扶持政策，不断完善政策体系建设，并针对不同企业类型规划发展路径给予个性化扶持，提升政策精准度。此外，为保障政策效能有效发挥，北京市统筹各政府部门多方力量，形成政策合力，共同推动专精特新企业量质齐升，加快培育发展新质生产力。

一、强化顶层设计，完善政策体系建设

北京市委、市政府深入学习贯彻习近平总书记对北京工作的重要指示，认真落实中共中央、国务院关于发展专精特新中小企业的部署要求，在完善政策顶层设计的基础上，针对不同重点企业分类施策，围绕优质中小企业梯度培育阵列，打造"内循环"自生力。

（一）加强顶层设计，强化政策供给

政策顶层设计对于统筹规划地区战略部署具有重要的统领和指导意义。为全面推动本区域专精特新企业培育和发展，北京出台了一系列政策文件，形成相对完善的顶层设计。

一是制定统领性文件，构建专精特新发展政策主体骨架。2019 年北京市出台《关于推进北京市中小企业"专精特新"发展的指导意见》，提出要培育一批

专精特新中小企业，加快形成滚动发展、梯度培养格局。该文件为北京市专精特新培育发展工作提供了总统领，指出"专精特新"是北京市中小企业发展的重要方向，并将围绕专精特新企业高质量发展搭建滚动发展、梯度培养的格局体系，奠定了北京市专精特新企业靶向培育的整体基调。

二是一揽子专属政策陆续出台，形成专精特新发展政策血脉供给。在《关于推进北京市中小企业"专精特新"发展的指导意见》统领下，北京市出台了《北京市"十四五"时期高精尖产业规划》《北京市关于促进"专精特新"中小企业高质量发展的若干措施》《北京市优质中小企业梯度培育管理实施细则》等一揽子专属政策，聚焦高精尖产业强化专精特新企业培育，围绕资质认定、动态管理等出台政策办法，并在技术创新、转型升级、产业链配套、品牌建设、市场开拓、上市服务、融资需求等方面给予全要素的政策扶持，搭建了较为完善的政策体系。

三是专精特新发展迎政策爆发元年，扶持政策全面加码。2022年为专精特新支持政策爆发元年，从政策发布频次看，2022年政策出台的密集度明显增高（见图3-1），全年出台了十余项扶持专精特新企业发展的相关政策；从政策支撑力度看，2023年的扶持力度更大、范围更广，政策的综合统筹性更强，6月北京市经济和信息化局出台了《关于实施十大强企行动激发专精特新企业活力的若干措施》，瞄准专精特新企业成长壮大涉及的技术创新、融通发展、场景创新、融资、上市、数智转型、专利保护、人才供给、品牌培育、服务支持10个关键领域给予全面支撑。

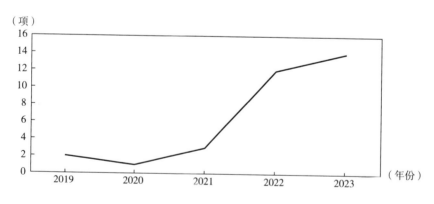

图3-1　北京市近年来专精特新企业支持政策

（二）强化法治保障，助力有序发展

中小企业的健康发展、专精特新企业的成长壮大，离不开法治的护航保障。北京市从完善法规体系、强化制度机制等维度，为专精特新企业发展提供法治保障。

一是完善法规体系建设，筑牢制度基础。为改善中小企业发展环境、维护中小企业合法权益，北京市以《中华人民共和国中小企业促进法》等上位法为依据，并结合本市实例强化制度保障，出台了《北京市促进中小企业发展条例》《北京市优化营商环境条例》《北京市数字经济促进条例》《北京市知识产权保护条例》等一系列法规条例，强化专精特新企业发展法治保障。2020年10月新修订的《北京市促进中小企业发展条例》发布，在解决企业融资难、融资贵问题，初创期发展痛点、难点，提高企业科技创新水平，保障优惠政策落地等方面打出了立法"组合拳"，在法规条例层面有力保障专精特新企业发展。

二是建立联席会议制度，搭建法治营商环境。完善优化营商环境统筹机制，推动制定《关于建立北京市优化营商环境法治保障联席会议制度的意见》，组织召开联席会会议，汇聚各方力量为优化首都法治化营商环境建言献策。

三是打好知识产权保护组合拳，构建全链条保护体系。近年来，北京市不断提高知识产权保护政治站位，以优化知识产权营商环境为目标，打造多元保护格局。出台《北京市知识产权强国示范城市建设纲要（2021—2035年）》，规划15年发展蓝图。颁布《北京市知识产权保护条例》，筑牢新时期知识产权首善之区法治根基。《北京市关于加强知识产权纠纷多元调解工作的实施意见》《关于加强版权保护共建行政司法协同机制工作任务清单》等文件印发，为知识产权司法保护提供了"行动指引"。京津冀三地知识产权局还签订了《京津冀营商环境一体化发展知识产权合作框架协议》，加速知识产权保护一体化进程。随着《2022年北京市区域知识产权工作方案》印发，北京市知识产权"一区一特色"专项工程也稳步推进，赋能首都知识产权工作高质量发展。

（三）加大统筹协调，形成政策合力

良好政策环境的构建离不开各政府部门的通力协作，北京市为推动专精特新企业高质量发展，构建了以市促进中小企业发展工作领导小组为统筹，发改、经信、财政、人社、商务等多方协同的工作机制，扭成一股绳，形成一处力，充分释放政策乘数效应。

一是成立市中小企业发展工作领导小组，完善工作领导机制。2021年5月，北京市成立了以市长为组长的市促进中小企业发展工作领导小组，主要负责统筹协调市中小企业发展工作，研究督促落实促进中小企业发展的政策措施，研究解决中小企业发展过程中遇到的重要问题。领导小组由28个委办局构成，领导小组办公室设在北京市经济和信息化局，领导小组每年组织召开小组会议。

二是建立协同工作机制，统筹协调各类资源。在市中小企业发展工作领导小组的全面统筹下，北京市建立了各部门、单位和各区政府协同联动的工作机制，加大财税、金融、技术、产业、人才、用地、用能等政策工具统筹协调力度，形成工作合力。针对跨地区、跨领域、跨部门任务，也能够强化各方对接，联合各相关方力量协调解决工作中遇到的困难和问题，出台针对性文件，进而提高政策精准性和有效性。

三是打好政策"组合拳"，综合性政策频频出台。2022年以来，北京市积极动员联合各部门力量，出台了一系列综合性措施，营造良好营商发展环境，并在区域整体规划、扶持措施等方面向专精特新企业倾斜。例如，中国人民银行营业管理部等11部门发布《金融服务北京地区科技创新、"专精特新"中小企业健康发展若干措施》，在完善会商机制、加强专项信贷支持、拓展直接融资渠道、提升跨境业务便利等方面制定扶持措施；北京市发展和改革委员会等11部门发布《关于北京市推动先进制造业和现代服务业深度融合发展的实施意见》，鼓励产业链"链主"企业组建创新联合体，通过专利布局、标准引领、平台建设等方式与专精特新企业精准对接，采取服务外包、订单生产、外协加工等形式带动产业链上下游企业融通发展（见表3-1）。

表3-1 综合性政策清单

发布日期	部门	文件名称	主要内容
2022年5月	北京市经济和信息化局等5部门	《北京市中小微企业首次贷款贴息及担保费用补助实施细则》	将对符合条件的、在贷款服务中心现场登记的中小微企业"首次贷款"，进行贴息或担保费用补助支持，按照企业实际获得贷款产生利息的20%给予贴息，按照贷款额和实际担保期限给予年化1%的贷款担保费用补助，对于担保费率低于年化1%的，按照实际执行的担保费率予以补助
2022年6月	北京市地方金融监督管理局等6部门	《关于对科技创新企业给予全链条金融支持的若干措施》	加大科创企业信贷投放力度。鼓励银行机构为高新技术和"专精特新"企业开辟信贷绿色通道，推出专属信贷产品。加强被投企业服务。建立被投企业数据库，按照独角兽、"隐形冠军"、"专精特新"等类型，细化属性特征标签，推动将重点被投企业纳入市区两级服务包。进一步提升中关村科创企业跨境融资支持力度。进一步拓宽企业跨境融资渠道，符合条件的中关村高新技术企业和"专精特新"企业可在不超过等值1000万美元便利化额度内自主借用外债

续表

发布日期	部门	文件名称	主要内容
2022 年 9 月	中国人民银行营业管理部等 11 部门	《金融服务北京地区科技创新、"专精特新"中小企业健康发展若干措施》	在完善会商机制、加强专项信贷支持、拓宽直接融资渠道、提升跨境业务便利等方面制定扶持措施
2022 年 12 月	北京市商务局等 4 部门	《"两区"建设国际收支便利化全环节改革工作方案》	扩大跨境融资便利化试点。扩大中关村跨境融资便利化试点范围，北京地区符合条件的高新技术和专精特新企业可在不超过等值 1000 万美元额度内自主借用外债，助力高新技术和"专精特新"企业拓宽融资渠道
2023 年 2 月	北京市发展和改革委员会等 11 部门	《关于北京市推动先进制造业和现代服务业深度融合发展的实施意见》	激发中小企业融合发展活力：引导先进制造业、软件信息服务业中小企业向专精特新、单项冠军方向发展，对满足条件的稳规升规企业通过北京市高精尖产业发展资金给予支持。将符合条件的工业互联网供应商纳入中小企业服务券等政策支持范围，对专精特新中小企业数字化赋能项目给予不超过合同额 20%、上限 100 万元的奖励，服务中小微企业数字化转型。促进企业高效协同：鼓励产业链"链主"企业组建创新联合体，通过专利布局、标准引领、平台建设等方式与专精特新企业精准对接，采取服务外包、订单生产、外协加工等形式带动产业链上下游企业融通发展。加强金融支持：落实金融服务科技创新、专精特新中小企业健康发展若干措施，加强专项信贷支持，拓宽直接融资渠道
2023 年 4 月	北京市人力资源和社会保障局等 5 部门	《北京市人力资源服务业创新发展行动计划（2023-2025 年）》	实施优质中小企业梯度培育。开展"专精特新"人力资源服务企业遴选培育，组织专题培训，在人力资源测评、培训、网络招聘、人力资源管理软件、大数据分析应用等领域培育形成一批创新型中小企业、专精特新中小企业、"小巨人"企业，鼓励各区对获得认定的企业给予资金奖励

　　四是细化分工任务清单，统筹督办跟进。北京市为全面细化工作，强化政策抓手，提升措施落地性和有效性，将《北京市关于促进"专精特新"中小企业高质量发展的若干措施》所列明的六大领域 16 项支持措施进行逐项拆解和分工，

制定形成了 64 项具体任务清单，纳入市促进中小企业发展工作领导小组工作机制加强统筹和督办，并按月进行跟踪和调度，全力保障专精特新企业发展。

在市、区多级政府部门的共同努力下，北京市围绕专精特新企业培育工作，不断增强协同力量、细化工作任务，确保每一项扶持措施落在实处、发挥效应，营造了良好的政策环境。

二、优化扶持机制，推出精准有力措施

在北京市"专精特新"政策体系的指导下，各政府部门围绕专精特新企业发展的痛点、难点、关键点精准发力，构建了"靶向"培育、全资源要素供给的保障体系。

（一）分类分级落实梯队企业培育

北京市按照敞口申报、线上办理、达标即享的原则，着力构建涵盖创新型中小企业、专精特新中小企业、专精特新"小巨人"企业梯队金字塔，打造滚动发展、"靶向"培育的新格局。

针对创新型企业，以科技创新为抓手，加强普惠性服务供给。创新型中小企业具有较高专业化水平、较强创新能力和发展潜力，是优质中小企业的基础力量。北京市在创新型企业培育发展方面采用的是加强普惠性服务供给的培育策略。实施创新驱动发展战略，搭建"三城一区"科技创新中心，强化人才服务和科技成果转化，围绕高精尖产业发展需求鼓励创新型企业对外交流合作。鼓励创新型企业申报北京市企业技术中心，给予人才、政策等普惠性服务供给，设立北京市中小企业创业投资引导基金对初创期创新型企业给予支持。通过普惠性服务供给和扶持措施，培育壮大创新能力强、创新机制好、引领示范作用大的创新型企业队伍，积极引导其发展成为专精特新企业。

针对专精特新中小企业，给予个性化专属服务，实现靶向精准培育。专精特新中小企业通过专业化、精细化、特色化发展，创新能力强、质量效益好，是优质中小企业的中坚力量。北京市面向专精特新中小企业采取的培育策略是强化扶持精准性，实现靶向跃升。给予专精特新中小企业在大中小企业融通配套、上市融资、技术创新等方面全方位的精准扶持，并在服务体系内开设专精特新企业专属服务通道，提供覆盖全生命周期的专属服务，助力其成长为"小巨人"企业。

针对国家级"小巨人"企业，强化要素聚焦，助力高质量发展。专精特新"小巨人"企业位于产业基础核心领域、产业链关键环节，创新能力突出、掌握核心技术、细分市场占有率高、质量效益好，是优质中小企业的核心力量。北京市锚定重点领域和环节，引导资本、人才等要素集聚，推动"小巨人"企业升规、上市，发展成为制造业单项冠军。目前，在政策服务、创新和技术服务、管理咨询服务、培训服务已实现国家级专精特新"小巨人"企业的全覆盖。

（二）构建奖补网络强化培育引导

为全面引导中小企业走"专精特新"发展道路，北京市充分利用财政资金撬动社会资本，构建多维奖补网络，并采用资金申报、基金投资、政府采购、项目补助、资金奖励等多种形式给予支持。

国家层面，北京市依据企业属于工业"五基"、制造强国战略十大重点产业领域，网络强国建设重点产业领域，主导产品属于关键领域"补短板"、关键核心技术攻关、填补国内国际空白，以及与重点行业龙头企业协同创新产品链配套等方面，从北京市国家级专精特新"小巨人"中遴选推荐优质企业争取国家资金支持。数据显示，共有138家"小巨人"企业通过了工信部评审，获得中央财政资金重点支持，数量位于全国各城市之首①。

市级层面，在全国首设"专精特新"成长基金，并充分利用支持中小企业发展资金、北京市中小企业发展基金等，通过基金投资、政府采购、项目补助及奖励等多种方式对融通载体建设、专精特新企业数字化转型、科技创新、上市挂牌等方面给予扶持奖励。根据《北京市企业上市市级补贴资金管理办法》，对注册制上市公司给予一次性300万元补贴。

区级层面，北京市16个行政区和经济技术开发区分别出台了地方性奖补文件，针对属地内获得市级专精特新称号、市级"小巨人"称号、国家级"小巨人"称号的企业分别给予10万~30万元、25万~50万元、50万~100万元的一次性资金奖励，鼓励区域内企业聚焦当地产业特色走"专精特新"发展道路。

（三）融资上市支持注入源头活水

北京市不断加大对专精特新企业银行信贷、融资上市的支持力度，努力打造多层次、专业化、特色化的金融支撑体系，在企业融资渠道拓展、产品创新等方面形成了非常丰富的经验借鉴。

完善金融服务体系，优化金融营商环境。在完善会商机制、加强专项信贷支持、拓展直接融资渠道、提升跨境业务便利等方面制定扶持措施。实施中小企业"畅融工程"，将专精特新企业纳入信贷绿色通道。加强北京市中小企业发展基金引领带动作用，引导各类社会资金共同投资初创期、成长期中小企业，重点支持高精尖产业、科技创新、新兴服务业等中小企业领域。自成立以来已累计投资1300余家中小企业，其中投资初创期及早中期企业金额占比近80%，投资高精尖领域企业金额占比近90%，为中小企业创新发展提供有力支撑。

---

① 数据来源：《北京专精特新：聚力科技创新"小巨人"释放大能量》，人民网北京频道2023年9月26日新闻。

优化首次贷款补贴政策，推动融资担保业务持续增量、扩面、降费。对符合条件的北京市中小微企业首次贷款业务，给予20%的贷款贴息或贷款额1%的担保费用补助。2023年上半年，发布《北京市中小微企业首次贷款贴息及担保费用补助实施细则（2023年修订版）》，进一步激发金融机构主动性、扩大政策覆盖面、提高资金使用效率、提升政策获得便利度。实施小微企业融资担保降费奖补政策，推动融资担保业务"降费率、调结构"，规模与费率均达近5年最好水平。

推广新型融资模式，开展融资产品创新。发展供应链金融、知识产权质押、股债联动等新型融资模式，并给予一定风险补偿。指导银行业金融机构推出"专精特新贷""专精特新险"等定制化金融产品，引导政府性融资担保机构开发"专精特新保"，探索推动"专精特新"园区贷、集合债等金融产品创新。截至2023年5月底，"专精特新贷"惠及专精特新企业3389家次，"专精特新保"惠及专精特新企业2463家次[①]。

推动区域性股权市场建设，强化专精特新上市储备和服务。聚焦掌握关键核心技术、代表"高精尖"经济结构、彰显全国科技创新中心实力的上市公司群体推出"钻石工程"行动计划，聚焦创新型中小企业发布"育英计划"，便于企业境内外上市融资。以北京证券交易所设立为契机，着力推动专精特新企业在北交所上市和新三板挂牌，截至2023年上半年北交所上市北京市专精特新企业16家，占北交所上市企业的约十分之一。编制《加快推进北京市中小企业上市培育工作方案》，建立专精特新拟上市企业服务库，加强分层分类服务，开展专精特新企业上市、晋层、挂牌和储备"四大工程"，及早介入，指导企业开展股改、规范内部管理，将专精特新中小企业培育成为北交所上市的主力军。制定《北京"专精特新"专板建设方案》，通过金融服务产品创新，引导各类资本向创新型中小企业早期阶段延伸服务，打造科创金融和普惠金融融合发展的"试验田"。

（四）科技创新激活企业发展引擎

为进一步激发专精特新企业发展活力，提升企业科技创新能力，北京市充分发挥科技资源优势，深入贯彻落实创新驱动发展战略，通过完善创新载体建设、鼓励技术创新、推动"链式"发展等手段，锻造高质量发展"强引擎"。

积极打造创新创业载体，强化创新要素资源集聚。自2017年以来，北京充分发挥创新要素集聚优势，聚焦中关村科学城，突破怀柔科学城，搞活未来科学城，提升北京经济技术开发区和顺义区创新型产业集群示范区，打造优势科技创

---

① 数据来源：新京报．专精特新看中国｜北京专精特新企业图谱再扩容［EB/OL］．［2023-09-25］．https://baijiahao.baidu.com/s? id＝1778005369525293722&wfr＝spider&for＝pc。

新策源地。据公开数据显示，"三城一区"以占全市 31.8% 的企业数量，集中了全市六成左右的研发人员和研发费用，创新要素集聚效果明显①。在创新主体培育方面，一头抓科技型骨干企业，一头抓中小微科技型企业，强化独角兽、专精特新"小巨人"企业和隐形冠军企业培育工作。此外，北京市 2023 年高标准建设中日创新合作示范区，围绕新能源、智能制造、医药健康等打造创新创业载体，吸引了更多专精特新企业和优质项目入驻。

鼓励企业技术创新和数字化转型，夯实创新发展后劲。通过鼓励中小企业设立研发机构，重视研发队伍建设，加大研发投入和技术改造投资力度。支持专精特新企业参与国家制造业创新中心等平台建设，加大创新产品首制首试首用保障。申报颠覆性技术和前沿技术的研发及成果转化项目，对项目设备购置、房租、研发投入等分档予以支持，第一年最高支持 200 万元，第二至三年支持金额最高不超过 500 万元。建立知识产权优势企业培育库，通过给予奖补、强化服务等方式支持专精特新企业开发高价值专利。将符合条件的工业互联网供应商纳入中小企业服务券等政策支持范围，为专精特新中小企业免费开展智能化绿色化诊断，提供数字化平台和系统解决方案，对专精特新企业数字化赋能项目给予不超过合同额 20%、上限 100 万元的奖励，对中小企业上云上平台验收合格的项目给予最高 30 万元的补助。

创新揭榜攻关合作机制，推动大中小融通发展。发挥新型研发机构、公益专利池和创新联合体作用，建立"产业链龙头企业出题、中小企业答题"协同创新模式，通过专利布局、标准引领、平台建设等方式与专精特新企业精准对接，采取服务外包、订单生产、外协加工等形式实现融通发展，支持专精特新企业实现细分领域的技术突破，成为"单打冠军"和"配套专家"。

（五）保障人才供给强化发展动能

精准对接人才需求，提升专业人才素养。定期梳理企业急需紧缺的人才需求，采用订单式培养模式，建立"高校—企业"实训基地，围绕医药、旅游、制造等行业企业及专精特新企业人才需求特点，推进企业新学徒制、高技能研修、首席技师评选等中高技能人才培训。以产业数字化与数字产业化为核心，实施首都专业技术专技人才"登攀"计划②，每年培养工程技术技能人才 1 万人，推进首都技能人才"金蓝领"培育行动计划③围绕高精尖产业、数字经济推进项

---

① 数据来源：三城一区的未来密码 ［N］. 北京商报，2022-8-26。

② 数据来源：2023 年 6 月北京市人力资源和社会保障局关于印发《北京市数字技术人才培养实施方案》的通知。

③ 数据来源：2022 年 6 月北京市就业工作领导小组办公室关于印发《稳就业专项行动实施方案》的通知。

目式、精准化培训服务。加强高端人才供给，优先引进国家级"小巨人"企业中的高级经营管理人才和高级专业技术人才，组织开展专精特新企业经营管理人才培训，对"小巨人"企业实现全覆盖，并围绕专精特新企业人才需求组织开展各类高校招聘活动，助力企业招贤纳士。

加大配套支持，提升人才吸纳能力。做好非京生源引进，优化指标测评体系，对科学城、高精尖产业、"专精特新"企业予以倾斜。对在专精特新中小企业、"小巨人"企业从业的人员，给予落户加分。国家级"小巨人"企业招聘世界大学综合排名前200位的国内高校本科及以上学历毕业生，或"双一流"建设学科硕士研究生，给予落户支持。

完善配套服务，强化人才稳定性。为专精特新企业提供租房、子女教育、医疗等方面服务保障，提升人才稳定性。鼓励各区通过新建、改建住房，长期趸租集体土地租赁住房，收购社会存量住房，改建自有用房，调剂已有公共租赁住房等多方式、多渠道筹集房源，采取配租公共租赁住房、配售共有产权住房、给予人才租房补贴等方式，做好专精特新企业人才住房保障。鼓励各区将专精特新企业高级管理人员和核心技术团队优先纳入区人才计划，在就医、子女入学等方面做好属地保障。

此外，北京各区也出台了相应的专精特新企业人才支持政策，依据区域企业人才需求特点细化扶持举措，推动政策落地。例如，丰台区每年为潜在独角兽企业、专精特新"小巨人"企业、隐形冠军企业等人才引进提供不少于200个落户指标并推出5000套各类房源①；石景山区对专精特新企业提供人才租赁住房，推荐海外高层次人才引进并给予奖励。

（六）精准服务打通高质量发展通道

北京市不断完善中小企业公共服务体系，从供给和需求两端发力，通过完善载体建设、聚焦重点对象、创新服务模式等方式为专精特新企业提供优质、精准、普惠的服务，全面助力专精特新企业高质量发展。

将专精特新企业纳入中小企业公共服务体系，提供精准服务。将专精特新企业纳入北京市中小企业服务体系，按照"无事不扰、有求必应"原则，及时掌握企业发展中面临的困难和问题，针对不同梯度培育对象，及时提供政策、资金、人才、用地、公共配套等精准服务。

向中小企业发放服务券，降低企业服务成本。为贯彻落实《北京市促进中小企业发展条例》，有效发挥政府财政资金作用，创新中小企业服务模式，北京市

---

① 数据来源：丰台区发布了《中关村科技园区丰台园管理委员会丰台区投资促进服务中心关于印发〈关于支持独角兽企业在丰台集聚发展的若干措施〉的通知》。

经济和信息化局每月定额发放服务券。遴选技术创新、成果转化、数字化赋能、工业设计、信息化建设、上云用云、上市培育、人才与培训等领域服务产品，提供服务补贴，北京市专精特新中小企业每年领用服务券上限 10 万元，其他小微企业每年领用服务券上限 2 万元。2023 年度专精特新服务券发放工作已经完成，服务券总金额达 1621.68 万元，完成服务订单 1300 余单，完成交易合同金额近6000 万元，有效帮助企业降本增效。

加大服务机构服务奖补，增强服务供给。根据财政部、工业和信息化部《关于支持"专精特新"中小企业高质量发展的通知》（财建〔2021〕2 号）等政策要求，北京市经信局会同市财政局开展了支持服务专精特新中小企业的中小企业公共服务示范平台申报工作。对服务国家专精特新"小巨人"企业、北京市专精特新"小巨人"企业以及北京市专精特新中小企业的市中小企业公共服务示范平台，通过奖补结合的方式进行支持。服务补助方面，按照服务费用情况给予一定额度补助支持；绩效奖励方面，将根据服务和绩效情况按比例进行资金分配，每家支持金额不超过 200 万元，提升服务载体服务质量及服务积极性。

试点专精特新服务站，打通服务"最后一公里"。为贯彻落实《关于实施十大强企行动激发专精特新企业活力的若干措施》（京经信发〔2023〕25 号）关于"设立专精特新服务站"的相关要求，北京市经信局面向中小企业公共服务示范平台、示范基地、孵化器、众创空间、大学科技园等创新创业服务机构以及高校、科研院所，试点认定一批专精特新服务站，为企业提供公益性、专业性、便利化的贴身服务。采用动态管理模式，定期开展绩效评估，总结梳理工作机制和成效，全面推广建设，强化服务供给。

第二节 北京市专精特新服务体系

北京市中小企业贡献了全市 30% 以上的税收，40% 以上的营收，50% 以上的专利授权，60% 以上的就业机会，90% 以上的企业数量。专精特新企业作为中小企业的排头兵，已经成为首都"五子"联动发展的重要引擎。

北京市围绕区域产业发展特色，以专精特新企业发展全生命周期共性和个性化需求为出发点，以培育壮大新质生产力为落脚点，以公共服务和社会服务协同联动为抓手，搭建了政策适配、要素聚合、服务多元的生态体系，全力保障专精特新企业高质量发展。

一、打造"1+N"格局，织密企业服务网络

经过多年发展，北京市已形成涵盖中小企业公共服务平台网络、中小企业公共服务示范平台、小微企业创业创新示范基地等服务载体的公共服务网络，并以此为基础牵引带动社会服务资源，共同输出优质、普惠、便捷、精准、覆盖企业全生命周期的各类服务。

（一）建立"1+N"服务网络，聚集优质服务资源

北京市主要以市中小企业公共服务平台为依托开展中小企业公共服务工作，形成了涵盖窗口平台、中小企业公共服务示范平台、小微企业创业创新示范基地的公共服务体系，并将专精特新企业纳入体系，作为重点对象输出服务。目前已全面覆盖6000余家专精特新企业，日均解答专精特新企业政策、服务产品、培训等问题100家次/天。近期，北京市探索建立了"专精特新"服务站，通过试点引领作用，提升梯度企业服务效能。

搭建"1+17+N"公共服务平台网络，形成中小企业公共服务骨干架构。围绕中小企业公共服务需求，北京市不断完善公共服务体系建设，形成了涵盖1个市枢纽平台，17个区综合窗口平台以及246个联网窗口平台互联互通、资源共享的立体式中小企业公共服务骨干网络。可为中小企业提供金融、人才培训、知识产权、技术创新、市场营销等各类公共服务。截至2023年8月，北京市中小企业公共服务平台已凝聚服务商658家，形成服务产品1698个。

大力发展示范平台和示范基地，充盈中小企业公共服务力量。截至目前，北京市累计认定市级中小企业公共服务示范平台、小微企业创业创新示范基地246家，集聚500余家专业服务商，服务场地总面积达400余万平方米，入驻中小微企业1万余家。在数字化赋能、人才培训、法律咨询等领域遴选200余款优质产品。其中，认定90家示范基地，服务面积达414万平方米，入驻的企业数量超过10000家；156家示范平台的服务人员近万人，年服务企业300万家次。

建立专精特新服务站，提升服务能级和梯度培育质效。北京市中小企业服务中心联合经济技术开发区大族园区设立北京市的首个"专精特新服务站（试点）"已于2023年8月21日正式设立，将为经开区600余家专精特新企业提供精准服务。未来，北京市将建设约100家"专精特新服务站"，围绕政策解读、上市融资、招聘用工、党建引领等主题，策划一系列的惠企服务活动，做好政策精准推送和宣传推广。通过试点服务站的示范引领作用，全面提升北京市中小企业服务能级和梯度培育质效。

北京首个"专精特新服务站"落户经济技术开发区

2023年8月21日，北京市中小企业服务中心联合经开区大族园区设立"专精特新服务站（试点）"，同时启动"赋能专精特新服务站"活动（见图3-2），标志着北京首个"专精特新服务站"落户北京经济技术开发区。

图3-2　"专精特新服务站"政策宣讲会

北京市经信局中小企业处处长、中小企业服务中心主任杨靖国在致辞中表示，通过设立专精特新服务站的形式，实现政策的精准触达，让"企业找政策"变成"政策找企业"，切实解决企业找不到政策、看不懂政策、诉求解决难等问题。

作为全市"专精特新服务站"首批试点之一，大族园区"专精特新服务站"积极搭建创新、生态、共享服务平台，完善线上线下服务体系，靶向用力赋能专精特新企业高质量发展。线上以"亦城智云"小程序为主要端口，为入驻企业提供政务、财税、法务、资质等服务，线下配备党建中心、综合服务大厅、创新中心展厅、共享会议中心等多处落地服务场所3000多平方米，让园区入驻企业随时体验近在咫尺的智慧服务。

（二）推出"1+N"服务产品，输出优质服务内容

挖掘企业个性化需求，北京市中小企业公共服务平台设置"专精特新"产品专区（见图3-3）。北京市中小企业公共服务平台积极对接和挖掘专精特新企业个性化服务需求，加大特色化、个性化服务产品供给，设置了专精特新服务专区。汇聚了华为云、软交所、工商银行、北京银行、中信证券等多家优质服务

商，为专精特新企业提供投融资、政策解读、咨询诊断、资源对接、人才培训等专属服务，目前已形成专属服务产品 70 个，企业可享受专属折扣和政府补贴。此外，为解决专精特新企业政策理解难、对接难问题，平台推出了专属的 127 款政策补贴产品，部分产品可实现 50%减免或限时免费。

图 3-3　北京市中小企业公共服务平台专精特新专区

提升服务辐射范围和储备，遴选优质服务载体提供定制服务。为进一步提升服务力量和范围，北京市经信局积极遴选中小企业公共服务平台、创业创新示范基地、孵化载体等机构，为专精特新“小巨人”企业提供服务。定制“专精特新”专属工具箱，汇聚券商、会计师事务所、律师事务所等专业服务机构，为企业提供政策、法律、财税、创新和技术、数字化赋能、工业设计、融资对接、管理咨询、市场开拓、培训等多门类服务。

此外，为加强专精特新中小企业服务的精准性，北京市经信局聚焦企业的共性、关键和典型需求，围绕大中小企业融通创新、数字化转型、科技成果转化、质量标准品牌建设、绿色低碳发展、市场开拓、工业设计、知识产权保护和运用等服务领域，征集质优价优的服务产品，进一步丰富服务品类和专业性。

（三）组建“1+N”服务团队，配备专属服务人员

北京市中小企业公共服务平台以专精特新“小巨人”企业为重点服务对象，组建了企业服务团队，并按一定比例配置“企业服务专员”。目前，已遴选的 25 家公共服务示范平台和 384 家专业服务机构为专精特新“小巨人”企业提供

专项服务，确保服务科学精准、低价高效、质量可控。企业服务专员根据企业需求，统筹组织服务产品专员共同为"小巨人"企业提供相应的精准服务。同时，企业服务专员也将发挥政企沟通桥梁作用，将企业相关困难问题及需求向政府部门反馈。

政策服务方面：全年向国家专精特新"小巨人"企业、专精特新中小企业"点对点"推送《关于实施十大强企行动激发专精特新企业活力的若干措施》《北京高精尖产业发展资金实施指南》等产业政策、资金申报等文件 170 余项，转发、解读政策至企业超 5000 家次。同时，为企业提供项目申报、绩效评价、"小巨人"资质复核、专精特新企业信息更新、服务券发放申领等政策咨询服务，解答企业相关问题并提出建议，日均解答企业问题超过 100 次，实现了政府端对专精特新企业政策的及时、有效、精准触达，助力专精特新企业用准用好惠企政策。

投融资服务方面：全年走访国家级"小巨人"企业及专精特新中小企业 197 家，帮助企业对接银行、担保、融资租赁等债权融资机构 61 家次，帮助企业对接高精尖基金、中小创投等股权投资机构 31 家次，邀请企业参加投融资路演活动 6 场，解答专精特新贷、专精特新保等线上融资咨询 160 家次，累计帮助企业获得融资超过 1 亿元，有效降低企业融资成本。

人才服务方面：全年走访收集"小巨人"企业人才服务需求 87 项，指导企业使用服务券完成人才招聘需求发布的项目采购。组织企业参加 2023 年北京工业大学、北方工业大学等北京市属高校联合举办的五场招聘会，帮助 700 余家专精特新企业提供千余个岗位，涉及人工智能、集成电路、新能源、信息技术、生物技术等热门行业。邀请企业参加猎聘精英人才计划百日招聘活动，为每家企业免费赠送价值 10598 元的专属服务，内容包括基础招聘、职位推广、直播带岗、人才测评、在线面试工具等，切实帮助企业解决招聘难问题。

市场拓展方面：全年收集专精特新企业技术、产品、热点事件等宣传文章，通过专精特新公众号、中小企业平台公众号组织宣传典型案例 137 篇，"小巨人"企业 95 篇，外部合作媒体每周发布一次信息，每次 3~8 篇文章，在人民网、中国网、中国经济网等综合类媒体以及经济观察网、和讯网等财经媒体上宣传服务产品、活动、"小巨人"动态合计 63 次，预估媒体曝光量合计超 1000 万次，助力专精特新企业市场开拓。

需求对接方面：全年调研收集企业对接需求 47 项，实现重点专精特新企业数量的全面覆盖，建立了高效的专精特新企业服务需求信息沟通渠道。其中，对接专精特新企业搬迁、设立分部、扩产扩能等空间场地需求 21 家次，为企业匹配、推荐园区、生产及办公空间等场地 37 处。收集对接人工智能领域的 8 家

"小巨人"及专精特新中小企业核心产品开发测试阶段大规模并行算力需求，为企业提供基础算力支撑资源数字化赋能对接服务，帮助企业降本增效。

二、创新手段丰富工具，强化精准服务能力

中小企业"量大面广"的特性对服务水平、能力提出更高要求，为提升服务的覆盖率和精准性，北京市采用线上线下相结合的模式输出服务。不仅围绕企业服务需求搭建了各类线上服务平台和工具，提供全天候服务支持，方便快捷解决企业发展问题，而且积极采用大数据、人工智能等技术描画企业画像，为精准服务提供支撑。

（一）开发北京通企服版 APP，输出千企千面精准服务

为解决企业服务资源"碎片化"导致的服务"难找、难查、难用"等问题，北京市经信局开发了北京通企服版 APP（见图 3-4），通过整合服务资源为北京市中小企业提供"一站式+一键式"服务，打造"指尖上的企服平台"。目前，服务平台归集了全面诊断、政策推送、服务产品、活动培训、上市自测、服务发起、成果交付、进度监测、满意度评价等服务功能，已成为企业申报扶持政策、购买服务产品的移动端服务门户。

图 3-4　北京通企服版 APP

创新政策服务模式，强化政策解读和触达。加大国家、市区在用政策归集力度，APP 的政策研究模块链接各政府主管部门资源，并采用 7×24 小时响应模式，上线"今日申报"和"政策匹配"应用，推出"一图看懂""局处长讲政策"等解读方式，推动社保、中小企业服务券等政策"免申即享""即时支付"，为企业提供政策适配、申报、查用的一站式服务。围绕 12 类政策主题累计梳理上线政策 2.4 万余条，其中申报类政策 4100 余条。2023 年以《中华人民共和国中小企业促进法》施行 20 周年为契机，组织开展 20 余场系列宣贯活动，帮助企业更高效、精准地掌握法律政策信息，有效解决政策落地"最后一公里"问题。

建立"全生命周期"服务资源，输出质优价廉服务。APP 建立了中小企业服务库，围绕企业成立、发展、壮大等全生命周期需求，划分服务资源模块，目前平台累计注册用户 40 余万户，上线 899 款专业服务产品，累计有效订单超 1.4 万单，企业满意度 95% 以上。此外，为了降低企业服务成本，平台采用了服务商集中竞价谈判及产品折扣的模式，降低企业购买成本。

设置服务专区，提升品牌活动效率。紧扣国家和北京市工作重点，设立京企大讲堂、企诉接办、"创客北京"大赛等服务专区，以线上化手段提升品牌活动服务效率。截至目前，京企大讲堂累计发布课程 521 个，累计发布视频 689 个，赛事服务对接 600 多次。

打造专精特新专区，利用信息化手段提升服务精准性。在北京通企服版 APP 服务平台中设立专精特新专区，采用大数据技术分析描绘企业画像，根据企业画像精准推送政策、产品等云服务，为专精特新企业输出便捷、高效、精准的各类服务。截至 2023 年 9 月，专区在人力资源、知识产权、科技成果转化等方面与 70 余家服务机构开展合作，累计推出"专精特新"服务包定制化产品 320 款。2023 年第三季度，北京市经信局新增运行"千亿畅融"小程序，汇集 23 家银行及投资机构，进一步为重点企业提供高效便捷的股债融资服务。

深耕企业需求，开发企业走访板块。在打造服务工具的同时，北京市经信局以深耕企业需求为着力点，不断完善服务功能，提升服务品质。以专区为试点，开发了"企业走访助手"服务功能，可为调研走访、与企业交流沟通提供支持，采集企业需求一线信息，为服务产品开发、扶持政策制定等提供第一手素材，形成良性服务循环。

（二）开通"12345"企服热线，畅通诉求上达办理渠道

为进一步优化营商环境，提高政务服务水平，畅通企业诉求上达、回应、办理渠道，北京市"12345"市民热线于 2019 年 10 月 12 日开通了企业服务功能。将以企业为主要服务对象，及时解决企业经营发展中遇到的诉求、咨询和投诉类问题。自开通以来，北京市持续优化工作机制、提升热线服务能力，建立了

"24 小时、3 天、7 天、15 天"的四级限时响应机制，形成包括政策咨询、诉求受理、办理、督办、反馈、回访、考评在内的企业服务工作体系，目前已成为反映并解决企业疑难问题、历史遗留问题的重要渠道。

接诉即办，有效解决企业实际困难。北京市相关市级部门、区政府和承担公共服务职能的企事业单位已与"12345"企业服务热线建立了接收企业服务订单的工作机制，将对其交办的企业诉求进行回复、办理和反馈。通过形成受理、办理、督办、反馈、回访、评价的闭环管理模式，不断提升企业诉求响应水平，为企业减负，助力优化首都营商环境。

精准解答企业诉求，提高服务质量水平。"12345"企业服务热线制定了督办和考核机制，全程跟踪工单办理情况，一旦超时系统会自动督办，如仍未办理将进行人工督办。构建全市"接诉即办"考核体系，定期对各承办单位进行响应率、解决率、满意率"三率"统一考核评价，提高全市企业服务质量和水平。此外，"12345"企业服务热线将充分利用移动互联网、大数据、云计算、区块链、人工智能客服等信息化技术手段，挖掘企业反映集中的共性问题，剖析问题症结，完善知识库建设，提升服务精准，并为政府科学决策提供支撑。

聚焦痛点问题，强化重点任务攻坚。"12345"企业服务热线会结合来电热点，开展周分析、月小结工作，围绕疑难问题和共性需求，每季度制定重点"攻坚"任务，并分配给责任部门逐一落实。下一步，"12345"企业服务热线将升级为优化营商环境热线，实现北京 7000 余个社区（村）政务服务规范化建设全覆盖。

（三）设立专属"服务包"机制，打造企业发展"助推器"

企业"服务包"制度是北京市优化营商环境的一项改革创新性举措。发改部门作为"大管家"，相关行业的行政主管部门则作为企业的"服务管家"，针对不同企业特定的发展诉求，送上不同的"服务包"。"服务包"中既有普惠式政策集成，也有针对不同企业特制的专项服务措施，服务管家通过为企业送信息、送政策、送服务，不断激发各类市场主体的创新创造活力。

构建三级服务体系，高效解决企业反映的问题。为提升服务覆盖率和普及度，北京市建立了"市—区—街乡"三级联动的服务体系，不断延伸服务触角。截至 2022 年 6 月，全市"服务包"企业总数达 1 万余家，事项平均办结时间 4.4 天，其中咨询类 2 天、审批类 7 天、协调类 5 天，疫情防控类诉求能够实现当天回复①。

推出重点企业服务包，提供"管家式"服务。为进一步优化北京市营商环

① 数据来源：北京助企纾困优化营商环境 "服务包"高效解决企业难题［EB/OL］中国新闻网，［2022-10-11］https：//baijiahao.baidu.com/s？id=1746355424295864213&wfr=spider&for=pc.

境、精准服务企业发展，北京市强化市区协同，推出了重点企业"服务包"，并将专精特新企业纳入，建立"管家式"服务统筹机制，围绕政策咨询、业务咨询、办事指导、申报服务、审批服务、监管服务等多个方面提供普惠或定制服务。普惠服务方面，各相关部门通过梳理企业在人才、科技创新、减税降费、融资服务等多方面共性问题，形成普惠性"政策服务包"。定制服务方面，根据企业所处行业特征、区域特征，北京市对认定的专精特新中小企业提供"一业一策"、分类支持"专精特新"专项服务包，服务内容主要涉及财税、投融资、空间落地、市场开拓等方面。目前，在人力资源、知识产权、科技成果转化等方面与 70 余家服务机构开展合作，推出"专精特新"服务包定制化产品 320 款。

（四）上线"千亿畅融"小程序，便捷企业融资服务渠道

为贯彻落实《北京市促进中小企业发展条例》《关于实施十大强企行动激发专精特新企业活力的若干措施》，聚合引导金融机构加大对北京市中小企业融资支持力度，北京市经信局指导建设了"千亿畅融"小程序（见图 3-5），并于 2023 年 9 月 20 日启动试运行。

图 3-5　"千亿畅融"小程序

"千亿畅融"小程序首批择优征集遴选 16 家银行，6 家私募股权、创业投资基金管理机构作为融资服务合作金融机构，上线贷款融资、股权融资服务功能，填报简易，触达高效，为北京市中小企业提供公益、普惠、便捷、高效的股债融资服务。企业可通过微信搜索"千亿畅融"小程序或扫描二维码注册登录，并根据实际融资需求进行填报申请。下一步，"千亿畅融"小程序将持续升级迭代、不断完善功能，引导金融机构加大对北京市中小企业融资支持力度，推动金融机构提供更加精准、专业的融资服务。

三、精准滴灌靶向扶持，助推企业高质量发展

近年来，北京市以培育新质生产力、全面释放企业创新活力、实现北京经济高质量发展为落脚点，从政府服务、融资上市、人才培训、创业创新、融通发展等多个维度发力，举办了一系列专项活动，形成了"创客北京""京企大讲堂""畅融工程"等多个特色服务品牌，为优质中小企业梯度培育提供服务保障。

（一）深化政务集成化改革，持续优化营商环境

北京市以"互联网+"和大数据为抓手，深化涉企服务事项集成化改革，在全国范围内率先实现企业线上线下一体化办理，全力推动智慧政务服务发展，通过便捷、高效、集成式的"一站式"服务，持续优化营商环境。

围绕企业高频办理政务事项创建集成办事场景。为打破部门壁垒，提高企业政务服务水平，北京市围绕企业全生命周期中较为典型的高频需求，创建集成办事场景，以最小颗粒度为单元进行事项拆解，打破办事孤岛，联通审批系统，实现了高频办理事项的一次告知、一表申请、一口受理、一网通办的"一件事"服务。例如，水电气网协同报装"一件事"可减少企业线下跑动 7 次或减少登录不同网站 6 次，同时减少重复提供建设工程规划许可证、房屋所有权证、企业营业执照等 9 份材料；中小微企业优惠政策"一件事"实现"专精特新"梯队资质认定、高精尖项目申报等 14 个惠企政策一体化申报。目前北京市已建成企业贷款、不动产登记、支持科创企业和中小微企业发展等多个集成办公场景，涵盖 17 个区（包括经济技术开发区）和 30 余个市级部门。除涉密等特殊情况外，市、区两级政务服务事项实现 100%网上办理，97%以上事项实现"全程网办"。

打造全生命周期登记注册便利化服务模式。北京市市场监督管理总局依托"e 窗通"服务平台（见图 3-6），打造了全生命周期登记注册的便利化模式，可实现企业"一站式开办、智慧化变更、高效退出"。在企业注册阶段，领执照、刻公章、领发票时，可享受 1 天拿照的极速体验，全程网办率超过 95%，开启全类别市场主体的"开办 e 时代"。在企业发展阶段，搭建了"双随机、一公开"监管工作平台，解决长期困扰企业的多头监管、重复检查问题。为破解企业推出

难问题，北京市市场监督管理局通过流程优化，实现注销操作的简易化，将注销公告缩短至 20 天，并扩大了简易注销程序的适用范围。

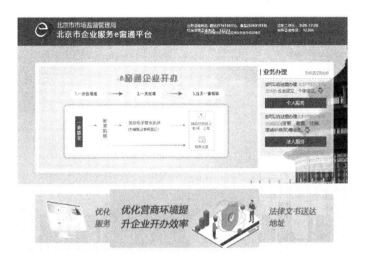

图 3-6　北京市企业服务 e 窗通平台

创新电子政府服务模式，电子化应用成果全国领先。自 2022 年 9 月 1 日起，北京在全市范围内发放加载"企业码"的营业执照，通过使用电子营业执照小程序或 APP、微信、支付宝、百度等移动端，扫描营业执照上加载的"企业码"，即可查看企业名称、法定代表人姓名、住所、经营范围等常用涉企信息。2023 年 5 月，电子营业执照北京专区在全国首批上线运行，具备电子投标"一照通投"、关联电子证照信息、同步发放电子印章三项功能，将成为北京市涉企电子政务服务全场景通行证。

（二）加大上市孵化力度，提供个性化专属服务

北京市委、市政府高度重视企业上市工作，已建立市级上市调度协调机制，市区联动、部门协同，共同推动企业上市。

建立政企联合工作机制，汇聚优质服务资源。北京市经济和信息化局开展"四大工程""专精特新工作坊"及建立中介机构服务库等工作，"一企一策"重点推动优质企业进入上市快速通道，并带动市场机构力量共同做好企业上市工作。为进一步加强上市培育服务，支持专精特新企业上市，北京市经信局联合北交所、上交所、深交所，组织开展 10 余场专精特新企业上市培训走进各区活动，培训辅导超 1000 家专精特新企业。

北京市经济和信息化局联合经开区及三大交易所
成功举办首场专精特新企业上市培训

2023年2月16日，北京市经济和信息化局、北京市经济技术开发区管委会联合北交所、上交所、深交所在经开区国家信创园成功举办"专精特新企业上市培训走进经开区"活动，为企业讲解最新上市政策，帮助更多企业实现早日上市。活动采取线上、线下相结合的方式，120余家专精特新企业通过线上及线下方式参会，48家中介机构现场参会（见图3-7）。

图3-7　专精特新企业上市培训

加强重点企业上市服务，开展全过程跟踪服务。打造专精特新上市企业服务库，建立拟上市专精特新"小巨人"企业发现识别机制，针对专精特新"小巨人"企业通过服务管家模式，进行全过程跟踪。针对入库企业实际情况，组织上交所、深交所等上市服务机构为企业提供上市诊断、上市辅导、融资对接、资产结构优化等全过程、一站式服务，加快推动北京市中小企业上市。目前，培育库入库企业200多家，其中准备股改企业39家，已股改企业4家，辅导中企业31家，已提交上市材料企业4家。

以"专精特新"专板为载体，完善专精特新企业上市服务生态。北京"专精特新"专板作为市经信局牵头指导，北京证监局、市金融监管局联合监督指导的特色化服务板块，由北京股权交易中心（以下简称"北股交"）具体运营，北京中小企业公共服务平台与中金公司联合共建。专板聚焦于专精特新及创新型中小企业群体，针对发展面临的难点、堵点，围绕企业股债融资、产业链上下游信息交互、上市加速、政策对接等需求，打造了有针对性、适配度高的服务体系，以实现一批创新型金融产品和差异化服务落地见效，打造一批多层次资本市场制度和产品层面的互联互通案例，并使区域性股权市场的直接融资和上市规范培育功能充分显现。

北京市"专精特新"专板正式开板

2023年8月24日上午,北京"专精特新"专板在金融街揭牌亮相,正式开板(见图3-8)。首批共有50家企业登陆专板。作为全国首批专板之一,北京"专精特新"专板将为企业提供更基础、更全面的多层次资本市场服务,助推专精特新企业成长壮大,打造加快完善北京中小企业金融支持体系的又一"新样板"。

图3-8 北京"专精特新"专板开板仪式

作为区域性股权市场特色化板块,北京"专精特新"专板是在市经济和信息化局、市地方金融监督管理局、北京证监局指导下,由北京股权交易中心具体负责建设,北京市中小企业公共服务平台、中金公司协同建设。

开板仪式上,首批50家企业进入专板。首批入板企业均属于国家级高新技术企业,其中专精特新企业占比达78%,专精特新"小巨人"企业约为5%。这些企业超过95%为民营中小微企业,集中分布在科学研究和技术服务业,信息传输、软件和信息技术服务业,制造业三大领域,多数企业具有自主知识产权的核心技术和科研成果,科技属性相对较强。

专板将着眼于创新型中小企业、专精特新中小企业发展的难点、堵点,从完善企业数据库、强化基础服务、优化融资服务、资本运作赋能、加强上市培育、加强与全国股转系统合作对接六个方面,打造有针对性、适配度高的服务体系。

北京股权交易中心为专精特新企业提供差异化上市服务

北京"专精特新"专板自开板以来，已围绕处于不同发展阶段企业的融资、咨询、上市挂牌等方面痛点，针对性提供差异化服务。

融资路演方面，北京股权交易中心（以下简称"北股交"）协同海淀区金融服务办公室、建设银行北京分行、中关村银行、全国股转系统等单位组织了新材料、新能源专场股权融资项目路演。

企业培训及上市挂牌辅导方面，北股交联合国任保险、八月瓜围绕新三板与专板搭建的绿色通道服务机制及科技金融、知识产权等主题开展了北京"专精特新"专板专题培训。

服务企业转板上市方面，专板已对培育层企业北京中科仙络智算科技股份有限公司（以下简称"中科仙络"）提供新三板挂牌绿色通道服务，助力企业快速实现新三板挂牌。本服务案例中，中科仙络系北股交孵化板企业、专精特新专板培育层企业，企业拟于2023年实现新三板挂牌，其辅导券商为首创证券。北股交联合首创证券围绕中科仙络适用北京"专精特新"专板绿色通道机制申报挂牌新三板事宜召开沟通协调会，并形成了工作方案。首创证券负责企业挂牌材料的准备工作，北股交联合新三板审查机构为企业提供申报前的咨询服务。截至2023年9月中旬，中科仙络已基本完成了挂牌材料的准备工作及审前申报咨询工作。下一步，中科仙络适用绿色通道机制，将由新三板指派专人负责。受理环节，新三板审查机构将在2个工作日内完成受理反馈；审核环节，新三板审核机构将在5个工作日内完成审核反馈。中科仙络作为首批绿色通道机制的试点企业，将为未来北京"专精特新"专板与新三板之间的高效、顺畅联动打下基础，助力更多专板企业实现快速转板挂牌，步入更高层次资本市场，实现高质量发展。

（三）融资工具持续创新，融资渠道进一步丰富

从资金需求角度看，专精特新大多为科技创新型企业，与一般的小微企业相比较，存在资金投入更大、投资回报更慢的问题。为解决企业融资难、融资贵的突出问题，北京市积极联动社会金融机构力量，完善工作机制，拓展融资渠道，创新服务产品，加大融资支持，为企业发展注入源头活水。

强化普惠金融服务能力，建立"融资纾困直通车"工作机制。自2022年以来，为更好助力实体经济，央行营业管理部会同北京市地方金融监管局等部门建立了"稳定首都宏观经济大盘工作方案""融资纾困直通车工作机制"，对符合条件企业采取续贷、展期、调整还款安排等方式予以支持，建立授信审批绿色通

道，缩短贷款审批时限。

深入开展中小企业"畅融工程"，促进银企精准对接。"畅融工程"由北京市经信局牵头实施，突出首都"高精尖"产业特色，聚焦科创、文化、民营、小微及外向型企业，建立金融服务实体经济的常态化对接机制，按照年度、季度、月度、周的频率，根据不同主题安排企业与金融机构对接，旨在解决企业融资过程中与金融机构之间的语言体系不匹配、融资信息不对称、信用体系不完备等问题，切实增强金融服务实体经济能力。北京畅融工程自 2019 年 2 月启动，已举办 265 场对接活动（见图 3-9），累计服务金融机构 4700 余家次，对接企业近 1.4 万家次，参加人数超过 4.3 万人次[①]。活动覆盖科技创新、专精特新、先进制造、数字经济、城市更新、医药健康、绿色金融等重要领域和全市重点区域。据不完全统计，截至 2023 年 6 月 29 日，35 家在京主要银行累计向 5 万余家中小微企业发放贷款约两千多亿元。

图 3-9 "畅融工程"第 75 场政策宣讲活动

联合金融机构推出专属定制产品，拓展融资渠道和方式。央行营业管理部会同北京市人社局筛选形成 2 万户创新创业市场主体名单，开展"创贷拓户专项行动"，依托北京市金融公共数据专区筛选形成近三年政府采购供应商企业名录，推动"政采贷"业务。北京市经信局联合 6 家银行发布 24 款"专精特新贷"专

---

① 数据来源：2023 年 6 月 29 日，北京市地方金融监管局副局长张颖在北京畅融工程知识产权金融政策宣讲会上的讲话。

属信贷产品，截至 2022 年 8 月底，累计放贷 232.26 亿元，惠及专精特新企业 2851 户，节约融资成本超 1.2 亿元。联合 7 家融资担保机构推出 12 款"专精特新保"专属担保产品，最低免收各项担保费用，最快当场审批。联合中信保制定"专精特新险"专属保险产品，对符合条件的专精特新企业给予 10% 的费率优惠。常态化组织政、企、银、担对接会，有效降低"专精特新"中小企业融资成本。

北京银行持续升级科创金融服务，全力打造"专精特新第一行"

北京银行紧跟首都发展脉搏，深耕科创金融服务，把打造"专精特新第一行"作为重要战略，打造了独具特色的"专精特新"金融服务体系。通过"专精特新·千亿行动"计划，构建广渠道、多层次、全覆盖、可持续的"专精特新"金融服务体系。

筑牢顶层设计，支持专精特新企业发展。制定《北京银行"专精特新·千亿行动"工作方案》，为未来三年推进专精特新工作提供了行动指引。总行层面设立科技创新金融中心，分行层面设立专职管理团队，支行层面成立专精特新专营支行、专精特新特色支行、科技特色支行、快速审批信贷工厂，通过总、分、支三级联动，从机构建设、人员配置、特色产品等多维度打造专精特新企业全方位服务生态链条。

强化产品研发，构建全生命周期专精特新产品体系。持续丰富和完善"专精特新"产品体系，为专精特新企业提供覆盖初创、成长、成熟、上市全生命周期的债权类产品。推出科创小微线上产品"科企贷"、知识产权融资产品"智权贷"、信用额度最高 5000 万元的"领航贷"等产品，提升企业融资效率与服务体验。特别是，为支持专精特新企业高质量发展，推出专精特新企业专属线上化产品"领航 e 贷"，最高可提供 1000 万元信用贷款支持，期限最长 3 年，具有"专精特新"专属、全流程线上化、无须担保抵押、资金随借随还等特点。"领航 e 贷"产品推出不到半年时间，已累计投放信贷规模 180 亿元，惠及专精特新企业超 2000 户。

携手资本市场，助力专精特新企业成长。加强多方合作，与全国股转公司、北交所签署战略合作协议，加强直接融资与间接融资联动，全面提升金融支持能力。建立专精特新企业融资和上市培育服务机制，开展政策解读系列活动，为专精特新企业提供综合化服务。加强专精特新企业信贷投放力度，精准滴灌专精特新企业，提升对拟上市企业全方位金融服务，助推专精特新企业挂牌、转板、上市，借力资本市场做大做强。

深化渠道合作，提升"专精特新"市场份额。深化与工信部中小企业促进中心、地方工信厅等部门合作，共同构建双方和多方协同机制，聚焦专精特新企业推进战略顶层协作。加强与高新园区、产业园区等园区管委会合作，充分利用园区特殊优惠政策，联合开展银企对接、金融政策宣讲会等拓宽"专精特新"企业获客渠道，加快提升"专精特新"市场份额。加强与私募股权、担保公司合作，推动投贷联动、投担联动等金融服务模式创新，以投促贷，以贷引投，建立企业研发创新全链条金融支持机制，为专精特新企业成长提供更加丰富的融资渠道支持，拓宽专精特新企业获客来源。

打造特色品牌，深化北京银行"专精特新第一行"品牌影响力。联合北京广播电视台推出全国"首档、首创、首播"聚焦"专精特新"领域的纪实观察类节目《专精特新研究院》，挖掘专精特新企业成长故事，传播优秀企业家精神，让"专精特新"群体走入大众视野。

截至 2023 年 8 月末，北京银行科创金融贷款规模超 2500 亿元，较年初增长 572 亿元，增速 29.4%，累计为 3.8 万家科技型中小微企业提供信贷资金超9000 亿元，服务超 9000 家专精特新企业，专精特新贷款规模超 520 亿元，为北京地区 49% 的专精特新企业、72% 的北交所企业、71% 的科创板企业、78%的创业板企业提供服务，全力打造专精特新第一行。

（四）强化人才和培训支持，夯实企业发展基础

专精特企业高质量可持续发展，离不开源源不断的高质量人才的支撑。围绕企业人才紧缺问题，北京市人社局、经信局等政府部门开展了一系列人才招聘和专题培训活动，强化专精特新企业人才供给和专项技能提升。

围绕重点对象建立服务清单，精准对接人才需求。针对"专精特新"、带动就业能力强、国计民生和生产保供等企业，配备就业服务专员，提供岗位收集、用工指导等就业服务，精准摸底用工需求。北京市经信局 2023 年共组织 231 家专精特新企业参加了北京工业大学、北方工业大学等 3 场专精特新企业专场招聘会，发布招聘岗位 3000 多个，有效推动毕业生就业，并为企业招贤纳士，进一步坚定专精特新企业在京发展信心。此外，北京市人社局也抓住毕业季人才供给高峰期敞口，在 2023 年北京市大型现场招聘会、2023 年"仲夏之约"就业专项服务季、2023 年全国大中城市巡回招聘"北京站"等大型招聘活动上开设"专精特新"专场，推动更多优秀毕业生投身到北京市专精特新企业创新发展历程中，切实将北京市人才优势转化为源源不断的企业发展动力（见表 3-2）。

表3-2　专精特新企业招聘服务活动

时间	举办机构	活动名称	专场详情
2023年9月16日	北京市人力资源和社会保障局	2023年北京市大型现场招聘会	招聘会以"服务'五子'联动 共享首都发展"为主题，将设置专精特新、科创企业、数字经济等九大招聘专区，汇集首都重点领域、重点区域的优质企事业单位200余家，提供就业岗位7000余个
2023年7月17日至9月30日	各区人力资源和社会保障局、北京经济技术开发区社会事业局	2023年"仲夏之约"就业专项服务季活动	7月17日至31日，聚焦平台经济、生活性服务业等行业，以"服务带动就业能力强的行业企业"为主题开展招聘活动
2023年5月24日	北京市经济和信息化局	2023年北京市专精特新企业双选会走进北方工业大学	结合北方工业大学毕业生的学科专业、学历以及北京专精特新企业的用工需求，精选了包含隐形冠军和国家级"小巨人"企业在内的51家专精特新企业，提供了787个就业岗位，涉及人工智能、集成电路、先进制造业、信息和科技服务业、新能源等高精尖领域及热门行业
2023年5月7日	北京市人力资源和社会保障局、海淀区人力资源和社会保障局以及海淀区上地街道	2023年全国大中城市巡回招聘"北京站"活动	本次活动设置了专精特新特色专区，涵盖60余家专精特新、小巨人企业提供的高质量就业岗位
2023年3月23日	北京市人力资源和社会保障局及北京市经信局	2023年北京地区毕业生就业服务月活动	北京市专精特新企业北京工业大学专场招聘会，百余家"专精特新"企业现场招贤纳士，就企业的用人需求、发展前景等，学生们和企业现场深度沟通
2023年1月	北京市人力资源和社会保障局	"2023年春风行动暨就业援助月"专项服务活动	围绕重点产业链供应链、专精特新企业等重点企业，建立服务企业清单，配备就业服务人员，开展有针对性的入企探岗、访企拓岗等定向服务

创新服务模式，提升服务范围和对接效率。为提升人才招聘服务的便捷性及对接的精准高效性，北京市区两级政府部门带动公共就业服务机构不断创新服务模式，采用信息技术手段和新媒体渠道，通过直播带岗、二维码收集就业意向等方式，不断提升招聘服务质量和效率。

举办直播带岗活动，拓宽招聘渠道，降低招聘成本

2022年7月19日，由北京市人力资源和社会保障局主办的"专精特新"直播带岗活动在线上开展，30多家企业提供200多个岗位供挑选（见图3-10）。本次活动是北京2022年"仲夏之约"就业专项服务季活动的首场直播。

图3-10 "专精特新"直播带岗活动

直播间邀请了天新福（北京）医疗器材股份有限公司招聘经理、北京航景创新科技有限公司、北京他山科技有限公司、奥来国信（北京）检测技术有限责任公司、北京亚洲卫星通信技术有限公司的五位企业招聘主管，向屏幕前的求职者介绍企业文化、工作环境，解读岗位需求和薪资福利等，与大家实时互动。

求职者除了在直播间里看到岗位信息，还可以通过登录北京市人力资源和社会保障局官方网站"就业超市"中同名的招聘会专区，向心仪的企业投递简历。同时，还可以关注北京市职业介绍服务中心"百姓就业"微信公众号，查看相关就业指导咨询。

围绕专业人才需求，开展专项培训活动。面向专精特新企业数字化转型、经营管理需要，开展专题类培训活动，丰富专业知识和技能。在北京市经信局指导下，借助"京企大讲堂""小企业大学""中小企业经营管理领军人才"等服务品牌以及与其他机构合作开展的专题培训，合力打造专精特新企业培训服务体

系。围绕重点政策解读、专精特新培育、知识产权保护、产业链融通、专业技能培训和高端人才培育等主题，由政府部门领导或高校、专业机构专家作为主讲人，输出高质量服务。其中，专精特新企业经营管理人才培训已实现对"小巨人"企业的全面覆盖。

"永远跟党走 建功新时代"专精特新中小企业专题培训班（第一期）顺利开班

2023 年 7 月 12 日，在市委组织部支持下，北京市经济和信息化局联合北京市非公经济组织党校共同举办的"专精特新"中小企业专题培训班（第一期）暨"党建工作共建营"第三期正式开班（见图 3-11）。此次专题培训班以"永远跟党走、建功新时代"为主题，共有 40 家专精特新中小企业党组织书记参加培训。北京市委组织部、市经济和信息化局、经开区工委组织人事部相关领导参加开班仪式。

图 3-11 专精特新中小企业专题培训班

开班仪式上，北京市经济和信息化局副局长朱西安表示，市经济和信息化局作为北京市"两新"工委成员单位，以党建引领、聚焦服务、标杆引路、创新驱动为宗旨举办此次活动，着力引导专精特新企业走"围绕企业抓党建、抓好党建促发展、企业发展强党建"的良性循环发展之路，全面加强中小企业党建与业务深度融合。

市委组织部组织四处处长张硕表示，希望专精特新中小企业在党建工作上也能做到"专、精、特、新"。"专"就是在党的理论、党建业务上做到专业化，"精"就是在摸清企业情况、掌握党员群众思想上做到精细化，"特"就是在开展党建工作、打造党建品牌上做到特色化，"新"就是在服务发展、服务职工上做到新颖化，实现"以专注铸造专长，以党建促进发展"。

此次培训班将持续三天，理论学习、实地调研、交流讨论等多种方式相结合，引导专精特新企业党组织书记和党务工作者提高党务工作能力和服务企业发展本领，全面提升企业党建工作水平。

（五）创业创新类服务加码，推动企业做优做强

北京市专精特新企业创新活力强、创新能力高、创新成效好，"创新"已经成为北京市专精特新企业的区域发展名片。丰硕的创新培育成果除了先天具备的资源禀赋外，更离不开北京市完善、高效、有序的创新服务生态的支持。

搭建知识产权公共服务体系，围绕保护难点细化服务事项。北京市搭建了"1+17+N"多层级知识产权公共服务体系，有效提升对"三城一区"的服务能力，形成分工合理、运转高效、服务精准的知识产权体制机制，体系建设成效被纳入"2022年科技体制改革案例"。制定《北京市知识产权信息公共服务体系建设行动方案（2022-2024年）》，推动知识产权信息公共服务助企纾困专项工作。2022年全年各知识产权公共服务区中心、工作站共解答咨询1.4万件，定点服务企业5373家次。发布《北京市知识产权局公共服务事项清单（第一版）》，确定38个服务事项，积极推进61项服务措施，精准聚焦知识产权保护重点、难点。①

高质量举办各类赛事，营造良好双创氛围。举办"创客北京"等系列"双创"品牌赛事，在全市营造良好的"大众创业、万众创新"的社会氛围，为优质中小企业梯队提供优秀后备军。其中，"创客北京"自2016年以来已连续举办8年，2022年吸引了4535个项目参赛，参赛项目数量再创新高，近八成参赛项目属于"高精尖"领域，实现区级赛事全覆盖，跻身北京地区规模最大、最具活力的创新创业赛事之列。2022年共有3个项目入围"创客中国"50强，26个项目入围全国500强，充分彰显了北京中小企业创业创新活力和能力。此外，其他社会类优质服务机构也深入贯彻"双创"战略，凭借深耕垂直领域形成的资源及技术优势，开发特色化服务产品，积极举办多样化的创业创新服务活动，营造浓厚的社会氛围。

---

① 数据来源：2023年4月20日，北京市人民政府新闻办公室组织召开2022年北京知识产权保护状况新闻发布会。

"长风杯"创新创业大赛

北京长风信息技术产业联盟（以下简称"长风联盟"）作为北京市中小企业公共服务示范平台，为解决中小企业在发展过程中遇到的融资问题，引导资本向创新领域倾斜，帮助中小企业度过发展攻坚时期，使得中小企业在向"专精特新"发展道路上有条件、有能力更加专注于新产品、新技术的突破，在2021年开始举办首届"长风杯"创新创业大赛，至2023年已经连续主办三届，目前前两届大赛的一等奖获得单位星测未来和航天驭星为专精特新企业（第三届正在举办中）（见图3-12）。尤其是在2022年第二届"长风杯"创新创业大赛中，针对专精特新企业融资难痛点，组织了专精特新企业专场路演，有36家专精特新企业成功入围前100个项目中。

图3-12 第三届"长风杯"创新创业大赛启动仪式

通过"长风杯"创新创业大赛连续三年的举办，长风联盟已经服务数十家专精特新中小企业，其中首届"长风杯"一等奖星测未来已经成为首批登陆北京"专精特新"专板的企业，第二届"长风杯"一等奖航天驭星在2023年6月完成近2亿元Pre-B轮融资，该轮融资由中关村科学城领投，厚纪资本、金沙江弘禹资本、太仓港泓润资本、泰岳梧桐资本、君度投资等跟投。

长风联盟还针对专精特新企业存在的市场开拓不足、人才缺乏、品牌知名度低等需求痛点，采取了一系列积极举措，推出了企业管理咨询、融资上市辅导、会议活动交流、科技成果转化、前沿信息播报、海内外市场拓展、团体标准定制七大特色服务体系，为更多的专精特新企业提供全方位的创业创新服务，推动企业做强做优。

八月瓜打造"创新大脑"助力"专精特新企业"科技创新

目前，专精特新企业主要采用科技情报检索分析的方法，了解当前技术的最新进展，分析特定技术领域的专利布局和竞争态势，进而确定研究方向、规避风险、提高研发效率和降低成本。然而目前，我国科技创新检索、分析系统主要被国外所垄断。除服务费用价格高昂、数据检索算法不符合国内科研人员使用习惯，影响创新效率外，用户数据检索行为相关信息的安全性也得不到保障。一旦这些平台对我国实行限制或封锁，将严重影响专精特新企业的科技创新。

为解决上述问题，北京八月瓜科技有限公司（以下简称"八月瓜"）基于多模态预训练模型、AIGC 的自动化报告生成技术等打造"创新大脑"，涵盖世界 175 个国家专利数据、知识产权数据、科技文献数据、企业信息等各类数据超 10 亿条，每周实时更新，核心技术研发获得国家科技创新 2030"新一代人工智能"重大专项支持（见图 3-13）。

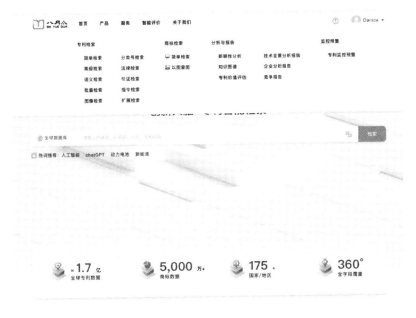

图 3-13　八月瓜知识产权服务

八月瓜可提供研发前的科技情报检索分析、科技咨询，研发中的知识产权申请前评估，高价值专利挖掘、培育和布局以及国内外知识产权申请保护、交易运营，专利导航、专利分析，研发后科技成果转化、科技成果评价等以创新链为基础，围绕创新全过程的数智化解决方案，极大地便利了专精特新企业获取全球科技情报信息、市场信息、政策信息和人才信息，有效提升科技创新、专利管理效率，降低专利纠纷风险。八月瓜"构建科技创新全链条服务'生态'体系"入选商务部"国家服务业扩大开放综合示范区10个最佳实践案例"。经测算，"创新大脑"全流程服务可有效降低40%研发成本，缩短60%研发时间，研发效率最高可提升3倍以上。

此外，八月瓜已为百余家专精特新中小企业、国家级"小巨人"企业提供专利导航服务。通过对专利技术、产业链关系及相关领域信息进行归纳、总结、梳理，深入研究并绘制技术发展脉络导航图谱，制定合理的技术创新计划和高价值专利布局策略，形成核心技术专利壁垒，最大化地保护现有技术，避免重复研发，防范和规避知识产权侵权风险，提升专精特新企业国际竞争力。

畅通融通发展对接渠道，打造"链式"发展新模式。为了激发中小企业创新潜力，更好地推动中小企业转型升级和高质量发展，北京市不断优化升级营商环境，畅通"创新链、产业链、供应链、数据链、资金链、服务链、人才链"，加大共享机制建设，提升要素供给，做强供需对接。北京市经信局搭建了北京市"专精特新融通发展"平台，为北京市专精特新企业、单项冠军企业、隐形冠军企业与央企、市属大型国企、大型龙头民营企业创造更多融通对接机会，平台已于2022年8月正式上线运营。此外，北京市经信局也大力征集对接需求，建立重点企业库、供需对接项目库，以线上线下相结合方式开展融通对接活动，推动产业链上下游企业有效互动，打造"链式"发展新模式。

北京市"大中小企业融通创新"服务对接活动之
走进京东暨"创新服务行动"启动

2023年4月13日，京东"企业创新季"期间，由北京市经济和信息化局指导，北京市中小企业服务中心、北京市中小企业公共服务平台主办，京东企业业务承办的"大中小企业融通创新"服务对接系列活动之走进京东暨"创新服务行动"启动会在京举行（见图3-14）。

图3-14 北京市"大中小企业融通创新"服务对接活动

北京市经济和信息化局、北京市中小企业公共服务平台携众多市级中小企业公共服务示范平台、小型微型企业创业创新示范基地、平台合作服务商、"创客北京"参赛企业、专精特新以及京东生态伙伴等相关单位的300余人，走进京东集团开展了首场交流参观活动。活动上，京东企业业务发布了供应链融通、金融融通、人才融通、数字化融通四大融通创新服务内容，以及面向专精特新企业提供的降本、开店、流量、账期、租赁、服务等专项权益，为中小企业的数字化成长提供更多助力。

（六）助力宣传及推介，唱响专精特新品牌故事

北京市经信局为打造"专精特新"发展品牌，提振企业"专精特新"发展信心，从社会氛围营造、优秀企业宣讲、展览展会亮相等多个维度发力，全面展示"专精特新"发展魅力，引导更多中小企业走"专精特新"发展道路。

带领专精特新企业亮相国际舞台，提振企业发展信心。为彰显北京市专精特新企业发展风采，帮助企业获取更多产业合作机会、提升国际知名度、拓展海外市场，北京市经济和信息化局多次组织本市优质专精特新企业，亮相中国国际中小企业博览会、中国国际服贸会、全球数字经济大会等国际性展会，全面展示企业技术创新成果和先进产品等"独门绝技"。通过参与国际性盛会，推动专精特新企业站在更大、更高的平台，拓展发展视野，加快发展步伐，打造优质品牌。

北京专精特新企业精彩亮相 2023 服贸会

2023 年 9 月 2 日至 6 日，2023 年中国国际服务贸易交易会在国家会议中心和首钢园盛大举办，由北京市经济和信息化局组织的专精特新展区再次亮相电信、计算机和信息服务专题展（见图 3-15）。本届服贸会专精特新展区以"专精特新明日之星"为主题，集中展示专精特新企业近 30 家，它们均是各细分领域内优质中小企业代表，引领着相关领域的未来发展方向。

图 3-15　北京专精特新企业精彩亮相 2023 服贸会

专精特新展区集中展示了算力芯片、卫星遥感、人工智能、量子计算、民航航电、网络安全、超导技术、弱磁探测、元宇宙、物联网等众多前沿科技发展成果，各参展企业均掌握着"独门绝技"，都是各个细分领域的"单打冠军"。其中包括纳米闭孔柔性绝热材料开创者叠加态，商业卫星遥感应用服务商中科星睿，开启超导磁信息感知与应用新时代的美尔斯通，国内民用航空电子系统领跑者飞天联合，以及元宇宙虚拟交互和动作捕捉解决商海百川等。这些新技术新产品突出展示了中小企业走专精特新发展之路的优秀成果，充分展现出了中小企业的创新主体和生力军作用。

坚持主动发声，全方位报道专精特新企业发展成就。北京市经信局会同北京卫视、北京银行合作推出《专精特新研究院》系列节目，解密专精特新企业创新发展历程与取得成就。《专精特新研究院》第一季社会反响热烈，共收获全网热搜 102 个，全网视频播放量超 3 亿次，相关话题阅读量超 5 亿次，受到社会各界广泛关注和媒体点赞。2023 年 7 月 20 日，《专精特新研究院》第二季首播，研究员们评分超过 85 分的专精特新企业将有机会获得专精特新研究院融通资源包（见图 3-16）。

图 3-16　《专精特新研究院》第二季

第四章 区域发展

北京市各区紧密围绕市优质中小企业梯度培育体系整体工作部署，立足属地不同的产业特色和资源禀赋，制定符合自身发展特点的"专精特新"发展路径，形成了各具特色、异彩纷呈的生动局面。以下案例展示排名不分先后。

第一节 海淀区

一、发展概况

海淀区是中关村的发源地，是我国第一个国家级自主创新示范区——中关村国家自主创新示范区的核心区，是北京"四个中心"功能建设的重要承载地，是北京国际科技创新中心的核心区，是经济强区、科教强区、人才强区。

海淀区现有国家高新技术企业约 1 万家，占全市的 35%；专精特新中小企业 2112 家，占全市的 33.6%；国家级专精特新"小巨人"企业 329 家，占全市的 41.4%；海淀区独角兽企业 51 家，约占全市的 45%。2022 年，全区高新技术企业收入 3.8 万亿元，同比增长 7.5%，占全市的四成以上；全区 GDP 突破万亿元，同比增长 3.5%，占全市的 24.5%；每万人发明专利拥有量 700 余件，是全国水平的 20 多倍。

二、典型特征

（一）海淀区科教资源高度密集

区域内知名大学、科研院所、国家工程研究中心高度聚集，基础研发资源丰富，有包括清华、北大在内的高水平大学 37 所，国家科研机构超过 100 家，国家实验室 2 家，全国重点实验室 36 家。近年来，还新建了一批新型研发机构，如北京量子信息科学研究院、北京智源人工智能研究院、北京微芯区块链与边缘计算研究院、北京通用人工智能研究院、全球健康药物研发中心等，众多新型研发机构体制机制灵活，不断贡献活力。

（二）海淀区经济结构凸显高精尖

信息、科研、金融三大行业增加值占比达到 66.9%，数字经济核心产业增加值占地区生产总值比重超 50%。以大信息产业为支柱、大健康产业为突破、先进制造业为基础的现代"高精尖"产业体系已经形成。正着力打造具有区域核心竞争力的"5+5+N"高精尖产业体系，做优五个优势产业即人工智能、区块链、集成电路、医药健康、软件信息服务，做强五个潜力产业即高端装备和智能制造、空天、智能网联汽车、能源环保、超高清视频，前瞻布局一批未来产业即量子信息、元宇宙、未来网络、光电子、脑科学与脑机接口等。

（三）海淀区创新创业生态富有竞争力

大学科技园、创新型孵化器等创新载体不断涌现，股权投资机构、知识产权服务机构、人才服务机构、联盟协会等创新要素加快聚集。辖区内现有各类创业孵化机构 218 家，其中国家级孵化器 24 家，国家备案众创空间 75 家，大学科技园 19 家，孵化总面积达 200 余万平方米；科技金融专营机构 40 余家，私募股权管理机构 600 余家；知识产权代理、法律、评估、运营、咨询、数据服务及技术转移等专业服务机构 2000 多家。

三、主要举措

海淀区持续优化区域创新创业生态环境，为优质企业营造成长土壤。聚焦企业发展不同阶段的需求特点，认真做好企业服务，建立完善企业梯度培育机制，引导科技企业走专精特新发展道路，推动新兴产业发展，带动区域经济健康有序发展。

（一）强化政策支持，引导企业专精特新发展

近年来，海淀区在已有政策体系基础上，连续出台关于创新服务体系建设、产业培育、科技成果转化、金融支持等的专项政策。正在积极落实新一轮先行先试政策，建立工作专班，加快推动改革措施落地。"提高科技型中小企业研发费用税前加计扣除比例"税收新政已惠及全区 4000 余家企业，加计扣除金额超过 200 亿元。市区联合推动全国社会保障基金理事会设立"社保基金中关村自主创新专项基金"，首期规模 50 亿元；北京中关村综合保税区已正式获国务院批复同意设立。研究制定并发布实施关键核心技术"揭榜挂帅"、科技成果先使用后付费、科技应用场景等区级配套措施，助力科技企业开展自主创新攻关，为企业新技术新产品提供验证环境和平台。截至目前，已围绕人工智能、集成电路、互联

网 3.0、新一代信息技术、智能网联汽车等领域发榜，科技成果先使用后付费专项措施已有 6 个落地案例，一批科技应用场景项目正在推进应用。

（二）做好企业服务，赋能企业专业化成长

一是优化营商环境，吸引更多创新主体入驻。在全市率先开展"集群注册"试点，在集群注册平台注册的企业，可免费使用两年的注册地址服务，同时还可以获得平台提供的各种免费的创业服务，累计 1000 余家初创企业享受到政策红利。深化"放管服"改革，全面推进"区块链+政务服务"，推进"一网、一窗、一门、一次"改革。在全市率先实现企业登记全程电子化，率先实现电子营业执照和电子印章同步发放，率先构建统一规范的公共资源交易平台，在全国率先实现应用"长安链"基础平台推进政务服务"跨省通办"。海淀区在全市优化营商环境综合评价中连续多年排名领先。

二是开展高成长潜力型企业精准培育。做好高新技术企业、专精特新中小企业认定培育，提供政策宣贯和认定辅导服务，全年开展认定培训系列活动，并为有需要的企业提供一对一辅导。加强企业调研走访，将独角兽、专精特新等优秀企业纳入"服务包"，配备行业管家，协调解决企业发展需求，截至目前"服务包"企业已超过 2000 家。动员街镇参与企业培育工作，建立健全协同服务企业机制，尽早发现优秀企业。充分发挥协会、联盟、孵化器、产业园区等中小企业公共服务平台能力，全生命周期赋能科技创新企业。

（三）加强金融支持，助力企业精细化运作

一是强化企业发展资本支撑。发挥耐心资本、科学家基金等创新资本的支撑作用，支持前沿技术企业在早期减轻盈利压力。不断壮大"海淀创新基金系"，近年来先后成立直投基金、引导基金、创投基金、科学家基金、海淀·金隅科创智造基金等，引导创投机构专注投早投小投新，目前基金系已投资超过 500 个项目，孵化独角兽企业、上市公司 50 余家。搭建区属投资平台，设立中关村科学城科技成长基金，规模 50 亿元，基于产业链图谱，围绕底层技术企业，进行精准投资，累计已完成投资决策项目 35 个，总决策金额 26 亿元。

二是健全科技金融服务，优化中小企业融资环境。加强普惠金融服务供给，建立覆盖 2500 家科技企业的融资需求企业库，持续开展"创融海淀"政金企系列对接活动；开展知识产权质押、银税互动、投贷联动等金融服务创新，联合北京银保监局运营中关村科创金融服务中心，提供信贷支持、保险服务、投融资对接、认股权综合服务等在内的一揽子金融服务，首批率先推出并购贷、科技人才贷、认股权贷款三项试点业务。搭建海淀区财金协同平台，截至 2023 年 8 月已通过协同平台向 1660 家中小微企业发放贷款近 90 亿元，通过"财金协同专项助企补贴包"帮助贷款企业降低融资成本约 1.44 亿元。支持企业有效利用多层次资本市场，重点推动新三板创新层企业和专精特新中小企业登陆北交所。

（四）构建高精尖产业体系，支撑企业特色化发展

一是持续做强优势产业。支持人工智能公共算力平台建设，搭建大模型开源平台，打造首批 7 个大模型应用标杆场景，支持人工智能大模型创新发展。建设 RISC-V 芯片敏捷设计研发平台、集成电路设计全产业链服务平台、光电封测公共技术服务平台等集成电路领域公共服务平台，打造涵盖 EDA 软件许可租赁服务、设计验证、封装测试等全链条服务体系。聚焦医药健康创新药物、高端医疗器械等领域源头创新，推动 AI 生物计算、基因与细胞治疗等前沿底层技术突破和品种落地；支持百放英库、巢生生物医药孵化器、北京市医疗机器人产业创新中心、全流程国产细胞治疗生产平台等产业共性技术服务平台建设，依托平台累计引进、培育和服务科技企业近百家。

二是不断发展潜力产业。聚焦工业软件、机器人和智能检测装备等智能制造细分领域，建设国家数字化设计与制造创新中心北京中心，落地中关村机器人产业创新中心，支持企业开展关键核心技术攻关、构建完善产业生态。支持智能网联汽车产业领域企业开展关键技术攻关，中关村自动驾驶示范区已开放测试道路330 余千米，基本实现 100 平方千米范围的示范区全域开放，示范区范围、测试道路里程均居于国内前列。鼓励区内卫星企业的产业链上下游协同发展和场景应用，截至 2022 年底，共发射商业卫星近百颗。依托超高清视频领域领军企业，开展 8K/4K 讯道系统以及超高清 LED 显示高密度驱动和逻辑一体化芯片研发，保障北京冬奥会等国内重大赛事活动的 4K/8K 直转播。

三是布局产业空间，推动企业集聚发展。支持中关村软件园、中关村集成电路设计园等高品质科技园区打造中小企业特色产业集群，截至 2022 年底，行业应用软件集群已聚集专精特新企业 89 家，集群总产值 715 亿元。打造 AI 大模型集聚区，首批建设五道口、北大西门、中关村西区、清华科技园等 4 个特色产业园，总面积约 67 万平方米。打造"星谷"空天产业集聚区，支持企业开展低轨通信卫星、SAR 遥感卫星等卫星星座组网建设，支持航天驭星在海外建设卫星测控站，推动卫星制造集成化、批量化。协调推进国家网络安全产业园（海淀）建设，50 余家网络安全企业入驻，覆盖网络攻防、可信计算等多个细分领域，加快产业聚集发展。建设海星医药健康创新园，打造以实验研发为产业核心的"专业化"园区，汇集近 20 家生物医药高精尖企业。依托城市更新工作，建设改造北京卫星制造厂科技园，引入一批新一代信息技术、医药健康、智能制造领域的行业尖兵企业。规划储能产业园，支持区内储能龙头企业、链主企业扩大发展。

（五）协调创新创业资源，增强企业创新能力

一是加强创新企业源头培育。支持驻区高校院所建立健全科技成果转化体系，推进北京航空航天大学、清华大学、中国科学院、北京大学第三医院临床医学概念验证中心建设，探索前沿成果转化链条，加速转化高校科技成果，已推动中科富海、中科闻歌等一批项目落地。推动孵化载体能级持续跃升，海淀区9家孵化器入选北京市首批标杆孵化器，占全市近四成，海淀双创示范基地建设连续六年获得国务院通报表扬。加快引进优质国际创新创业资源，积极推进与奇绩创坛、红杉中国数字科技创新中心、创新工场、璞跃中国、中科创星等机构的深度合作，深入挖潜一批优质企业落地海淀。以奇绩创坛为例，自2019年落地以来已累计举办加速营8期，吸引项目3.3万个，最终加速企业311家。

二是培育更多创新人才。全面建设高水平人才高地，实施升级版"海英计划"等系列人才计划，围绕"高精尖"产业领域选拔优秀产业科技人才，为其提供教育、住房、落户、医疗等服务。充分发挥区域高端智力资源密集优势，实施"薪火共燃"计划，探索建立政府引导、高校培养、企业参与的企业家培训新机制，旨在培育未来企业家，激发企业家创新活力和创造潜能。截至目前已分别与清华五道口、北大光华两家全国顶级教育资源合作举办三期培训，175名企业创始人、合伙人和高管参与培训，一批"薪火企业"获得了在创业辅导培训、政府资质申报、科研项目支持等方面的精准服务，取得快速成长。

四、培育成效

一是企业"高精尖"特质突出。与海淀区产业优势相符，海淀区专精特新中小企业基本均从事北京市十大"高精尖"产业，数字经济领域的企业超过八成。半数以上的企业来自软件和信息服务、人工智能、新一代信息技术等大信息产业，智能装备、集成电路、医药健康也聚集了较多的专精特新企业。

二是企业成长性好，发展潜力足。海淀区2000余家专精特新企业中，成立不足10年的企业已近千家，占比超过40%；从划型来看，小微企业占比过半。众多"年轻"的"小"企业进入"专精特新"行列，也是海淀科技企业高潜力、高成长性的一个缩影。

三是注重研发投入，创新能力强。据初步统计，海淀区专精特新企业中，研发人员占比超过30%的企业约有八成，近半数的企业每年研发费用投入上千万元。对研发的高度重视也为企业带来了丰硕的成果，海淀区专精特新企业累计已有发明专利2万余件，软件著作权超过6万件，平均每家企业拥有约40件知识产权。

四是企业融资活跃，市场认可度高。海淀区专精特新企业普遍拥有较好的发

展前景，在资本市场被广泛认可。海淀区专精特新企业近三年累计融资额超过千亿元，130多家企业已经成功上市，其余企业中也有半数以上的企业制订了上市计划，百余家企业已经处于上市进程中。

五、下一步计划

下一步，海淀区将持续抓好优质中小企业梯度培育工作，充分发挥区内创新创业资源集聚优势，联合区内重点科技创新服务平台，全面挖掘优质中小企业资源，吸引落地及培育一批前景好、成长性强的优质企业。进一步提升企业服务能力和支持力度，增大企业植根本区域发展的黏性。

第二节 朝阳区

一、发展概况

朝阳区总面积470.8平方千米，形成了以国际化为特征，以商务服务、金融、高新技术、文化为核心的产业体系。金融机构在全市数量最多、门类最全，呈现出CBD、中关村朝阳园等重点产业园区错位融合发展的特色布局。

朝阳区高度重视企业梯度培育工作，坚持"科技+商务"双轮驱动发展，主动融入数字经济发展浪潮，围绕"3+X"产业，不断完善政策体系，持续优化营商环境，提供周到细致服务，助力专精特新企业加速成长，支持更多优质企业上市，激发人才和企业创新活力。一大批专精特新企业在朝阳区聚集发展，专精特新企业数量位居北京市前列。朝阳区2020年认定专精特新企业65家，2021年认定137家，2022年认定437家，2023年第一季度认定31家。截至2023年8月，朝阳区共有创新型中小企业534家（占全市的13.5%）、专精特新中小企业670家（占全市的10.8%）、国家级专精特新"小巨人"企业61家（占全市的7.66%）。

二、典型特征

（一）近半数企业处于成长期

企业存续时间可以一定程度上反映企业的成长阶段。从成立时间看，朝阳区专精特新企业平均成立时间为12年。截至2023年6月，朝阳区专精特新企业成立年限在1~5年企业数量占比8.2%、成立年限在5~10年企业数量占比41.3%。成立年限在10~20年企业数量占比37.3%、成立年限在20~30年企业数量占比

10.7%、成立时间超过30年企业数量占比2.5%。成立10年以下企业累计占比接近半数，可见成立10年以下，尤其是5~10年处于快速成长期的企业是朝阳区专精特新企业的主力军。

（二）战略性新兴产业占比近六成

朝阳区专精特新企业主要分布在新一代信息技术、高端装备制造、节能环保三大战略性新兴产业，从企业数量看，三大战略性新兴产业占比近六成。从细分产业来看，授权专利主要集中在物联网、网络信息安全和节能环保产业。此外，医疗健康、文化娱乐（休闲娱乐、教育培训、新闻传媒）、企业服务等产业企业数量快速增加。

（三）科学研究与技术服务业占比超过七成

朝阳区专精特新企业主要分布在科学研究与技术服务行业，信息传输、软件和信息技术服务业，以及文化、体育和娱乐业三大产业，三大产业企业数量合计979家、占比89%。其中，科学研究与技术服务行业企业数量806家、占比73.3%，主要包括其他科技推广服务业、技术推广服务、工程和技术研究和试验发展、质检技术服务、测绘地理信息服务、地质勘查等领域。

（四）深耕领域时间长，资金实力雄厚

朝阳区第五批国家级"小巨人"企业平均成立时间15年，较专精特新企业整体平均成立时间多出3年。成立时间在20年以上的企业有6家，其中，北京七星飞行电子有限公司成立近25年。

朝阳区第五批国家"小巨人"企业平均注册资本1.3亿元，较专精特新企业平均注册资本高出近亿元。注册资本在1亿元以上的企业有4家，其中安东石油技术（集团）有限公司注册资本超过2亿美元。

（五）涉及产业领域逐渐增多

在原有产业优势基础上，朝阳区专精特新企业涉及产业领域逐渐增多。朝阳区第五批国家级"小巨人"企业中制造业企业8家，共涉及10个产业领域；专用设备制造业、专业技术服务业以及科技推广和应用服务业企业共12家。生态保护和环境治理业有2家企业获认定。

三、主要举措

（一）完善政策体系，拿出真金白银支持专精特新企业

在支持专精特新企业发展政策方面，已发布《朝阳区促进高新技术产业发展引导资金管理办法》《朝阳区促进中小企业发展引导资金管理办法》《朝阳区关于支持互联网3.0产业创新发展的若干措施》等相关政策文件。在支持高成长企业发展、支持中小企业自主研发、降低中小企业创新成本、支持企业融资贷款、

鼓励中小企业服务平台建设等方面给予符合条件的企业梯度支持。

（二）发展数字经济特色产业，鼓励中小企业聚集高质量发展

发挥数字经济产业优势，形成聚集态势。紧紧抓住北京国际科技创新中心建设和北京全球数字经济标杆城市建设关键时期，结合朝阳区应用场景丰富、国际化优势明显等特点，围绕区内龙头企业，重点发展数字经济"3+X"产业。印发《朝阳区互联网3.0创新发展的若干措施》及朝阳区支持互联网3.0创新发展的若干措施，做大做优做强产业互联网、人工智能、数字安全等重点产业集群，培育互联网3.0、光子、数字医疗等前沿产业优势，形成蓄势待发态势，取得积极成效。2023年3月，与中金资本联合组建北京市首只互联网3.0产业基金，撬动社会资本，共同培育、孵化优质数字经济产业链。

建设特色产业园区，强化产业服务平台建设。打造"北京市数字人基地"等一批特色产业园区，为相关产业链中小企业提供创业培训、融资服务，搭建共性技术平台；建成北京市朝阳区人工智能应用联合会等产业合作组织，重点打造"全球共识的标准话语体系平台、人工智能产业健康发展智库平台、国际化交流合作平台"三大平台；建设一批互联网3.0公共服务平台，与阿里达摩院共同推进建设AI开源社区，与360共同推进建设企业安全云，同时加快建设光学采集技术服务、光学动作捕捉、数字人可信存证、数字人公共软件服务、XR影棚等公共服务平台，降低中小企业创新成本。

（三）优化服务体系，提供全流程、全方位优质服务

搭建线上线下相结合的企业服务平台，开展企业分层赋能行动。在服务体系方面，构建行业龙头企业、高成长企业、科技型中小企业协同发展服务体系。在服务平台建设方面，挂牌成立北交所服务基地，积极申报专精特新服务站。完成朝阳区科技企业赋能2个线下站点建设，发布数字化赋能服务平台，举办赋能专场活动，赋能站累计触达服务企业4200余家次。

朝阳区科技企业赋能站

电子城高科创E+运营的朝阳区科技企业赋能站启动2.0建设，在现有服务功能基础上，进一步引入知识产权工作站、质量基础设施服务站、人才服务绿色通道等功能，并持续完善针对专精特新企业的政策咨询、资质咨询、工商财税、人力咨询、金融服务等各项服务功能，不断提升科技招商、产业链接、场景赋能等服务能力。

创新服务模式，为专精特新企业提供专属"服务包"＋"服务管家"。落实重点企业"服务包"工作机制，实施独角兽加速计划，为朝阳区未来独角兽企

业提供管家服务。针对"服务包"企业的个性化诉求和制约企业发展的难点问题，实行"一企一策一团队"精准服务，为企业量身定制解决方案，提供"一站式"管家服务。"服务包""服务管家"制度已经成为朝阳区促进政企沟通、支持企业发展的有效举措。2022年，朝阳区共办理企业诉求4971项，诉求解决量排名居全市第一。

望京留创园

位于中关村朝阳园西区的望京留创园是北京市首家省部共建留创园、全国首批国家级科技企业孵化器。为响应国家发展专精特新企业的号召，望京留创园积极探索并深度挖掘园区中小企业的专精特新发展之路，于2023年4月发布区域和领域内的首个园区版专精特新企业专属服务方案——《望京留创园特精心（1+4+N）"专精特新"千万资源服务包》，构建"1+4+N"服务体系，围绕园区特色的核心服务，设置专业化的研发服务、精细化的人才服务、特色化的金融服务及新颖化的市场服务四大专业维度，覆盖房租减免、政策补贴、创新研发、检验检测、成果转化、上市融资、市场营销、渠道推广等近50项精准服务，累计孵化培育服务专精特新企业29家。

（四）积极对接匹配市场化资源，提供全方位融资服务

搭建企业与金融机构之间的桥梁，助力企业解决融资难等问题。在融资服务方面：一是加快国际创投集聚区建设。联合市级部门出台《关于加快建设高质量创业投资集聚区的若干措施》，吸引聚集一大批聚焦硬科技投资、具有较高行业影响力的优质创投机构，累计吸引投资管理机构和基金产品落地资金规模近400亿元。推动创投服务大数据平台建设，构建科创产业公共服务和行业共性技术"双平台"服务模式，精准服务创投项目"募、投、管、退"全流程。二是通过朝阳区中小微企业金融综合服务平台、文旅金融综合服务平台等服务载体，收集企业融资需求，根据企业资质及条件，帮助对接金融机构，助力企业解决融资难等问题。同时，利用现有金融资源，助推企业融资降本增效，打造科技驱动、金融要素组合的"服务全方位、生命全周期"的综合性金融服务体系。三是积极开展各类宣传对接活动，深入街乡、园区、企业等地走访座谈，宣传区金融支持政策，了解中小微企业融资需求及问题。不定期开展银企对接会，对市、区普惠金融支持政策进行宣讲，并邀请金融机构现场介绍普惠业务、解答企业问题，加强政银企对接力度，拓宽融资渠道。

"创投会客厅"品牌

依托国际创业投资集聚区"创投会客厅"品牌活动，为专精特新中小企业提供投融资对接与指导，至今已成功举办9场，主题涵盖农业科技、工业互联网、高校硬科技创业等多个领域。联合阿里云、德勤中国联合主办"专精特新企业出海加速营"专题活动，撬动全球资源网络力量，为专精特新企业打通国际化合作通道，提供全方位跨境赋能服务。

为专精特新中小企业打通上市便利化通道，提供全流程的金融、上市等服务。为区内专精特新企业提供资本市场、融资上市最新政策权威解读，举办专精特新企业上市专场培训活动，邀请北京市、上海市两家证券交易所及北京股权交易中心等机构为企业解读上市支持政策和上市审核规则要点，联合中金公司举办"火炬之光照亮专精特新企业上市之路"——中小企业资本市场培育专题活动，助力企业上市发展。组织支持企业积极参与全球数字经济大会、未来论坛、ITEC国际创新创业大赛、服贸会、科博会等重大活动，不断扩大企业朋友圈。

（五）提供高质量申报支持服务，吸引企业用足用好支持政策

引入专业服务机构，为中小企业梯度培育申报提供全流程支持。通过朝阳区官方政务新媒体、各相关单位、园区、楼宇、服务机构广泛宣传梯度培育支持政策，开设服务热线，针对企业相关咨询有问必答、"接诉即办"。靠前开展服务，针对企业关心的热点问题举办政策推介会，将流动咨询柜台开设到企业集中的楼宇、园区。通过朝阳区科技创新课等平台，为企业逐条解读专精特新培育梯度、申报要求、评价标准、支持政策等政策，指导企业提高申报材料质量，提高通过率。

四、培育成效

朝阳区专精特新企业数量位居北京市前列，"小巨人"企业占比逐年提高。朝阳区拥有创新型中小企业534家，数量排名第二，拥有北京市专精特新中小企业670家，数量排名第二；拥有国家级专精特新"小巨人"企业61家，数量排名第四。朝阳区第五批国家级"小巨人"企业共22家，在北京市排名第四，占全市比重从2020年的4.3%提升至2023年的9.0%。

在互联网3.0等数字经济细分产业领域，朝阳区的影响力明显提升。目前，朝阳区初步形成了领军企业牵引、特色产业园区、共性技术平台、专业服务平台、标杆应用场景、产业投资基金等共同组成的互联网3.0产业生态。互联网3.0、数字安全、光子等领域初步形成较好的集聚态势。中关村朝阳园作为全市

20个"两区"重点园区之一，在互联网3.0等数字经济细分产业领域已领跑全市。

五、下一步计划

（一）优化培育环境，提升政务服务水平

完善区内各部门协同，上下联动工作机制，优化朝阳区专精特新"小巨人"企业培育环境。引导区内各类创新、创业和创投服务机构集聚，提升资源整合能力，为专精特新"小巨人"企业提供精准化、智能化服务。建立全方位的支持培育体系，提升政务服务水平，为专精特新"小巨人"企业开辟行政审批绿色通道，依法减少审批环节、压缩审批时限、简化审批程序，加强服务指导，规范各类行政执法检查。组织专精特新"小巨人"企业负责人培训，切实提升专精特新"小巨人"企业管理水平和文化软实力，着力扶持成长，推动发展壮大，促进专精特新"小巨人"企业数字化转型升级和绿色健康发展。

（二）鼓励技术创新，加大政策扶持力度

推动专精特新企业技术创新能力、专业能力大幅提升，大力支持企业技术创新，对企业设备购置、房租、研发投入等提供专项资金奖补支持。鼓励专精特新企业积极转化落地高校科研院所科技成果，并对重点项目提供资金支持；鼓励企业引入创新管理体系，建设企业工程中心、技术中心等技术创新研发机构。对于列入专精特新"小巨人"企业库且当年符合培育对象条件的企业给予奖励，并结合企业规模及创新研发投入力度及技术进步水平建立阶梯式、差异化的后续奖励办法，鼓励专精特新"小巨人"企业加快上市步伐，并给予上市奖励。

（三）拓宽融资渠道，加强融资配套支持

充分发挥朝阳区科创母基金杠杆作用，联合金融机构对专精特新"小巨人"企业开展信贷直通车活动，收集专精特新"小巨人"企业金融服务需求有关信息，开发针对专精特新"小巨人"企业的专属贷款产品，及时提供高效、便捷、低成本的融资服务；充分利用专精特新企业在知识产权方面的优质表现，针对性开展"知识产权贷"融资贷款服务，发挥财政资金杠杆作用，引导社会资金建立种子基金、天使投资基金、风险投资基金、新兴产业投资基金，积极支持企业上市融资，着力构建满足专精特新企业不同发展阶段需求的多层次、多渠道投融资保障体系。

（四）助力人才引留，加快人才引进培育

结合专精特新"小巨人"企业特征及现有高端人才特征和水平，制定方式灵活有针对性的落户扶持政策，进一步健全人才培养激励机制。同时坚持外引与内培相结合，大力引进域外优秀人才特别是行业领军人才，重点支持专精特新

"小巨人"企业通过"人才+创新团队+创新项目"等方式，引进高端人才和创新团队，帮助专精特新企业留住关键人才。重点在资金补助、职称评定、贡献奖励等方面出台优惠政策，营造良好的人才成长环境，真正做到人尽其才、才尽其用。

（五）着力场景建设，赋能企业市场开拓

引导大型国有企业、行业龙头企业、冠军企业将专精特新企业纳入供应链，充分发挥专精特新企业在产业链细分领域补短板、锻长板的排头兵作用，形成强链效应。帮助专精特新企业对接本地大型项目应用场景和政府投资项目，助力专精特新企业迅速规模化成长。积极通过开展项目路演、展会、大赛等灵活多样的上下游交流形式，帮助相关部门、大型采购单位充分了解专精特新企业能提供的新技术、新产品（服务），为专精特新企业打通向上赋能、从上借力的市场化通道，出台相应针对鼓励政策，支持区内应用场景优先向专精特新企业开放。

（六）聚焦数字经济，推动重点产业发展

按照全球数字经济标杆城市"一区一品"发展战略，打造数字经济"3+X"重点产业集群，重点突破互联网3.0、人工智能、医药健康等产业集群，打造朝阳特色产业标杆。落实《朝阳区互联网3.0创新发展三年行动计划》和《中关村朝阳园发展建设三年行动方案》要求，充分发挥华大系在集成电路、知道创宇在网络安全、安云世纪在物联网、中科宇图在地理信息、影谱科技在人工智能、人大金仓在数据库等细分领域掌握核心科技企业的引领带动作用，助力更多企业数字化转型和技术升级，创造新供给、激发新需求、培育新动能，为朝阳区专精特新企业打造高质量发展引擎，赋能朝阳区数字经济示范区建设。

第三节 北京经济技术开发区

一、发展概况

北京经济技术开发区，又称"北京亦庄"（以下简称"经开区"），又称"北京亦庄"，是北京市唯一一个国家级经济技术开发区。作为首都高质量发展的开路先锋和首都创新驱动的前沿阵地，经开区培育出新一代信息技术、高端汽车、产业互联网、生物医药四个千亿级规模的产业集群，并形成以新一代信息技术、高端汽车和新能源智能汽车产业、机器人和智能制造、生物技术和大健康四大主导产业为优势，以新兴产业为引领的高精尖产业格局。

经开区持续培育壮大创新主体，实施"创新企业倍增计划"，构建从孵化培育、成长扶持到推动壮大的全生命周期梯次培育体系，加快推动形成"单项冠军—隐形冠军—'小巨人'—专精特新—创新型中小企业"以及"独角兽"、高新技术企业、科技型中小企业等创新梯队"雁阵式"发展格局。经开区 2020 年认定专精特新企业 102 家，2021 年认定 174 家，2022 年认定 613 家。截至 2023 年 8 月，经开区（亦庄新城扩区范围内）共有创新型中小企业 206 家（占全市的 5%），专精特新中小企业共计 635 家（占全市的 10.03%）。其中，获评国家级专精特新"小巨人"企业总数达到 108 家（占全市的 13%），位列全市第二。

二、典型特征

（一）行业分布集中，制造业和服务业占比超过八成

从行业分布看，经开区专精特新企业主要分布在制造业和服务业，占总体比重为 85%。其中制造业 269 家，占比 42.4%；科学研究和技术服务业 171 家，占比 26.9%；信息传输、软件和信息服务业 100 家，占比 15.7%。规模以上企业 391 家，占比 61.6%，其中制造业企业 230 家；2022 年度"年报升规"企业共计 42 家，其中制造业企业 20 家，信息传输、软件和信息服务业 10 家，科学研究和技术服务业 8 家。

（二）产业集群发展，高精尖产业占比高

按照企业主营产品（服务）所属技术领域划分（参照国高新技术企业认定口径），经开区专精特新企业主要集中在电子信息、生物与新医药、先进制造与自动化三大产业，共计 445 家，占总体比重为 70%。其中，电子信息产业 168 家，生物与新医药产业 149 家，先进制造与自动化产业 128 家。

（三）企业扎堆聚集，核心区域占比超过八成

从分布数量看，核心区域（含亦庄镇东工业园区）内专精特新企业共 525 家，占比 83%，其中，核心区 242 家、路东区 234 家、河西区及路南区 49 家；新扩区域内专精特新企业共计 110 家，占比 17%，其中马驹桥区域 57 家、台湖区域 31 家、旧宫区域 7 家、瀛海区域 5 家、长子营区域 5 家、采育区域 3 家、青云店区域 2 家。

（四）上市企业数量位居前列，科创板、创业板是主阵地

经开区已有 20 家专精特新企业挂牌上市。其中，上交所主板 A 股上市企业 3 家、上交所科创板 A 股上市 3 家，深交所主板 A 股上市 1 家，深交所创业板 A 股上市 8 家，北交所 A 股上市 2 家，香港上市 3 家，此外新三板挂牌企业 18 家，151 家专精特新企业纳入区"拟上市企业培育库"。2023 年，康乐卫士、星昊医药在北交所挂牌上市。

（五）专利申请和授权量快速增长

经开区专精特新企业 2022 年度专利申请量共计 6170 件、专利授权量 4777 件。北京奕斯伟计算技术股份有限公司年度专利申请量 510 件（位于首位），新石器慧通（北京）科技有限公司专利授权量 277 件（位于首位）。截至 2022 年末，专利申请量总计 38104 件、专利授权量总计达 22769 件，分别同比增长 19.3%、26.6%。北京集创北方科技股份有限公司专利申请总量、专利授权总量位于首位，分别达 1219 件、715 件。

三、主要举措

经开区作为北京改革开放的窗口、高质量发展开路先锋，始终坚持以服务企业立区，聚焦政策惠企、金融暖企、服务助企、创新强企、平台育企，不断优化营商环境，深化商事制度改革，有效激活经济主体活力，以一流营商环境厚植企业发展沃土，以营商"软环境"支撑发展"硬实力"。

（一）政策惠企：完善政策支持体系，提高政策兑现效率

搭建普惠性政策为主、专项性政策为支撑的产业扶持政策体系。经开区立足高精尖产业发展需要和规范自身管理的需求，围绕主导产业发展，大力实施"6688"计划，累计出台 30 余项促进产业企业高质量发展的政策文件，每年投入 100 亿元支持产业落地发展。在疫情特殊时期，经开区适时加大政策调控力度，发布助企纾困高质量发展 1.0~6.0 版政策，提振企业发展信心，激活企业发展潜力。

率先打造政策兑现综合服务平台，提升数字化服务能力，实现惠企政策统一发布、集中兑现、精准推送、智能核验、免申即享。印发实施《北京经济技术开发区惠企政策全生命周期管理办法（试行）》，厘清部门职责，优化内部流程，压缩流转时间，提高兑现效率，持续提升企业获得感。

（二）金融暖企：精准对接融资需求、着力破解融资难题

发挥政府投资撬动作用。设立政府投资引导基金，总规模 100 亿元，精准匹配全产业链、各细分领域、企业全生命周期融资需求，推动构建覆盖种子期、成长期和成熟期的全生命周期基金投资体系，引导社会资本投向符合经开区产业布局和战略定位的领域，以风投思维培育创业创新，促进产业发展和成熟；设立科技创新专项资金，发布《北京经济技术开发区科技创新专项资金实施细则》，发挥财政资金投早、投小、投科技作用，为早期创新型企业提供资金支持。

做好中小企业融资服务。支持企业对接多层次资本市场，出台《关于进一步支持企业上市发展的若干措施（试行）》，打造"亦庄上市服务基地"品牌，推动三大证券交易所服务基地落地；聚焦中小企业融资需求，联合中国中小企业协

会、中国银行业协会、中国期货业协会，组织举办第十届中国中小企业投融资交易会。

（三）服务助企：构建立体高效、多元互补的企业服务体系

持续深化商事制度改革，突出企业开办便利化、项目审批高效化，率先进入行政审批改革"1时代"，实现"一件事、一个人、一次办"，"一业一证"等12项改革举措在北京全市推广。

鼓励社会化服务机构提质增效，围绕主导产业创新发展需求，加快推进公共服务平台建设。2023年度经开区新增获评7家北京市中小企业公共服务示范平台，总数达到27家，占全市的16.56%；新增获评3家北京市小型微型企业创业创新示范基地，总数达到9家，占全市的9.89%。

调整产业和科创管理体系，组建生物技术和大健康、新一代信息技术、集成电路、汽车和智能制造4个产业专班，全面做好产业政策研究、产业生态打造、服务配套完善等系统服务。

搭建政企沟通的快速通道，充分发挥亦企服务港平台优势，推进重点企业走访、政企对接，根据企业个性化需求推出"服务包"，为企业安排专门的"服务管家"，高效协调解决企业诉求，实现企业"小事不出门，大事不出港"，打通政务服务"最后一公里"。

（四）创新强企：营造要素融合、包容开放的创新生态环境

经开区实施"创新企业倍增计划"，落实工信部、北京市优质中小企业梯度培育有关部署，加快推动形成创新梯队"雁阵式"发展格局。

在创新支持政策方面，出台"科创二十条"，实施"首台套""创新券""小升规""创新成长计划""创新伙伴计划"等引导政策，加快推进专精特新企业专项支持政策的制定和发布，进一步完善体系化的优质中小企业梯度培育政策支撑模式，打造覆盖全面、分层分级、竞争有力的科技创新政策体系。

在知识产权保护方面，打造知识产权创造、运用、保护、管理和服务的全链条服务模式，发挥知识产权保护中心分中心作用，为创新型企业提供集快速审查、快速确权、快速维权为一体的知识产权"一站式"综合服务。

在科技成果转化方面，构建"众创空间—孵化器—加速器—科技产业园"孵化服务体系，引导各类创新创业服务载体加大资源整合，加强专业孵化能力建设。

在人才引育用留方面，深化产教融合提升人力资源质量，推动建立产教融合型企业制度和组合式政策体系。与北京大学、清华大学、中国科学院微电子研究所签署10年战略合作协议，设立产教融合基地；出台"人才十条"政策，每年设立10亿元人才发展专项资金，完善人才支持保障系统，形成人才队伍梯次。

北京首个百万平方米规模的国际人才社区破土而起，智能家居与居室设计全面融合，实现舒适入住、科技生活。经开区人才总量达到 34.92 万人，人才贡献率超全市平均水平 7.35 个百分点。区内国家级、市级人才计划入选者等高层次人才在全市占据较大比重，人均发明专利数量等关键指标全市领先。

四、培育成效

营商环境不断优化，有效激活经济主体活力，企业实力持续增强。经开区（亦庄新城扩区范围内）拥有北京市专精特新中小企业 635 家，占比全市总量约 10.03%；拥有国家级专精特新"小巨人"企业 108 家，占比全市总量约 13%，位列全市第二；国家级"小巨人"企业授权发明专利总量达到 2249 件，以全区 0.1% 的企业数量贡献了全区近 14% 的技术规模。20 家专精特新企业挂牌上市，新三板挂牌企业 18 家，151 家专精特新企业纳入区"拟上市企业培育库"。

政策惠企、服务助企方面成效显著。目前，2021 年、2022 年，经开区通过经开区政策兑现综合服务平台，累计向专精特新企业提供各类政策支持资金超 10 亿元，惠及专精特新企业 2000 余家次。2023 年，经开区新增获评 7 家北京市中小企业公共服务示范平台，总数达到 27 家，占全市的 16.56%，按照平台主要服务类型划分，其中，技术创新类占比 40.7%，综合咨询类占比 40.7%，数字化应用占比 11.1%，融资促进类占比 7.4%；新增获评 3 家北京市小型微型企业创业创新示范基地，总数达到 9 家，占全市的 9.89%。

五、下一步计划

（一）在梯度培育上着力

围绕提升中小企业创新能力和专业化水平，持续加大专精特新企业培育力度。从"政策+资本+服务+载体"等多个层面，给予专精特新企业支持；动态更新梯队企业台账，形成"专精特新'小巨人'+专精特新中小企业+创新型中小企业""雁阵式"创新梯队发展格局。

（二）在政策惠企上发力

结合经开区实际，适时出台专精特新专项政策，加强对不同类型、不同成长阶段、不同区域创新型企业的分类指导，突出重点，精准施策。探索"免申即享"的政策兑现方式，提升政策兑现效率，进一步激发中小企业创新创造活力，增强中小企业获得感。

（三）在精准服务上聚力

鼓励金融机构发挥服务实体经济功能，推动区内银行围绕企业需求打造专属金融产品、优化相关服务；强化上市服务，把握北交所设立机遇，着力挖掘培育上市后备企业，纳入拟上市企业储备库；优化创新生态，鼓励社会化服务机构提升服务质效；强化区级"服务包"服务效能，深化"亦企服务港"为企服务体系，充分发挥党建引领"企业吹哨、部门报到"工作机制实体化运行平台作用，营造良好营商环境。

第四节　昌平区

一、发展概况

昌平区是北京的新城和科教新区，是首都西北部生态屏障，是致力全国科技创新中心主平台建设、服务首都高质量发展的创新活力之城。现有专精特新中小企业中制造业企业 182 家，占比 39.2%；软件和信息技术服务业企业 120 家，占比 25.9%；科学研究与技术服务业企业 131 家，占比 28.2%；其他行业企业 31 家，占比 6.7%。2022 年营业收入为 707.7 亿元，同比增长 7.6%。

昌平区国家级专精特新"小巨人"企业共 70 家，占比 8.8%。其中：制造业 45 家，占比 64.3%；软件和信息技术服务业 14 家，占比 20%；科学研究与技术服务业 11 家，占比 15.7%。2022 年完成营业收入 287.7 亿元，同比增长 15%。2023 年上半年完成营业收入 120.2 亿元，与同期持平。

二、典型特征

（一）产业聚焦中高端领域

昌平区的专精特新企业大多集中在先进能源、先进制造、医药健康、新一代信息技术等中高端产业领域。这些领域具有高技术含量、高附加值、高成长性等特点，为昌平区的经济发展提供了强大的动力。以先进能源领域为例，昌平区专精特新企业在此领域表现出色。这些企业通过引进、消化、吸收和再创新，不断推动太阳能、风能、地热能等新能源技术的研发和应用，为北京市乃至全国的能源结构调整和绿色发展做出了贡献。

（二）科技创新型企业占比高

在昌平区的专精特新企业中，科技创新型企业占据了很高的比例。这些企业以科技创新为驱动力，通过加大研发投入、加强科技创新平台建设、推动产学研合作等方式，不断提升自身的技术水平和核心竞争力。在医药健康领域，昌平区的专精特新企业积极开展新药研发、医疗器械、智慧医疗等创新业务，为改善人民群众的健康状况和生命安全提供了有力的支持。

（三）注重知识产权保护和成果转化

昌平区的专精特新企业普遍注重知识产权保护和成果转化。这些企业通过申请专利、商标等方式，积极保护企业的创新成果，并努力推动科技成果的转化和应用，实现经济价值的最大化。政府也出台了一系列政策措施，鼓励企业加强知识产权保护和成果转化。例如，昌平区政府与企业合作建设科技成果转化平台，提供技术转移、产业化投资、孵化器等"一站式"服务，帮助企业加快实现科技成果的商业化应用和市场推广。

（四）与大企业融通发展

昌平区的专精特新企业注重与大企业融通发展。这些企业通过与大企业合作，利用大企业的市场和资源优势，拓展自身的业务领域和市场空间，实现更快的发展。在大企业和小企业的合作过程中，小企业可以借助大企业的品牌影响力、市场渠道、资金实力等优势，提升自身的业务水平和市场竞争力；大企业则可以通过与小企业的合作，引进小企业的创新技术和产品，丰富自身的业务线和产品线，实现业务的拓展和创新。

（五）国际化发展势头强劲

昌平区的专精特新企业在国际化发展方面也表现出强劲的势头。这些企业通过"走出去"和"引进来"的方式，积极拓展海外市场和引进国际先进技术及管理经验，提升自身的国际化水平和竞争力。在"走出去"方面，昌平区的专精特新企业积极开拓海外市场，通过参加国际展览、开展国际贸易等方式，提升自身的国际知名度和影响力。在"引进来"方面，这些企业积极引进国际先进的技术和管理经验，提升自身的技术和管理水平，推动企业的转型升级。

三、主要举措

（一）完善政策措施，加快企业梯度培育

为激发企业创新创造活力，培育和引进一批创新能力强、发展潜力大的独角兽企业、专精特新企业，推动中小企业梯度培育，昌平区经信局会同昌平区科委牵头拟定了《昌平区加快独角兽、专精特新企业培育发展支持办法》（以下简称《支持办法》），于2023年9月15日正式印发实施。《支持办法》适用于昌平区独角兽企业、潜在独角兽企业、专精特新企业等优质企业，重点围绕医药健康、先进能源、先进制造、现代服务等领域，从加快企业梯度培育、支持企业创新发展、支持企业构建产业生态环境、强化关键要素支撑、优化精准服务环境五个方面提出16项支持措施，旨在通过出台专项培育发展支持办法，推动以独角兽企业、专精特新企业等为代表的高成长性创新企业发展，加快形成新经济策源地，进一步激发昌平区的科技创新和经济发展活力。设立独角兽企业、专精特新企业培育发展专项资金，根据实际情况综合采取奖励、补贴等方式对企业进行支持。力争到 2025 年实现"倍增"，专精特新中小企业达到 800 家以上，国家级专精特新"小巨人"企业达到 90 家。

（二）统筹各基地和平台，对专精特新企业进行政策宣贯

昌平区共有市级、国家级双创基地、平台 21 家，为更深入、快捷地做好政策宣贯，将服务工作延伸到细节末梢，昌平区经信局联合各基地平台通过电话、公众号、微信、腾讯会议等模式，为专精特新企业提供梯度培育、绿色技改、高精尖产业、金融服务等政策宣贯解读服务。2023 年，电话沟通累计 960 余家；通过微信群及公众号发布信息累计 152 篇；开展线上培训及转发活动累计 49 场，累计参会企业 3300 家，参会人数 4350 人；线下开展培训及政策宣讲累计 9 场，累计参会企业 300 余家，参会人数 500 余人。

（三）完善上市服务体系，促进企业融资上市

完善上市服务体系，联动金融主管部门对已上市、拟上市专精特新企业走访跟踪调研，体系化开展企业运行分析，持续关注拟上市企业需求，依托召开重点上市和拟上市企业座谈会，为企业统筹解决困难和问题，通过开展政策宣讲、市场环境解读等活动，引导专精特新企业优先选择北交所上市。协同金融主管部门及各类金融机构，重点支持专精特新企业，促进银行机构创新融资服务产品，优先推荐专精特新企业对接区内基金。鼓励专精特新企业通过银行贷款方式进行融资，按照实际支付的贷款利息给予贴息补助（贷款利率高于 LPR 的，按照 LPR 计算贴息额）。

（四）支持企业构建产业生态，推动"大中小"融通发展

开展大企业携手专精特新中小企业对接活动；通过政府与企业、社会力量与企业、大企业与小企业携手，积极搭建具有区域特色、行业特点、影响力大、可持续性的大型对接会活动；引导大企业面向中小企业发布采购需求，促进专精特新中小企业与大企业深化拓展供应链合作关系；推动大中小企业完善供应链利益共享机制。

支持专精特新企业牵头或参与智慧城市、智慧园区、智慧政务、智慧农业、智慧医院等领域场景建设；鼓励央企国企在重大项目、重大工程中采用分包、联合体中标等方式面向专精特新企业发布应用场景需求；支持国家级专精特新"小巨人"企业通过专业分工、服务外包、订单生产、产业联盟等形式，带动区内中小企业进入其产业链或供应链体系。

（五）建立动态管理，优化精准服务

昌平区建立了行业"主管部门+属地镇街"双主责工作机制，跟踪调度专精

特新中小企业、国家级专精特新"小巨人"企业发展动态，定期梳理汇总企业相关发展情况，挖掘企业发展潜力，高效解决制约企业发展的各项问题，持续提升服务效能。

丰富中小企业服务中心职能，汇聚全区专业服务机构资源，为专精特新企业提供"一体化、专业化、协同化、全方位、公益性"的公共服务，并带动服务机构为企业提供融资促进、管理咨询、市场开拓、人才招聘等方面的专业化服务；将独角兽企业、潜在独角兽企业、专精特新企业纳入区级重点企业"服务包"，建立企业成长档案，分级辅导培训，结合"服务包"做好管家式服务，及时解决企业困难。

鼓励专精特新中小企业参加各类展会，由政府组团带队赴外地开展新品发布会、宣传推介会、行业对接会等公开活动，鼓励领导干部为企业"站台"；推荐专精特新企业产品（解决方案），支持其在政府、学校、地铁、公交等场所开展产品应用、体验、展示，扩大企业产品影响力。

四、培育成效

近年来，昌平经信局高度重视专精特新企业培育工作，出台了一批针对性强、实效性强的政策，并积极与其他单位通力合作，有效提升了昌平区的创新环境。专精特新企业培育工作取得了积极成效。目前，昌平区专精特新中小企业共计 464 家，企业总量位居全市第四，占比 7.3%；国家级专精特新"小巨人"企业共计 70 家，企业总量位居全市第三，占比 8.9%。

自 2023 年以来，全市共新增专精特新中小企业 965 家，国家级专精特新"小巨人"企业 243 家，其中，昌平区新增专精特新中小企业 89 家，企业增量位居全市第三，占比 9.2%，新增国家级专精特新"小巨人"企业 31 家，企业增量位居全市第二。

昌平区的专精特新企业在各自的行业中具有领先性和示范性。这些企业通过创新驱动、质量为先、精益求精，不断提升自身的品牌影响力和市场竞争力。以新一代信息技术领域为例，昌平区的专精特新企业通过技术研发和创新，在云计算、大数据、人工智能等领域取得了显著成果，推动着新一代信息技术在各行各业的广泛应用和深度融合。

五、下一步计划

（一）强化存量企业服务

对昌平区现有专精特新中小企业、国家级专精特新"小巨人"企业建立服务台账，"一企一档"开展一对一式服务，推动企业补短板，发挥示范引领作用，不断提升企业创新能力和专业化水平，助推更多专精特新"小巨人"企业发展成为大型企业。

（二）完善企业梯度培育

按照《北京市优质中小企业梯度培育管理实施细则》中明确的专精特新企业、专精特新"小巨人"企业认定标准，结合昌平区产业发展特点，打造良性梯度培育体系，将专精特新企业盘子进一步做大，培育成为昌平区中小企业的中坚力量。加大对"小升规"企业的支持力度，帮助它们尽快升级为规模以上企业，享受更多的政策和资金支持。出台相关政策，鼓励企业加大技术创新投入，提高企业的技术水平和核心竞争力。

（三）加大政策引领作用

落实国家工信部、北京市经信局支持专精特新"小巨人"企业相关政策，用好《昌平区加快独角兽、专精特新企业培育发展支持办法》，建立完善的支持专精特新企业发展的财政资金支持机制，通过资金奖励、融资支持等方式，加大引育力度，推动专精特新企业扩增量、强存量、提质量。优化产业政策，加大对符合昌平区发展的产业的支持力度，引导企业向这些产业领域集聚，推动产业集群的形成和发展。加强与金融机构的合作，为企业提供更多的融资渠道和资金支持。同时，还可以引导金融机构对专精特新企业给予更多的信贷倾斜和支持，帮助企业解决资金问题。推动产学研合作，搭建企业和高校、研究机构的合作平台，促进科技成果的转化和应用。同时，还可以邀请专家学者为企业进行培训和指导，帮助企业提高管理水平和创新能力。

第五节　丰台区

一、发展概况

丰台区位于北京市南部腹地，是北京市"四个中心"功能的集中承载地区，首都南北均衡发展战略和城南行动计划的"主战场"。在北京城市总体规划中，丰台地处"一核两翼"腹地，既是"一主"，又占"一轴"，是首都南部地区发展的重要节点。丰台区是完善首都功能格局的战略要地，引领城南发展的排头兵、主战场，拥有巨大的发展空间和后发优势。

截至 2023 年 11 月，丰台区共有中小微企业 15.2 万家，从行业分布来看，科学研究和技术服务业、批发和零售业、租赁和商务服务业是丰台区企业主要从事的 3 个行业，分别为 4.5 万家、4.4 万家和 2.5 万家；从企业划型看，丰台区中小微企业以微型企业为主，共计 14.8 万家，占全区中小微企业数量的 97.4%，小型企业和中型企业分别为 3400 余家和 790 余家。

丰台区已形成创新型中小企业、专精特新中小企业、专精特新"小巨人"企业滚动发展、梯度培养格局。从整体上看，丰台区专精特新企业呈现稳步发展态势，企业创新性强、成长性好、经济贡献大。截至 2023 年 6 月底，丰台区拥有北京专精特新中小企业 434 家，占全市的 6.9%，全市排名第五位，专精特新"小巨人"企业 37 家，占全市的 6.3%，全市排名第五位。拥有国家级中小企业公共服务示范平台、小型微型企业创业创新示范基地各 1 家，市级中小企业公共服务示范平台 7 家，小型微型企业创业创新示范基地 11 家。

二、典型特征

（一）产业集群发展，企业经营规模稳步增长

从产业领域分布看，丰台区专精特新企业分布于 41 类国民经济行业领域，主要集中于软件信息技术服务业和科技推广应用服务业，其中软件和信息技术服务业 165 家（占比 38%）、科技推广和应用服务业 51 家（占比 12%）。在企业经营规模方面，规模以上企业 249 家（占比 57%），规模以上企业数量逐年增加，区域发展氛围活跃，企业经营规模稳步增长向好态势明显。

（二）企业集聚发展，企业平均成立时间 14 年

从企业分布情况看，丰台科技园内专精特新企业 270 家，占比 62%，企业集聚发展引领作用明显。从成立时间看，专精特新企业主要成立于 1974~2021 年，平均成立年限为 14 年，其中成立 10 年以上的户数（265 家）占比 61%，成立 20 年以上的户数（83 家）占比 19%，经过较长时间积累和培育，丰台区专精特新企业大多步入成熟期。

（三）创新氛围活跃，知识产权授权数量快速增长

在专利和软件著作权布局方面，截至 2022 年底丰台区专精特新企业累计授权专利总数 14019 件、软件著作权 14326 件、商标数量 7787 个，专精特新企业平均授权专利 32 件/家、平均授权软件著作权 33 件/家、平均授权商标 18 个/家；在技术研发与创新机构方面，截至目前丰台区共有市级企业技术中心 108 家，其中专精特新企业 62 家（占比 57%），市级企业技术中心数量稳步增长；在专业化发展和市场竞争力方面，丰台区共有获得制造业单项冠军产品称号企业 2 家，专精特新企业六合伟业为其中之一。

（四）上市企业数量不断增加，部分企业市值超百亿元

在企业上市融资方面，丰台区上市企业共计 32 家，其中 8 家（主板 4 家、科创板 2 家、创业板 1 家、北交所 1 家）为专精特新企业，占丰台区上市企业的 25%；目前，丰台区潜力上市企业 7 家，其中 6 家为专精特新企业，占比 86%。截至 2023 年 6 月底，上市专精特新企业总市值达 342 亿元，企业平均市值为 43 亿元/家，国家级专精特新"小巨人"企业元六鸿远电子上交所主板 A 股上市，市值超百亿元。

三、主要举措

（一）多方面完善中小企业服务政策体系

近年来，丰台区针对中小企业科技、产业、金融等方面出台扶持政策，不断完善企业服务政策体系，打造专精特新、独角兽企业集聚发展平台。

出台政策细则，促进高精尖产业发展，推动独角兽企业集聚。研究制定《丰台区促进高精尖产业发展扶持措施》（以下简称"丰九条"），陆续出台了《中关村丰台园进一步扩大开放、激发创新活力的措施》、《关于支持独角兽企业在丰台区集聚发展的若干措施》（以下简称"丰台区独角兽八条"）、《中关村丰台园大众创业万众创新示范基地建设方案（2021—2023 年）》等惠企政策。"丰台区独角兽八条"从打造 400 万平方米独角兽企业聚集区、加大对独角兽企业的奖励支持、降低独角兽企业办公空间成本、建立独角兽企业上市服务机制、加强独角兽企业人才引进、提供独角兽企业创新应用场景支持、完善独角兽企业精准优质服务、构建独角兽企业创新创业生态八个方面，为丰台区独角兽企业（含潜在"独角兽"企业、专精特新"小巨人"企业、隐形冠军企业等）引进和培育提供有力支撑，助推打造独角兽企业集聚发展平台。

出台融资政策，破解企业融资难题。制定《丰台区中小微企业首贷贴息实施方案》，支持首贷中心建设运营，有效应对企业各阶段融资难题；同时，对《加快培育发展丰台区现代金融服务业的意见》中企业上市部分政策进行修订，将补贴金额从 500 万元提高到最高 1000 万元。落实创业担保贷款贴息政策，发挥创贷"稳就业"积极作用。完善融资担保体系，引导区属融资担保机构扩大小微企业业务服务，已累计惠企 1127 家，涉及担保金额 91.4 亿元，降低企业融资成本约 9310.3 万元。成功获评财政部 2023 年中央财政支持普惠金融发展示范区。

不断完善政策体系，支持高新技术企业发展。出台《丰台区支持高新技术企业发展的若干措施》，从培育高新技术企业"筑基扩容"、助力"升规升强"、支持科技创新、引导社会培育、强化人才服务保障、深化评审认定服务、搭建综合服务平台、加强信息监督管理八个方面形成了丰台区支持高新技术企业发展的政策体系，全面扶持和培育高新技术企业在丰台发展。

制定重点工作任务，加快推进智能制造产业。研究制定《丰台区加快发展智能制造产业的实施意见》，明确从构建智能制造产业体系、加强科技创新主体培育等五大方面，推进培育"优势产品+示范工厂+创新集群"模式、培育引进"链主"型企业等18项重点工作任务，全力打造智能制造产业集群和都市型智能制造高质量发展示范区，为构建丰台区高精尖产业新优势、打造首都科技创新功能主要承载区奠定坚实基础。

（二）建立中小企业全生命周期服务体系

建立项目全生命周期管理服务体系。全面实施促签约、促落地、促拿地、促开工、促竣工、促投产、促达产、促研发、促公益"九促工作法"。对于符合告知承诺制办理要求的项目，引导建设单位尝试最新政策，全流程提供指导。持续推进低风险项目审批力度，助力项目快速落地，自2023年以来丰台区共核发社会投资低风险工程《建设工程规划许可证》9件，总建筑规模达4.6万平方米，许可数量及建筑规模均排名全市第一位。

为企业提供全生命周期服务。提出30项"为企业办实事清单"，大力推行"丰九条"等惠企政策"免申即享、直达快享"。创新推出"丰泽计划"培育区域人才发展，2023年共有49名高层次人才（团队）、30名专项人才（团队）入选，覆盖金融、科技、文化、商务等丰台区四大主导产业。举办丰台"欢迎学子回家"系列活动，营造丰台"惜才爱才用才"的亲近氛围，展现丰台区对人才的尊重与礼遇、对发展的重视与渴求，辐射带动丰台学子乃至京津冀学子来到丰台、服务丰台、扎根丰台。将全区946家企业纳入"服务包"工作机制，为企业配备行业管家和属地管家，提供一对一、全生命周期精准服务。共为"服务包"企业解决诉求1859项，已超2022年全年诉求办理总量（1750项），办结率、满意率均为100%。

开展一站式服务，提升市场主体"体验感"。通过建立市场主体帮办团队，实行"管家服务岛"等举措，市场监管部门服务精准度进一步提升。丰台区推出"三专"工作模式，即企业服务工作专班、重点企业服务专员、助企纾困专岗，健全企业全生命周期服务体系；开辟批量登记服务通道，企业分支机构可集中统一办理变更登记业务，实现一次授权、批量领取电子营业执照，大幅减少市场主体跑动频次和办事手续。截至2023年8月底，新设企业12483户，个体工商户1560户，新设企业同比增长31.28%，存续各类市场主体总量超过19万户，总体呈现增长态势。

（三）搭建数字化协同服务平台，激活企业发展潜力

技术赋能、数据归集，推动数字化、智慧化改革成果更多、更快见效。基于平台经济发展趋势，搭建了"丰台区互联网经济协同监管与服务平台"，将放管结合、优化服务有机融合，是探索治理新模式的一项重要成果。

为打通服务企业"最后一公里"，平台整合各领域法规、案例、培训、指引

1000 余部，实现涉网经营政策法规"一网通查"，一次性告知市场主体合规经营要求。依托风险监测模型，为企业"体检"，通过风险提示督促企业自纠自查、自行整改，为企业发布合规提示 103 余条，累计免除处罚 500 万元以上。目前，"丰台区互联网经济协同监管与服务平台"纳入全国市场监管数字化试验区（北京）建设"三张清单"（第一批），为市场监管数字化改革积累了"丰台经验"。丰台区将依托平台建设成果，不断探索数据智能化、协同高效化、风险可控化、服务精准化，进一步激发网络市场经济内生活力。

（四）加强惠企政策解读，提高政策触达率

一是联合北京市经信局、北京市工商联、北京市中小企业服务中心、北交所、上交所、深交所举办"多层次资本市场服务专精特新企业（走进丰台）暨'丰帆行动'计划专精特新企业上市培育"专场活动，解读市区两级上市支持政策和企业 IPO 上市审核规则要点，助力更多丰台企业早日实现上市。近百家区属专精特新及上市后备企业、30 多家中介机构现场参会。

二是邀请北京市经信局专家为丰台区优质中小企业宣讲北京市创新型中小企业和专精特新中小企业认定流程及相关政策、中小企业数字化转型服务、金融服务产品等，促进企业向创新型中小企业和专精特新企业发展，助力企业数字化转型；开展"丰帆行动"培育活动，举办政策专场宣讲，惠及企业 840 余家次。

三是聚焦企业急难愁盼，形成台账，跟踪管理。以纳税人缴费人需求为导向，创立了"微蓝+"税务服务品牌，以打造"服务为民有态度、提质便民有速度、暖企亲民有温度、助企惠民有力度"的"四有"品牌为目标，创新推出"五大工程"，实现需求响应、政策落实、精细服务、智能办税、精简流程、规范执法的"六个提升"，打造出了特色鲜明的丰台税务专属名片。做好细分领域政策精准送达，通过发力直播"带策"等举措让税惠红利直达经营主体。2023 年前三季度实现"政策找人"90000 余人、"政策找户"6000 余户。

四、培育成效

丰台区专精特新企业呈现科技含量高、税收增长快、研发力度大、经营状况好的优势特点，专精特新企业已成为促进丰台区经济高质量发展的重要引擎。丰台区 2020 年、2021 年、2022 年新增专精特新中小企业数量分别为 34 家、82 家、267 家，2020 年、2021 年、2022 年新增国家级专精特新"小巨人"企业数量分别为 2 家、6 家、26 家。

深入实施"1511"产业发展提质工程，在不断扩大中小企业基数的同时，积极推动中小企业实现高质量梯次培育。通过开展"丰台区高成长企业引进培育行动"，建立了高成长企业培育库，实现了企业服务精准对接，搭建了政企沟通桥梁。同时，强化开放创新政策支持，组建了 100 人左右的专业化企业服务团队，为各类企业提供精准细致的服务。2022 年全区培育引进高成长性企业 122 家，2023 年前三季度培育引进高成长性企业 177 家。

五、下一步计划

一是加强市区联动，做好优质中小企业梯度培育。在北京市经信局的指导下，结合《优质中小企业梯度培育管理暂行办法》，引导中小企业向专业化、精细化、特色化、新颖化方向发展，提升中小企业创新能力和专业化水平，助力实现产业基础高级化和产业链现代化。在丰台区现有政策促进区内专精特新企业增长的同时，通过修订政策，完善专精特新、独角兽、制造业单项冠军、上市企业的梯级培育体系，提升丰台区专精特新企业的规模与质量。

二是做好企业服务，将服务企业政策落实到位。依托"丰帆行动"培育活动，举办政策专场宣讲，积极做好政策宣传和解读；依托重点企业服务包制度，加大企业走访力度，主动服务上门，及时解决专精特新企业遇到的问题。持续做好"丰九条""丰台区独角兽八条"专精特新"小巨人"政策兑现，进一步优化兑现程序。

三是用好平台基地、促进会，服务"专精特新"企业。督促丰台区市级服务平台和小企业基地进一步履行服务承诺，完善各项管理制度、持续增强服务能力、提高服务水平，为中小企业提供优质的公共服务和生存发展空间，起到良好的示范和带动作用；同时鼓励丰台区中小企业创新创业促进会发挥行业协会服务中小微企业的桥梁纽带作用。

第六节 顺义区

一、发展概况

顺义区位于北京市东北部，按照新版北京城市总体规划，顺义区是北京市"一核一主一副、两轴多点一区"城市空间结构中的"多点"之一，也是"国门"所在地、首都重点平原新城、中心城区适宜功能产业的重要承接地，正在建设"港城融合的国际航空中心核心区，创新引领的区域经济提升发展先行区，城乡协调的首都和谐宜居示范区"。

截至 2023 年 6 月底，顺义区在营企业 99368 家，其中中小微企业 98477 家

（占比99.1%），包括中型企业593家、小型企业3062家、微型企业94822家，培育专精特新企业383家。

二、典型特征

（一）高精尖特色显著

全区专精特新企业中十大高精尖产业占比达82.6%，其中制造业147家（占比39.4%，包括智能装备78家、都市产业17家、生物医药和电子信息各14家）、软件信息服务业96家（占比25.7%）、科技服务业65家（占比17.4%）。26家国家级"小巨人"企业主要集中在制造业（18家，占比69.2%，其中智能装备10家，汽车交通3家，电子信息3家，基础材料和生物医药各1家），信息传输、软件和信息技术服务业5家，科学研究和技术服务业3家。

（二）企业经营情况优异

全区专精特新企业平均成立时间为14.3年，253家为规模以上企业（其中，制造业103家），6家企业实现上市。

（三）创新能力显著

全区专精特新企业研发投入超过37亿元，其中超1000万元的企业有117家，累计拥有授权发明专利4677项，61家企业拥有授权发明专利超过20项，35家企业自主知识产权累计发明专利超过30项。自建或与高等院校、科研机构联合建立技术研究院超过350家。

三、主要举措

（一）多措并举筑牢发展基础

一是建立区级中小企业梯度培育体系。出台《顺义区创业摇篮计划支持政策实施办法》，建立区级"种子—苗圃—小巨人"梯度培育体系。认定区级创新型企业202家（种子企业44家，苗圃企业106家，小巨人企业52家）。

二是提升中小企业服务水平。立足全国双创示范基地建设，建立"空间载体+服务平台+专业服务机构"的服务体系，认定16家服务载体（创新创业基地6家，公共服务平台5家，专业化服务机构5家），运营总面积达27.6万平方米，出租率超90%，入驻企业557家，带动就业9387人，发挥降成本、补短板的支撑作用。

三是营造大中小企业融通产业生态。依托工信部大中小企业融通型创新创业特色载体项目，围绕"3+4+1"高精尖产业，支持8家融通型服务平台、专业载体大中小融通建设，举办8场中小企业创新创业活动赛事，奖励139家专精特新企业，打造创新创业综合服务线上平台。通过组建创新联合体等多种形式，支持、鼓励重点产业领域龙头企业开放共享资源，构建大企业与中小微企业协同创新、资源共享、融合发展的产业技术协同开发生态。

四是支持中小企业转型升级。出台《顺义区智能制造三年行动计划（2020—2022年）》和《顺义区关于支持智能制造加快发展的若干措施》，建立由26位智能制造专家组成的专家库、13个重点项目库和18个典型应用场景库。以咨询诊断为抓手，先后对区内40余家制造业中小企业进行"一对一"智能诊断，根据产业特点推动企业智能化、数字化、绿色化转型升级。

五是建设顺义区创新创业综合服务平台。在北京市创新创业综合服务平台的基础上，围绕数据、政策、服务、资源功能，建设区级中小企业服务平台。一方面，多维度动态归集企业数据，实现查询、匹配、申报功能"一站式"政策服务。另一方面，聚集空间场地信息、专家团队资源、服务产品500余项，建立"多方联动、互联互通、服务便捷、一网通办"的创新综合服务平台。

（二）完善服务体系，加强部门协同联动

建立跨行业和部门的"政策支持+精准辅导+普惠培训"服务体系，统筹协调促进企业发展中的重大问题、重大政策。优化政府专项资金政策向中小企业倾斜力度，形成可持续的长效激励机制。强化政策引导，定期开展"线上+线下"相结合的政策专项宣传活动，做好产业政策、减税降费、资金支持等专项政策解读，确保惠企政策落地。

调研企业需求，组织开展一系列"专精特新企业梯度培育特色培训及服务"专场活动。为做好顺义区中小微企业特色培训及服务，区经信局成立调研组开展了为期一个月的企业问卷调查，参与调研的企业覆盖智能装备、软件和信息服务、医药健康、新一代信息技术等多个产业领域。针对企业需求，积极协调各方力量，组织开展一系列"专精特新企业梯度培育特色培训及服务"专场活动。顺义区经信局聘请专家讲师围绕知识产权布局、人力资源管理等主题为企业进行培训与辅导。

（三）聚焦培优扶强，推动小升规、规升强

一是围绕产业需求建立"企业培育库"，分领域筛选成长性好、服务模式新、专业竞争力强的潜力升规和认定专精特新的重点企业。针对重点企业加强走访调研和精准服务，及时了解企业困难与需求，助力企业更好地发展，进一步扩大优质企业后备库。2023年第二季度走访重点企业114家，进行政策宣贯并指导企业申报专精特新，通过数据分析和现场调研，动员19家企业通过第二季度专精特新初审，第二季度共有41家企业通过专精特新初审。

二是聚焦优质企业梯度培育。实施好"创业摇篮"政策，搭建区内"种子、苗圃、小巨人"梯队培育体系，建立"专精特新"重点中小企业培育库，并实时动态更新。加快筹备区内专精特新中小企业基金和中小企业发展专项资金，加强直接融资的帮扶带动作用。同时，发挥专业化产业服务机构作用，通过诊断、培训、对接、联合攻关，推动"个转企""小升规""规改股""股上市"，构建市场主体梯次发展成长链条。做好优质中小企业特色培训工作，组织企业和基地走访外区标杆企业和园区，培育更多专精特新企业和专业化服务机构。

三是做优大中小企业融通发展。积极推进中小企业"揭榜"机制，组织创新型、专精特新、专精特新"小巨人"等中小企业"揭榜"，促进大中小企业协同创新合力，攻克一批产业技术难题，形成融通创新成果，助力补短板锻长板强基础，提升产业链、供应链韧性，构建大中小企业融通发展的产业生态。

四是服务专精特新企业上市。截至目前顺义区专精特新企业已有 7 家上市，其中 2 家主板、4 家科创板、1 家创业板。另有新三板 43 家、拟主板 1 家、拟创业板 13 家、拟科创板 6 家、拟北交所 1 家。后期将会同金融办，积极对接有上市潜力的专精特新企业，加强上市力量储备。

四、培育成效

结合北京市专精特新企业的培育体系，顺义区建立了区级创新型"种子、苗圃、小巨人"的专精特新企业梯度阶梯储备体系。从总量来看，顺义区专精特新中小企业、国家及专精特新"小巨人"企业总量在全市排名第六，创新型中小企业在全市排名第五。截至 2023 年 6 月底，顺义区认定的专精特新中小企业 383 家，全市占比 6.2%；认定的国家级专精特新"小巨人"企业 39 家，全市占比 4.9%，排名均为全市第六。创新型中小企业 290 家，全市占比 6.8%，排名为全市第五。

五、下一步计划

针对专精特新企业储备不足、政策精准服务水平需提升、大中小企业融通发展待深化等问题，下一步将在推动中小微企业小升规、规升强，引导中小企业"专精特新"发展等方面加强工作，力争培育更多优质企业。

（一）完善服务机制

全面梳理分散各行业部门中涉及中小企业的政策、资金、人才、空间、公共配套服务产品清单，联通各部门、行业、领域"服务包"资源。建立属地推动服务机制，以镇、街道、园区为单位，根据辖区内企业需求组织开展优质中小企业申报培训、座谈问诊、专家"一对一"辅导等服务，区经信局负责提供业务指导和专业化培训等全面支撑服务。以技术、人才、资金、市场需求服务为突破，建设一批专业化公共服务机构，以点带面全面提升中小企业市场化服务能力、服务水平、服务内涵。

（二）扩大专精特新企业梯度储备

实施好顺义区"创业摇篮"计划，完善区级"种子、苗圃、小巨人"创新型企业梯队，构建"区—市—国家"优质中小企业梯度培育格局。建设专精特新企业后备库，围绕1369家尚未认定市级创新型企业的国高新企业，分领域筛选成长性好、服务模式新、专业竞争力强的企业，提升专精特新企业储备规模。在项目引进上围绕重点产业，重点关注"专精特新"以及"创新型"上下游企业，促进产业链协同发展，强链补链，推动形成创新型产业集群。

（三）推动大中小企业融通发展

在智慧城市、重大工程等领域进一步对区内中小微企业开放政务场景应用。围绕区内大型企业和国有企业优势明显的汽车、医药、农业等行业，发挥大企业产业链、供应链的核心地位优势，带动中小企业加大在专利、知识产权、研发等领域创新投入，确保上下游企业不断链、不断流，形成"大手牵小手"的联动发展态势。

第七节　大兴区

一、发展概况

大兴区位于北京市南部，处于北京、天津、雄安环绕成的三角形区域的地理中心，大兴区作为首都南部发展的新高地，北京市实体经济和"两区"建设的重要承载地，具有区位优势绝佳、产业基础扎实、发展空间广阔的特点，临空经济区正在加速崛起，生命健康产业呈现爆发式增长，氢能、商业航天、数字经济等产业为全区发展增添了新势能、新动力。

为引导中小企业向专业化、精细化、特色化、新颖化方向发展，促进中小企业高质量发展，提升中小企业创新能力和专业化水平，助力实现产业基础高级化和产业链现代化，大兴区构建了由创新型中小企业、专精特新中小企业、专精特新"小巨人"企业三个层次组成的优质中小企业培育梯度。通过近年创新型中小企业、专精特新中小企业、专精特新"小巨人"企业认定和培育工作，大兴区已形成专精特新企业滚动发展、梯队培养格局。从整体来看，大兴区专精特新企业呈现稳步发展态势，企业创新性强、成长性好、贡献大、区域集聚效应显著。

截至2023年10月，大兴区专精特新中小企业累计认定269家，国家级专精特新"小巨人"企业33家。在专业化高度方面，涉及关键领域"补短板"企业占比 75.5%；在创新能力方面，专精特新企业累计授权专利总数 8543 件，平均每家拥有发明专利 31 件，研发人员占比 35.1%；在管理水平方面，获得质量管理体系或同级认证占比超 67%，产品获得发达国家或地区认证占比 9.81%，获得新技术新产品认证占比 18.04%，专精特新上市企业占大兴区上市企业比例达 42.86%。

二、典型特征

（一）企业高精尖特色显著

大兴区专精特新企业整体表现出"高精尖、高研发、高成长"特点。超三成企业上年度营业收入增长率高于 20%，超四成企业核心技术产品填补国际国内空白，超五成企业研发费用占比在 10% 以上，近六成企业与产业链龙头企业形成配套，近七成属于十大高精尖产业领域，近八成企业研发人员占比 20% 以上。依托悦康药业、民海生物、三元基因、中科芯电等创新龙头企业，在创新药物研发、先进装备等领域涌现出一批创新成果。

（二）产业聚集效应凸显

大兴区聚焦生命健康、临空产业、先进制造三个产业集群，做大做强"四区三基地"，即临空经济区、大兴国际氢能示范区、北京中日创新合作示范区、农业现代化示范区，生物医药产业基地、北京商业航天产业基地和新媒体基地，打造产业聚集高地、科研创新高地、全球人才高地。目前，大兴区基本形成以汽车及交通设备、生物工程和医药、装备制造和电子信息四大产业为主导的发展格局。四大主导产业占工业比重超过 70%。大兴的专精特新企业中实体类企业较多，占比较高。

三、主要举措

（一）重视优质企业培育发展

自 2022 年以来，大兴区多次有针对性地组织开展对创新型中小企业、专精特新中小企业和专精特新"小巨人"企业申报的指导培训工作，邀请北交所、上交所、深交所专家对大兴区百家专精特新中小企业开展上市培训活动。在第八届"创客中国"北京市中小企业创新创业大赛暨"创客北京 2023"创新创业大赛大兴赛区赛事中，大兴区征集近 200 个参赛项目，在全市 17 个分赛区中位列前茅。

（二）设立引导基金支持高精尖产业发展

自 2019 年起，大兴区设立高精尖产业引导基金。该基金遵循"产业引导、市场运作、科学决策、适时退出、防范风险"的投资原则。投资方向主要为医药健康、新一代信息技术、新能源智能汽车、科技服务、新材料、智能制造、临空经济等。

（三）积极兑现政策助力人才发展

大兴区制定发布了《大兴区核心团队奖励和服务办法》《大兴区产业人才保

障房管理暂行办法》，主动为符合条件的各类企业、人才提供综合服务和配套奖励，以吸引更多优质企业、优秀人才聚集。做好人才评审，为人才强区注入新动能。2021~2022年，大兴区通过举办政策宣讲会，送政策进企业、园区，制作人才政策宣传动画、人才政策申报要点清单等线上线下多种形式，扩大人才政策的覆盖面，提高政策解读的精准度，助力全区各类人才在兴发展。

四、培育成效

（一）企业梯度培育效果明显

自2020年以来，大兴区不断提升企业培育力度，完善培育体系。一是国高新企业数量稳步增长。2021年大兴区国高新企业保有量为940家，2022年达到1102家，增长率达17.2%，全市排名第三。二是小升规企业发展指数优势明显。2022年，大兴区落实《北京市关于实施"三大工程"进一步支持和服务高新技术企业发展的若干措施》，完成"小升规"入库总数38家，"小升规"高新技术企业发展指数3.98%，高于全市平均水平。三是创新创业空间明显增多。2021年大兴区累计备案区级孵化器、众创空间15家，其中孵化器12家、众创空间3家，超额完成年度指标12家。截至2021年底，大兴区共有孵化器40家，众创空间30家，总计70家。四是积极推动战略新兴领域企业项目落地。2021年大兴区新增落地应用场景项目9项，累计落地项目19项，实地调研16项征集的应用场景项目。2022年大兴区新增储备落地新场景项目11项，累计完成31项。2023年组织申报中关村论坛重大应用场景6项，储备区级应用场景项目6项。

（二）企业融资上市

截至2022年底，大兴区共有上市公司11家（主板4家、科创板1家、创业板1家、北交所1家、港交所上市4家），占北京市同期上市企业数的2.4%，上市企业数量在全市各区中排名第十；募集资金65.19亿元，占北京市同期上市企业募集资金额（1277.4亿元）的5.1%。

（三）中小企业绿色发展效果明显

大兴区持续推进企业开展绿色工厂、绿色供应链等绿色体系建设工作。目前，区级企业中共有国家级绿色工厂12家、国家级绿色供应链管理企业2家、国家级绿色设计产品2个、国家级绿色园区1个。

五、下一步计划

（一）加强保障体系建设

成立由大兴区经信局主要领导任组长、主管领导任副组长、产业发展科牵头各科室配合的专精特新企业培育服务专班，加强相关部门的统筹和协调，加强政策集成，研究进一步支持措施。推动中小企业公共服务示范平台和创业创新示范基地聚焦专精特新企业需求，围绕政策对接、金融服务、技术创新、知识产权、培训辅导等方面，为企业定制个性化、订单式的专属服务，提供公益性、专业化的优质高效服务。

（二）完善梯度培育体系

按照"储备一批、培育一批、提升一批"的原则，实行梯次培育、动态管理，建立创新型中小企业、专精特新中小企业、专精特新"小巨人"企业梯度培育体系。开展中小企业评价，着力培育一批具有较高专业化水平、较强创新能力和发展潜力的中小企业，重点培育一批创新能力突出、掌握核心技术、细分市场占有率高、质量效益好的专精特新"小巨人"企业。

（三）促进企业融通发展

加大中小企业特色产业集群培育力度，建设大中小企业融通发展载体，鼓励龙头企业对上下游中小企业开放资源，开展供应链配套对接，与专精特新企业建立稳定合作关系，构建创新协调、产能共享、供应链互通的新型产业发展生态。

（四）强化金融支持力度

鼓励金融机构对专精特新企业和潜力企业加大支持力度，建立专精特新企业名单共享机制，为企业量身定制专属金融服务方案，打造专属信贷产品。鼓励中小企业信用担保机构面向专精特新企业及具有较好发展前景的潜力企业扩大融资担保规模，降低担保费用，破解专精特新企业融资难题。

（五）加大政策宣传力度

努力提高优质中小企业培育相关政策宣传渠道的广度和宣传内容的深度，在利用好新媒体发布政策宣传的同时，加强同其他行业主管部门及属地的联动，通过创客大赛、"专精特新"宣传月等活动，把优质中小企业的培育宣传渠道由点到线、由线到面不断拓展。总结推广专精特新企业培育经验做法和典型案例，引导广大中小企业对照标杆学习提升。

第八节　石景山区

一、发展概况

2023 年，石景山区中小企业超过 5.4 万家，个体工商户 7000 余家，贡献了 50% 以上的税收、60% 以上的 GDP、70% 以上的劳动力就业和 80% 以上的技术创新成果。专精特新企业是中小企业中的佼佼者，截至目前，石景山区共有国家级专精特新"小巨人"企业 15 家，占全市的 1.8%；专精特新中小企业 225 家（包含国家级专精特新"小巨人"企业），占全市的 3.6%。

二、典型特征

（一）高精尖产业要素聚集明显

专精特新企业主要集中在科技推广和应用服务业，占比达 70%，其次是软件和信息技术服务业，占比 10%。在科技创新与高技术含量的硬科技时代背景下，专精特新企业多倾向于在虚拟现实、工业互联网、节能环保、科技创新等高科技的细分领域发展。

（二）融资发展势头良好

石景山区专精特新文创企业北京流金岁月传媒科技股份有限公司成为北交所首批上市的 81 家企业之一。2023 年，石景山区专精特新企业有 72 家发生融资事件，发生过融资的企业数量占比 32%。从融资类型看，天使轮发生 5 起，A 轮 12 起，B 轮 8 起，战略融资 14 起，新三板上市 7 起，北交所上市 1 起，港交所 IPO 上市 1 起，入选"专精特新"专板 3 起。专精特新企业融资活跃度持续增强。

（三）吸纳就业显著增强

2023 年，专精特新企业参保缴费职工 1.56 万人，同比增长 13.1%。其中，参保人数在 30 人以上的企业 149 家，占全部专精特新企业的 66.3%。目前，专精特新企业占全区中小企业比重不足 1%，吸纳就业能力占全区中小企业比重的 8.7%，社会稳定"压舱石"作用日益凸显。

三、主要举措

（一）稳步推进专精特新企业梯度培育体系

一是积极建立优质中小企业梯度培育体系。全面落实中共中央办公厅、国务院办公厅发布的《关于促进中小企业健康发展的指导意见》和《关于推进北京市中小企业"专精特新"发展的指导意见》，出台《石景山区优质中小企业梯度培育管理实施细则》，进一步实施优质中小企业梯度培育工作，着力培育一批"专业化、精细化、特色化、新颖化"的中小企业，提升中小企业创新创业能力和专业化水平，推进中小企业高质量发展，助力区域内实体经济特别是先进制造业做实做强做优。聚焦石景山区的金融保险、工业互联网、虚拟现实、人工智能、科幻等主导产业细分领域，健全优质中小企业梯度培育体系，做好培育计划，按照"推选入库、择优培育、选拔专精特新企业和'小巨人'企业"的步骤，有序推进梯度培育工作，为搭建资源对接平台、开展精准服务奠定坚实基础。

二是政策引领，开展数字人民币应用场景试点。2022 年 4 月制定出台《石景山区关于促进"专精特新"中小企业高质量发展的若干措施》（石经信局〔2022〕8 号），从激励企业典型示范引领、提升企业技术创新能力、降低企业办公空间成本、鼓励企业引进高层次人才等 9 个方面，引导石景山区中小企业走专精特新发展之路。2023 年，根据国家、北京市对专精特新梯队企业认定层次的变化和石景山区政策体系的调整，对政策进行修订，于 7 月出台《石景山区关于促进"专精特新"中小企业高质量发展的若干措施（修订）》（石经信局〔2023〕24 号），将创新型中小企业纳入专精特新资金支持范围，扩大了中小企业享受惠企政策的覆盖面，拟于年内完成 2023 年度首次认定奖励。

（二）主动做好专精特新企业服务

一是建立专精特新企业生产运行监测机制。建立专精特新企业数据库，将入库培育企业纳入监测范围，充分运用人工智能、大数据、云计算、物联网等新一代信息技术，为企业"精准画像"，清楚展现 170 家专精特新企业特点。建立专精特新企业培育库，以区级经济运行平台的中小微企业数据库为基准，以专精特新企业认定标准为导向，筛选出既符合专精特新发展形态，又属于高新技术企业的 124 家中小微企业认定为待培育的潜力企业，并帮助其中 28 家潜力企业成功认定为专精特新企业。

二是强化专精特新企业走访服务。重点聚焦中科博联、华科同安、易点淘、唐智科技、中电运行等"小巨人"企业，区领导牵头，通过实地走访、座谈会、视频会议、电话等形式与企业沟通交流，引导形成企业与政府、企业与企业之间紧密互动的"朋友圈"。搭建信息沟通渠道，创造更多合作机会，驱动企业抱团发展。及时了解企业发展情况及困难，为企业讲政策、送服务，引导企业经济数据应统尽统，助力企业在石景山区稳定快速发展。

三是强化融资对接力度。建立项目信息共享机制，积极引导石景山区现代创新产业基金直投或设立子基金。开展多层次融资对接活动，组织太平国发禾和、中能智慧等社会资本对接专精特新企业，对发展不同程度不同时期的企业予以全方面的金融支持，满足企业资金需求；邀请工商银行、建设银行、邮储银行等多家金融单位，开展线上线下金融服务对接活动，为专精特新企业精准匹配优质金融服务，助力企业解忧纾困，2023 年已累计为专精特新企业提供贷款超过 1 亿元。

四是加强人才引育。聚焦专精特新人才支持，强化人才储备，为专精特新中小企业、国家级专精特新"小巨人"企业搭建高层次人才供给通道，吸引和鼓励顶尖人才、领军人才、青年拔尖人才、工作类海外高层次人才和创业类海外高层次人才在石景山区创业和工作，进一步完善人才培养梯队。积极推进工业互联网人才实训基地等培训平台项目建设，打造符合石景山区产业定位的行业人才培育摇篮，以人才聚集带动产业聚集。

（三）切实减轻企业负担

一是紧抓落实。在落实好已出台的中小企业普惠性减税等政策措施的基础上，密切跟踪优质中小企业普惠性减税等政策措施实施情况，促进减税降费政策措施不断完善，政策实施效果更给力、更有感。房租减免即申即享。2022年，石景山区属国有房屋租金减免惠及服务业小微企业和个体工商户759家，减免租金1.17亿元。集体经济房屋租金减免预计惠及服务业小微企业和个体工商户862家，涉及租金4359万元，为新入驻企业提供疫情影响免租期，折合租金1812万元。其中，涉及石景山区专精特新企业超过100家。

二是减轻企业社保缴费负担。积极落实中央、北京市关于城镇职工基本养老保险、工伤保险优惠支持政策。为帮助企业特别是中小企业应对风险、渡过难关，最大力度减轻企业和劳动者缴费负担。2022年，829家单位成功申请缓缴养老、失业、工伤3项社会保险费，涉及职工2.79万人，可缓缴社会保险费2.35亿元。其中，涉及石景山区专精特新中小企业超过50家。

（四）营造公平竞争的市场环境

一是优化行政审批服务缩短办事流程。在全市率先实现社区政务服务规范化建设全覆盖，区级事项100%网上可办。修订发布53项支持政策，"服务包"企业增至365家。以企业群众反映强烈的突出问题和办事痛点难点堵点为突破口，持续创新政务服务，下大力气减材料、减环节、减时限、减证明，整合优化办事流程，深入落实优化营商环境5.0，实现"多口受理"变为"一次受理"，"只跑一次、办好多个事"。整合51项区级办理事项，建立"证照联办"综合窗口，实现营业执照和行政许可"一窗申请、全程帮办、并联审批"。

二是建立政策协同落实机制。各部门间加强政策协调，建立中小企业服务政策协调机制。建立优质中小企业政策稳定机制，综合运用政府内部评估、智库第三方评估、社会评价等政策评估模式。加强科技孵育载体建设。推动驻区孵化机构加大优质初创企业孵育力度，鼓励易华录、航天云网等链主企业以"内生孵化、垂直孵化"等模式创新孵化服务，培育一批创新能力强的中小微企业。例如，北京侨梦苑·侨创空间获评国家级众创空间称号，创业公社获评2022年北京市小型微型企业创业创新示范基地及首批"北京市科技企业孵化器"称号。

四、培育成效

（一）创新能力建设显著提升

2022年技术合同成交额达205.6亿元，同比增长65.8%，石景山区获批国家知识产权强市建设试点城市（城区）。专精特新企业拥有知识产权数量1.44万件，同比增长25.2%，平均每家专精特新企业拥有知识产权数量85件。其中，拥有5个以上发明专利权的企业达133家，占全部专精特新企业的59.2%。专精特新企业已成为科技创新的生力军。

（二）高精尖企业数量显著增加

目前石景山区10家企业获评国家级专精特新"小巨人"企业，3家民营企业入围全国500强企业。加强与中电科、航天科工、中储粮、中铁建、中交、光大等央企战略合作，43家央企二、三级企业落户。全年引入高精尖企业889家，新增市场主体8861家，增幅位居全市第一。

（三）高精尖产业体系更加健全

现代金融产业高质量发展，2023中国国际金融年度论坛在石景山召开，筹建北交所服务基地，实现产业收入1235亿元。科技服务业稳步发展，出台"石科26条"，建设11个科技应用场景，国高新企业保有量达794家。数字创意产业集聚亿元以上企业22家，实现产业收入230亿元。新一代信息技术产业创新发展，建成中关村虚拟现实产业展示中心，北航、华为等虚拟现实全国重点实验室和创新中心落户，12家企业荣登"中国VR50强"。商务服务业集聚发展，总部企业达到110家、网零额亿元以上电商企业达15家，实现产业收入435.8亿元。

五、下一步计划

一是精准施策。坚持问题导向，聚焦专精特新企业发展遇到的突出和瓶颈问题，完善精准支持政策，提供稳定政策环境。完善政策执行方式，让专精特新企业享受政策红利，增强政策获得感。加快2023年度专精特新奖励资金兑现进度，召开政策兑现新闻发布会，以"免申即享"方式落实惠企政策，做到企业应享尽享。

二是优化融资环境。结合专精特新企业风险特征和投资者偏好，进一步推动产融对接，鼓励金融机构为专精特新企业提供专属产品和服务，探索适合石景山区专精特新企业的金融产品，分类型、分批次推出更多投融资产品，鼓励保险机构为专精特新企业提供信用保险服务，助力投融两端紧密对接，进一步引导金融机构加大对科技创新的支持力度。

三是强化上市培育辅导。借助"北交所""专精特新"专板开市契机，摸查专精特新企业投融资需求和上市意愿，汇集一批有上市基础和意愿的企业，开展企业合规风控、法律实务解读，重点知识产权风险管控等上市辅导培训，帮助企业精准确定上市目标，科学设计"上市路线图"，大力推动企业早上市、快上市。

四是引导企业归巢落户。以解决企业重大项目落地等需求为契机，推动异地注册、异地经营企业回归。

五是强化宣传引导。广泛借助媒体渠道、举办宣讲会等多种途径向专精特新企业推送最新政策，大力宣传石景山专精特新企业发展战略、举措和最新成效，扩散热点效应，提升影响力。

第九节　通州区

一、发展概况

通州区是北京城市副中心所在地，聚焦行政办公、商务服务、文化旅游、科技创新的"3+1"主导功能，提出了重点培育和发展数字经济、现代金融、先进制造、商务服务、文化旅游、现代种业六大重点产业。

在数字经济和先进制造等产业细分领域拥有关键核心技术、市场份额占优并具有高质量、高效益的专精特新企业是通州区近年来产业培育的重点。截至2023年8月，通州区总共拥有158家创新型中小企业（占全市的4%）、286家专精特新中小企业（占全市的4.5%）、29家国家级"小巨人"企业（占全市的3.6%）以及1家单项冠军企业。

二、典型特征

（一）技术优势强

通州区的专精特新企业不仅依托数字化赋能作为核心发展轴线，还擅长通过场景驱动来推动新兴技术的创新。这些企业在数字经济、智能制造、智慧城市和医药健康等多个关键产业领域发挥着越来越重要的作用，致力于将高端科技成果转化为具有实际应用价值的产品或服务。为促进这一目标，通州区还特意聚集了一批专门从事工程技术、研发、设计、科技推广和技术转移等多个方向的科技服务机构，形成了一个综合性、多层次的技术支撑体系。目前，已有24家专精特新企业获评"北京市企业技术中心"，13家企业则进一步加强了研究实力，成功设立了国家级博士后科研工作站。

（二）创新动力足

通州区经信局于2022年9月发布了一套综合性的政策框架，旨在进一步推动专精特新企业的高质量发展。这一系列政策不仅聚焦于企业的新升级支持和高成长激励，还特别考虑了如何促进企业上市、减轻负担、增加研发投入等方面。这一全方位、多维度的政策支持体系为企业提供了真金白银的支持，也激发了中小企业的创新动力。据最新数据显示，2022年第四季度新认定的专精特新企业有10家，到了2023年第一季度，这一数字已经增加至14家，同比增长20%。这不仅证明了政策的有效性，也预示着未来将有更多具有创新能力的优质企业在通州区崭露头角。

（三）经营效益优

通州区紧密结合城市副中心的建设需求和实体经济的长期发展目标，全面深化了投融资创新机制。近年来，通州区通过多种金融政策，如"金七条"、REITs基金和S基金等，成功吸引了大量社会资本。这些资本不仅加速了千亿规模的副中心项目落地，还大大推动了基础设施、高精尖产业和绿色发展等关键领域的进一步发展。通过这一系列的政策和资本运作，专精特新企业在通州区不仅产生了显著的经济效益，还逐渐崭露为推动副中心先进制造产业创新发展的重要力量。据统计，目前已经有5家专精特新企业成功上市，同时还有4家企业得到了中央财政的补贴支持，展示了出色的发展潜力和市场前景。

三、主要举措

2022年9月，印发《关于进一步促进北京城市副中心"专精特新"企业高质量发展的若干措施》，紧扣支持高质量发展、构建培育服务体系、强化创新驱动三大战略方向，并细化到新升级支持、高成长激励、促上市扶持、聚发展引导等九个关键实施维度，构建全方位的政策支持体系。该政策的实施有望为区内专精特新企业带来更加丰富多元和即时有效的财政支援。

（一）支持高质量发展

为新认定或迁入并获得专精特新中小企业荣誉称号的企业，荣获国家级专精特新"小巨人"称号的企业分别给予奖励，如有晋级，可享受差额奖励。此外，获得"制造业单项冠军示范企业"或"制造业单项冠军产品"荣誉称号的企业，新入驻或现有的成长性良好的专精特新企业，成功在国内外主要交易平台上市的企业，都给予一定程度的奖励。

（二）构建培育服务体系

促进专精特新企业发展。构建完善的专精特新企业培育生态圈，重视高端制造业、软件和信息技术服务业等领域的企业发展，支持园区专业运营团队和产业促进服务机构进行深度的产业规划研究和服务平台建设。这一流程不仅包括按产业链进行企业分类，还将对接市场化服务机构、行业协会、商会、产业联盟等多方资源。这种综合性的支持体系将有助于提供更全面、更专业的服务，如精准化科技服务、应用场景挖掘、产业创新资源导入等。

财政激励与知识产权保护。财政激励政策详尽地列出了不同层次的奖励机制，从市级到国家级，最高额度可达 100 万元，为专精特新企业提供了实质性助力。与此同时，通州区还特别强调了知识产权的重要性，计划在专业孵化器和重点园区内新建知识产权公共服务工作站，进一步提升专精特新企业的竞争力，尤其是高科技和创新密集型产业专精特新企业的竞争力。

金融支持与成本减轻。进一步细化如何通过金融途径支持专精特新企业的高质量发展，通过与区内银行合作，企业可以获得贷款用于设施建设或生产经营，并根据政策给予一定比例的贴息支持。此外，通州区还对新入驻通州区内的专精特新企业给予场地租赁和装修方面的补贴，具体细则包括补贴的面积和时间限制，以避免资源浪费和重复享受。

培养企业梯队与持续推动提升。除前述的具体措施外，通州区还着眼于长期发展，通过建立分级分类的企业培育体系来培养各类专精特新企业。这一体系构建了从创新型中小企业到专精特新中小企业再到专精特新"小巨人"以及制造业单项冠军的企业培育通道。为了实现这一目标，通州区构建了多层次、多维度的服务机制，包括专业辅导、上市支持等，旨在全方位提升企业的质量和数量。

与多方合作推动实施。在实施层面，通州区也展示了多方合作的力量。例如，与北京市经信局、通州区金融办、各大交易所等多方资源合作，共同举办了多场针对"专精特新企业及上市储备企业"的培训和研讨活动。不仅增加了企业对政策的理解和接受度，还通过实地调研和座谈会等方式，与企业之间密切沟通，有助于更精准地把握企业需求和发展趋势。

（三）强化创新驱动引领

持技术创新和改造升级。通州区着重强调企业作为技术创新主体的重要性，鼓励关键领域的前沿技术突破，采取了多种激励措施，加大研发投入，在一定程度上缓解企业创新压力。鼓励企业提高能源利用效率，支持绿色改造项目。

扩大产业影响力和国际合作。鼓励产业园区、社会团体、商协会等组织举办具有广泛行业影响力的会议、展览和竞赛，提升产业的影响力。吸引更多投资，推动企业与国内外资源进行有效连接，提升市场地位。

四、培育成效

企业数量不断增长，梯度培育成果显著。2022 年专精特新企业数量实现同比增长 160%，总体规模位居北京市前列，国家级"小巨人"企业占比逐年提高。区内企业成长性强，已有 4 家专精特新企业获得专项中央财政补贴支持；13 家专精特新企业成立国家级博士后科研工作站；24 家专精特新企业获评北京市企业技术中心；2 家专精特新企业上市，10 家专精特新企业正处于上市进展中。

营商环境显著提升，产业聚集效应凸显。2023 年中关村通州园吸引了来自数字经济、先进制造等多个关键行业的上百家龙头企业加速入驻，逐渐塑造出一个充满活力的"高新企业引力场"。京津冀国家技术创新中心通州分中心成功建立了市级重点实验室、工程技术中心等 38 个创新平台，显著提升综合承载力和对企业的服务能力。北京城市副中心智慧城市产业联盟的成立，元宇宙应用创新中心的基本建成，以及中联资产集团等全国首批数据评估机构的注册落户，都凸显了园区在数字经济领域内的巨大潜力。同时，该园区实现了全国首笔千万级的数据资产抵押贷款合作，法定数字货币试验区也在加速建设中。园区还通过加强对优质中小企业的专业服务，优先支持和鼓励国家中小企业发展基金有限公司及其子基金合作机构在通州区内落地，进一步加快了该区域作为专精特新企业服务主阵地的建设进程。

五、下一步计划

为推动专精特新企业进一步高质量发展，通州区将严格按照工信部和北京市经信局要求，积极在全区范围内组织开展中小企业梯度培育工作，并做好企业服务，主要从以下三个方面进行：

一是加强培育力度。积极动员通州区中小企业申报北京市专精特新企业荣誉称号，及时解答企业申报过程中所遇到的问题，辅导企业准备申报材料，提高企业申报成功率；定期梳理各乡镇、街道专精特新企业名单，并进行横向和纵向排名比较，提高各乡镇、街道动员辖区内中小企业申报积极性。

二是加大宣传力度。在官方公众号等开设专栏，定期对专精特新企业进行宣传，重点宣传企业的发展亮点、产品优势，扩大企业品牌的影响力。

三是加强跟踪指导。通过定期组织召开专精特新座谈会、实地调研等方式，对专精特新企业进行跟踪指导，了解企业的经营情况和存在问题，并结合"服务包"工作机制，及时协调有关部门解决。

第五章 优化策略

第一节 专精特新企业培育发展
需要关注的重点问题

一、全球化战略意识薄弱，海外市场主导性不强

当前，我国发展环境面临深刻复杂变化，国际市场竞争激烈，全球产业链重构加速，我国正处于经济结构转型的重要时期。为保证新质生产力的不断提升，我国积极推进科技创新发展，但在一些产业方面或核心技术上仍然高度依赖国外。这些情况导致专精特新企业拓展海外市场时面临较大压力，由于国际化参与力度弱，全球知识产权布局意识缺乏，导致"走出去"步伐缓慢、海外市场占有率较低等问题。

国际形势复杂多变，海外市场拓展面临压力。伴随着全球化经济逆行、地缘政治冲突等因素导致的全球供应链加速重构、不稳定性加剧，新一轮科技革命和产业变革的深入发展，使国际形势复杂多变。我国发展环境面临深刻复杂变化，如进一步拓展专精特新企业的海外市场规模，则需承担较大压力。

国际化参与力度弱，"走出去"步伐缓慢。我国目前处于经济结构转型的重要时期，将由劳动密集型向资本密集型、技术密集型和服务密集型发展。但在工业、农业、资源型产业等方面对国外依赖程度仍较高，我国科技发展与一些核心技术面临"卡脖子"。虽然专精特新企业培育规模逐步扩大，但国际化经营程度仍然较低，合作领域较窄，市场竞争力较弱，导致"走出去"的力度不大。

缺乏知识产权布局意识，海外市场占有率不高。具有较强专利意识的国家可凭借专利布局增强工业竞争壁垒，提升国际市场竞争力。与此同时，专利布局的

不完整，也可导致侵权纠纷，从而造成巨大损失。近年来，我国大力推进科技成果转化，但缺乏全球知识产权布局前景规划意识，我国专利布局主要集中在国内，海外布局不足，且核心专利品质有待提升。

二、企业群体具有明显特性，融资渠道有待拓宽

专精特新企业除具有一般中小微企业的特征外，还具有与科创型企业类似的风险特征，如技术研发前景不确定性、技术代替性强、有效融资抵押物较少等特点，导致其抗风险能力相对较弱；由于信息不对称、知识产权评估难等消极因素，可能降低银行等传统融资机构对专精特新企业的贷款力度；此外，当前针对专精特新企业等科创型中小微企业的债权融资工具较少，且股权融资又存在明显头部效应。上述特征均造成此类企业面临融资难、融资贵等问题。

科创属性特征明显，抗风险能力较弱。相比于大型企业，专精特新企业在市场与管理经验方面还有欠缺，受市场环境、资金压力、技术难题等多种因素影响，其经营发展往往面临较大压力。与此同时，这类企业既有一般中小微企业的特点，也有技术研发前景不确定、技术替代性强等科创型企业的风险特征。因此，专精特新企业的未来发展规划若主要依赖其持有的技术研发，在市场竞争激烈、资金短缺、技术研发受阻等情况下，抗风险能力将遭遇巨大挑战。

供需双方信息严重不对称，银行贷款意愿低。信息不对称是制约市场交易效率的重要因素。从专精特新企业自身来看，其专业化程度较高，传统信贷业务理念较难对企业技术水平、知识产权进行评价；从外部环境来看，针对科创企业的信息共享机制不完善，金融服务的信息不对称问题更加突出。而在我国以银行为主导的金融体系下，严重的信息不对称大幅降低了以银行为代表的传统金融中介的贷款意愿。

知识产权质押尚处于起步阶段，有效融资抵押物较少。专精特新企业多数以技术、专利和人才为主要起点，抵押品种类稀缺，在其融资过程中仍面临困难。当前，知识产权质押融资已经成为盘活创新主体无形资产、破解融资难问题的重要举措。但从整体来看，目前知识产权质押评估成本高，未能形成公允的价值评估体系，知识产权价值易受较多因素影响，缺乏活跃的交易市场和顺畅的处置通道，知识产权流动性较差、处置变现难等问题，都已成为专精特新企业融资道路上的阻碍。

债权融资工具有限，股权融资存在明显的头部效应。专精特新企业特别是非上市专精特新企业缺乏债权融资工具，供给和需求难以匹配，导致金融对专精特新企业的中长期资金支持不足。另外，专精特新企业发展阶段各异，私募股权融资的趋势呈现明显的头部效应。发展偏早期的企业获得股权融资的机会较少，融资金额相对较小；发展相对成熟或具备稳定业务模式的成长型企业获得股权融资的机会较多，融资金额较大。究其原因是早期企业发展尚不稳定，投资风险大，投资机构尽调成本高，可供参考的估值信息较少，而发展偏后期的成熟、稳定的企业，投资风险相对较低，且往往具备成熟的估值模型可供参考。这可能导致专精特新企业群体股权融资市场失衡等问题。

三、数字化转型面临多重问题，整体水平参差不齐

虽然越来越多的中小企业意识到了数字化转型的必要性和重要性，但是受限于认识、人才、资金、资源等因素，中小企业数字化转型过程中仍然面临着"不能转、不敢转、不会转"[①] 等困境，成为产业数字化转型的难点之一。专精特新中小企业数字化程度虽然整体上高于非专精特新小企业，但是由于行业垂直度高、需求差异性大、研发投入高、抗风险能力弱等原因，在数字化转型过程中面临转型成本难负担、人才储备不足、转型路径不清晰、转型方案不适配等问题。

转型成本难负担。作为科技型中小企业，专精特新企业自身资金有限、研发投入高、生存压力大，难以腾出一定规模的资金进行数字化投入。数字化转型不仅需要在前期投入大量成本，如采购数字化设备、升级信息系统、基础设施改造等，在数字化转型的中后期也需要大量的资金投入。基于324家专精特新企业的抽样调查发现，数字化转型成本高、缺少资金是制约专精特新中小企业数字化转型的首要困难。

数字化转型人才储备不足。企业数字化转型是一个将数字化技术逐渐融入到企业生产、运营等各个环节的过程。这就要求展开数字化转型的过程中需要拥有既懂数字化技术又懂业务的人才。38%的被调查企业表示数字化转型人才缺乏或员工数字化能力不足是其面临的突出问题。专精特新中小企业需求量排在第一位的公共服务是数字化人员培训和技能提升服务。

数字化转型路径不清晰。企业数字化转型需要结合企业规模、发展阶段和行业特征等实际情况循序渐进地开展，这使企业数字化转型呈现"千企千面"的特征。如何探寻、摸索出一条适合企业自身情况的数字化转型道路，则成为一个摆在众多专精特新企业面前的重要问题。

数字化转型方案难适配。从现有的数字化转型方案来看，大部分解决方案提供商都热衷于做面向行业大型企业的数字化升级改造通用方案，很少有服务商能

---

① 参见《聚焦"深水区"痛点 探索突围发展之路——北京市中小企业数字化转型政策研究》，《前沿》杂志，2023/增刊。

够深入到中小企业，提供更具针对性的解决方案。问卷调查数据显示，将近24%的中小企业认为缺少适配的数字化方案或技术是阻碍其开展数字化转型的重要因素之一。

四、科技创新质量有待提升，创新效能亟待释放

确保科技创新质量和提高创新能效对于专精特新企业的发展至关重要。作为新质生产力企业集群代表之一，专精特新企业虽已具有较高的创新意识，但在关键核心技术和知识产权储备、创新潜能释放、研发体系管理建设以及研发风险的系统性管理等方面仍然面临一些困难和问题。

关键核心技术和知识产权储备不足。近几年，专精特新企业在"补短板、锻长板、填空白"领域有所突破，自主知识产权数量明显上升，但与发达国家相比，我国关键核心技术和自主知识产权的储备相对不足，对外技术依赖性较强。主要原因在于专精特新企业在技术创新战略、产品战略以及知识产权战略方面不够完善，前瞻性相对不足，特别是对基础前沿领域的研究布局缺乏充分考虑。目前多是以市场为导向规划3~5年的产品路线图，但是对于关键领域前瞻性技术的基础研究相对缺乏。

创新潜能有待进一步释放。一方面，当前协同创新机制不足，产业链、创新链、资金链之间的融合不够，开放协同的创新环境氛围营造不足；另一方面，市场对各类创新资源配置的决定性作用有待加强，科技创新成果难以转化成现实生产力的现象仍较为突出，知识产权运用和保护不足，各类科技成果转化主体利益共享、风险共担机制尚未有效建立。在实际科研组织过程中，由于应用导向不足、利益诉求不一致，加之缺乏长效的合作机制，企业与高校、科研院所等其他创新主体开展的产学研合作还不深入。

研发体系管理不健全。目前，部分专精特新企业比较重视研发项目管理，制定了研发项目管理的流程及制度，但在研发组织机构、知识产权、研发费用管理等方面还不够健全，未形成体系。研发组织管理方面，多以部门为单位实施研发项目，部门之间的信息和知识共享欠缺，缺乏高效协同的产品开发计划。虽然部分企业建立了知识产权管理体系，但是与研发过程的融合度不高，知识产权管理体系与研发过程割裂运行。在研发费用管理方面，部分企业的财务部门只注重预算计划管理，而对项目研发过程中的费用使用情况缺乏监控，并且只对申报高新技术的项目进行决算，并非针对所有研发项目的结项进行费用决算，这可能导致研发费用管理混乱、预算支出不严格等问题。

研发风险管理的系统性有待提升。专精特新企业的创新投入成本高、周期长、见效慢，创新成果往往具有极大的不确定性，往往面临创新成本过高的压力

和高风险的担忧。通常情况下，企业对于财务风险和内控风险控制比较严格，而部分专精特新企业对于研发项目立项前的策划阶段的科技情报检索分析及知识产权管理认识比较粗浅，缺乏系统化管理。同时，企业应对海外知识产权纠纷经验不足，在遭遇海外专利诉讼时应对能力不强，鲜有胜诉。实际上，专利诉讼过程对企业正常运营影响巨大，特别是对于处在关键性阶段的企业而言，败诉可能导致其面临停止运营的风险。

五、产业链协同配套存在堵点，乘数效应难以发挥

虽然通过各环节的协调，已搭建相对有效畅通的产业链，然而专精特新企业在产业链上下游协作能力不足、产业创新资源整合能力有限、行业影响力不够、参与标准编制的积极性不高等现状，严重制约着产业链协同效应的进一步放大，使产业链上的企业之间很难形成紧密的协作联动，阻碍产业链上的乘数效应和溢出效应的发挥。

产业链上下游协作能力不足。专精特新企业主要业务之一是为大型企业提供配套服务，处于产业链的关键供应环节。但部分专精特新企业由于过于专注自身的核心技术和产品，客户相对单一，未与上下游企业建立战略合作关系，导致其在市场、渠道、数据、技术等方面的资源共享和整合不足；一些专精特新企业在产业链的关键核心技术上，又过度依赖上下游企业，自主可控能力不强，从而在为大型企业提供服务的过程中处于弱势地位，议价能力较弱；个别专精特新企业的主营业务则集中在产业链的单一环节，未能有效延伸上下游，易受到市场波动和供应链风险的影响。由此可见，专精特新企业与上下游企业之间的资源协同和整体合作仍有很大提升空间，目前存在的问题在一定程度上限制了专精特新企业主导产业链和打造产业生态系统的能力，也制约了企业的长期竞争力培育。

产业创新资源整合能力有限。专精特新企业相比大型企业，在薪酬待遇、职业发展、社会福利等方面存在一定差距，难以吸引和留住高端人才；一些专精特新企业自身融资规模小，无法提供持续的创新投入，导致技术创新发展后劲不足；部分专精特新企业与高校、科研院所、大型企业等创新资源之间信息互通不畅，对接渠道有限。

行业影响力有待提高。大部分专精特新企业专注细分领域精耕细作，有着较高的产品质量和服务水平，但在品牌建设和营销推广方面相对滞后，在整个行业内知名度不高，影响力有限。专精特新企业普遍规模不大，缺乏资金支持，难以进行大规模的品牌宣传推广，导致行业品牌影响力不足；品牌建设需要专业的策划和营销团队，而专精特新企业往往缺乏这方面的专业人才，难以进行有效的品牌管理和推广；个别专精特新企业未能充分利用自身核心科技优势进行品牌打造，技术与品牌融合不够，产品核心差异化不明显，品牌认知度不高。产品同质化严重、品牌定位不清晰、市场营销手段单一、品牌传播策略不当、品牌文化建设滞后、国际化程度有限等问题也普遍存在。

六、专业化人才供给不足，影响企业发展后劲

专业化的人才储备对于专精特新企业而言至关重要。专精特新企业尚处于发展阶段，目前尚存在人才储备不足、岗位设置不合理、企业规模与稳定性不足、招聘渠道狭窄等问题，叠加相关人才引进政策支持力度有待加强，都导致专精特新领域缺乏专业化人才，后续发展受限。

行业发展迅速，但人才储备较少。专精特新企业通常处于行业的前沿领域或创新领域，招募专业对口、创新能力较强的人才，更有利于企业自身发展。由于创新技术与知识的发展速度较快，而行业相关的教育培训机构在相关行业领域的教育培训资源相对滞后，使具备最新专业知识与经验的人才储备不足，无法满足企业需求。

岗位设置不合理，人才选拔机制有待完善。部分专精特新企业缺乏人才管理经验，这可能导致企业存在岗位设置管理失衡、人才选拔机制不完善等问题。由于职位设计不够合理，一些企业出现责任重叠或过于细化、人员层次复杂、岗位冗余等问题，造成人力成本过高。同时，一些企业可能在人才招聘过程中有违公平、公正原则，导致高素质专业人才无法通过正常途径获得职位，对企业发展造成消极影响。

企业规模与稳定性不足，人员流动性较高。相较于大型或知名企业而言，专精特新企业作为中小型企业，在起步阶段往往缺乏行业声誉和知名度，同时面临稳定性风险，这为招聘和吸引专业人才增加难度。而一些年轻员工可能存在管理素质或专业能力不足的问题，或者具备良好素质的专业人才因薪资福利待遇不匹配等原因，导致人员流动性较高。

招聘渠道狭窄，人才引进政策支持力度较弱。专精特新企业作为中小型企业，由于资金或社交网络限制，无法运用专属招聘网站或猎头服务来协助招聘特定领域人才。高校应届生在寻找工作时，希望得到充分的发展和成长机会，而中小企业由于缺乏项目或实践机会，这可能导致与其失之交臂。同时，专精特新企业人才引进政策支持相对较弱，在落户、住房、子女教育等多方面的支持力度有待加强，这也可能给专精特新企业人才聘用情况带来诸多影响。

第二节　"六个统筹"助力专精特新企业高质量发展

一、加强政策统筹，推动惠企政策普惠直达

北京市已发布实施多项支持专精特新企业发展的相关政策、法规、指导意见，专精特新企业培育规模已初见成效。下一步将继续完善政策体系，进一步梳理政策推进实施的难点和堵点，从多角度出发，制定符合企业实际情况的政策和法规，同时应吸纳重点省市先进做法，将有效经验运用在专精特新企业培育实际情况当中。针对正在实施的政策法规，应狠抓落地落实落细，并提高远景规划意识，提前做好政策储备。为提升企业政策获得感，可加强政策宣传、解读和舆情引导工作，让企业全方位了解政策热点，掌握最新发展形势等。

一是完善政策体系，学习重点省市先进做法。当前，北京市针对专精特新企业已发布一系列支持政策，但尚未形成一套完善的政策体系。仍需进一步梳理政策推进实施的难点和堵点，可从科技、金融、税收、人才等方面入手，与企业面临的实际问题与需求相结合，出台更加精准、有效的政策与指导规范；可加强与专精特新企业培育较强的省市及区域的考察与交流，如上海、广州、深圳等地，对照先进、提高标杆、积极借鉴和汲取经验做法，将有效经验运用在专精特新企业培育实际情况当中。

二是狠抓已有政策法规落实，提早谋划新政策供给。厘清政策清单，以培育优良专精特新企业为主要目标，确保已有政策法规落地落实落细，提高政策法规制定的规范性与合理性，加强执法与监督力度，增强政策与法规实施效果评估等；提高远景规划意识，可通过大数据检测、企业自评报告等渠道对企业培育发展情况进行盘点，预防问题、发现问题、整理思路、制定方案，进行有效政策储备。

三是紧盯政策宣传触达，提升企业政策获得感。加强政策宣传、政策解读工作，拓宽媒体宣传渠道，让企业全方位了解政策热点，掌握最新发展形势；增加政府与企业沟通力度，可选择具有代表性的、典型的、模范企业代表参与政策制定和修订过程，使企业更深入了解政策初衷、目标和影响，结合自身实际情况提出有效建议；提供政府支持与指导机制，根据企业面临的实际问题，可定期组织研讨会或指导小组，与企业建立良好沟通合作关系等。

二、加强要素统筹，激发专精特新创新活力

为激发专精特新企业创新活力，应加强要素统筹，发挥政府引导作用，积极拓展专精特新企业融资渠道，如协助优质企业对接金融机构、助力创新投资体系建设等。支持"专精特新"专板建设，促进出台支持专精特新企业上市相关政策，拓宽上市渠道。加强专精特新企业人才储备，制定人才引进政策，促进产学研人才循环系统建立。同时，协助企业提升知识产权布局与保护意识，提升知识产权领域竞争力。

一是增加融资供给渠道。加大政策与金融产品的融合，发挥政府引导作用，与金融专业投资能力相结合，建立共生的创新投资体系；支撑制定出台知识产权价值评估相关指导意见，解决知识产权质押物"评估难"的问题；畅通股权融资对接渠道，依托北京"专精特新"专板，着力推动投资机构与专精特新企业的互通机制，有针对性地组织投融资路演、推送优质企业，高效撮合被投项目的转让交易，降低投融资成本，增加专精特新企业融资机会等。

二是畅通上市渠道。推动完善"专精特新"专板建设，发挥好上市"蓄水池"的作用；可支持出台支持专精特新企业上市相关支持政策，如上市费用减免、审批程序简化等政策，降低企业上市门槛；加强投资者教育与培训，提升投资者对专精特新企业的了解与认知，增加投资意愿；通过股权投资、债券融资、风险投资等方式，解决企业资金需求，提升上市实力。

三是加强人才储备。制定有针对性的人才引进政策，可通过提供优惠待遇、便利措施、资金支持等措施，吸引专业人才加入专精特新企业；积极促进开展企业与高校、科研机构的人才交流合作，建立产学研人才循环系统；启动创新人才培育计划，促进企业通过设立奖学金、实习计划、项目资助等方式，吸引和培养兼备创新思维和实践能力的人才；优化创业环境，降低创业门槛与风险，提供健全的创业平台等。

四是提升知识产权布局与保护意识。加强知识产权培训与教育活动，协助企业提升知识产权布局与保护意识，通过建立内部知识产权管理制度，明确知识产权归属、保护措施和员工责任；建立或明确专业的知识产权指导机构，为企业提供知识产权申请、布局、保护等方面的具体操作指导，提高企业知识产权战略布局思维；积极参与国际知识产权领域的合作与交流，学习先进的知识产权管理经验和做法，促进经验与资源分享，提升企业在国际知识产权领域的竞争力等。

三、加强市场统筹，全面拓展双循环格局

企业的主要经营目标包括树立良好品牌形象、拓宽市场范围、提升综合创新

能力等。北京市需加强市场统筹，协助专精特新企业"走出去"，全面加速国内国外双循环格局设置。促进"品牌出海"方面，可通过出台相关政策，提高企业积极性，引导企业开展市场调研，制定有效市场与品牌推广策略，提高企业品牌建设意识，提前做好商标与专利保护措施等。提供出海培训与指导，同时协助企业对接国际市场，提高企业整体竞争力与出海能力，打造产业链、供应链长板，加大国际化人才培养力度等。协助企业形成"专精特新"精神，加强国际交流合作，搭建有效服务平台与网络，与国际创新生态系统有效连接，积极融入全球创新网络。加强上下游合作，完善产业链，鼓励企业与上下游核心企业建立战略合作伙伴关系；采用股权投资、战略联盟等方式与上下游进行良性融合，共同构建开放的产业生态圈。

一是推动高质量的"品牌出海"。积极出台扶持政策，提升企业参与"出海"积极性；引导企业开展有效市场调研，充分了解目标市场需求、竞争情况、消费者偏好等信息，制定有效市场策略与品牌推广策略；注重品牌建设，打造"专精特新"品牌形象，设计专业化、精细化、独特化和新颖化的品牌故事和品牌宣传角度，提升企业在国际市场上的知名度与美誉度；加强品牌与知识产权保护意识，避免侵权纠纷，及时申请商标注册，提前做好专利布局及保护措施，确保品牌利益不受侵犯等。

二是打造"链式"出海新格局。提供出海培训与指导，协助企业了解国际贸易规则、当地政策导向、市场准入要求等；通过政府平台协助企业对接海外买家、代理商、渠道商等通道，组织国际化展览、贸易洽谈等活动，促进企业与国际合作伙伴进行商务合作；打造产业聚集区或园区，集中优势资源促进企业间协同发展，提高整体竞争力与出海能力，打造产业链供应链长板；加大国际化人才培养力度，培养具备跨境营销、国际商务、国际法律等方面知识与技能的人才等。

三是积极融入全球创新网络。形成独特的"专精特新"精神，从内部巩固企业集群文化，打造完善产业链供应链；加强国际交流与合作，从外部学习总结国际先进思路与经验，推动战略性新兴产业融合化、集群化、生态化发展。提高全球战略布局意识，搭建有效服务平台与网络，与国际创新生态系统有效连接，积极融入全球创新网络。

四是加强产业链配套建设。建议专精特新企业与上下游核心企业建立战略合作伙伴关系，在技术、市场、资本等方面开展深度合作，实现产业链上下游的紧密融合；可采用股权投资、战略联盟等方式与上下游进行良性融合，共同构建开放的产业生态圈，深化协同创新；建议专精特新企业加强与上下游的信息平台对接，实时共享产业链数据信息，保证信息流动畅通；建议加大政府在完善产业链体系、建立协同创新平台等方面的政策引导和支持力度，推动产业链各主体加强合作，着力打通产业链各环节的联动机制，真正实现产业链上下游资源的有效配置与整体优化升级。

四、加强平台统筹，构建更加完善的服务体系

为更好地服务专精特新企业高质量发展，北京市需加强平台统筹，构建更加完善的服务体系，利用平台资源，建立企业发展生态圈。优化服务平台功能方面，可制定服务平台建设指导意见；建立服务平台服务评价体系；利用新兴信息技术实现创新服务方式。推进平台资源聚合方面，利用平台资源优势，有效整合目标资源，建立资源数据平台；加强品牌建设及宣传，提升平台知名度；提供咨询、技术服务等，提高企业参与积极性。培育企业发展生态圈方面，促进企业间协同合作，利用平台达成合作关系；建立资源供需匹配机制，实现资源有效对接等。

一是优化服务平台功能。可制定专精特新企业服务平台建设指导意见等相关政策文件，指出服务平台建设方向，明确服务平台建设方案框架，提高服务质量和标准化、规范化水平；建立相关服务平台、机构评价体系，根据服务能力、服务质量、企业满意程度等级，促进服务平台、机构的高质量发展；运用大数据、人工智能、5G等新一代信息技术，整合线上线下服务资源，创新服务方式，采用创新型电子商务、远程服务、视频服务等方式，为企业提供多样化、精准化、便捷化服务。

二是推进平台资源聚合。通过提供高质量服务和内容，吸引优质企业聚集，通过平台资源优势，整合目标资源，建立有效资源数据平台；加强品牌建设及宣传，提升平台知名度，打造高口碑高质量服务平台；可通过培训、咨询、技术支持等服务，提高企业自身发展建设能力与质量，增强企业对平台的信任感与参与意愿，进一步促进资源聚合。

三是培育企业发展生态圈。创造资源协同效应，鼓励企业间进行合作与协同，形成资源互补和增值效应，依靠平台寻找合作机会，达成资源共享与互惠模式。为确保平台资源充分利用，建立资源供需匹配机制，可通过智能算法、数据挖掘、云计算等新型技术实现企业间资源与需求的有效对接；建立专门的资源匹配功能，协助企业自主完成资源管理，寻求合适匹配对象。

五、加强信息统筹，打造企业服务新模式

数字经济蓬勃发展，信息化建设方兴未艾。可通过加强信息化统筹，为专精特新企业打造服务新模式。具体方面，可通过优化企业数据库管理、拓宽运行监

测维度、加强数据信息共享、推进数字化转型等方面进行提高。优化企业数据库管理方面，确保企业数据收集渠道的有效性；简化数据报告和提交流程，鼓励企业主动提交数据；确保数据安全和隐私保障，建立有效数据保护制度；建立与企业的数据共享合作关系等。拓宽运行监测维度方面，除科技创新指标外，也可通过财务维度指标、市场维度指标、持续发展维度指标、国际业务维度指标等方面进行扩充。数据信息共享方面，建立有效的政策与行为规范，保证数据合规性和规范性；建立数据共享平台，创造健康、安全的数据共享环境；提高数据透明化，鼓励公众利用数据促进创新发展。数字化转型方面，优化数字化转型财政补贴政策，拓宽数字化转型融资渠道，增加数字化人才供给等。

一是优化企业数据库管理。确保企业数据收集渠道制定统一的、标准化的数据分类和字段，建立清晰的数据收集和录入流程，确保数据的及时性和准确性；简化数据报告和提交流程，避免烦琐的填报和审核过程，鼓励企业主动提供数据；提供数据保护和隐私保障，确保企业的数据安全，建立有效的数据保护制度；与企业建立数据共享与合作关系，建立数据贡献和使用的激励机制，增强企业提供数据积极性等。

二是拓宽运行监测维度。为保证及时评估与了解企业运营情况，可适当拓宽运行监测维度。除针对专精特新企业特有的科创指标监测以外，还可从以下四个方面进行监测。①财务维度方面，除常用的财务指标外，也可考虑成本结构评估、资本投资回报率、资产负债表分析等；②市场维度方面，可考虑市场份额、增长率、顾客满意率等；③持续发展维度方面，可考虑企业的环境影响、社会责任、员工满意度等；④对于具有国际业务的企业，可考虑跨国市场政策导向、跨国市场需求、国际知识产权情况等。

三是加强数据信息共享。建立相关数据共享政策与行为规范，明确数据所有权、访问权限、共享方式、保障措施等内容，保证数据共享合规性、规范性；建立具有数据信息共享平台，提供安全、可靠、高效的数据共享环境；加强数据安全和隐私保护，防止数据泄露、滥用或非法访问，保护数据主体合法权益；提高数据透明化，将符合条件的数据资源进行公开，鼓励社会各界参与数据的分析与利用，促进创新、合作共同发展；拓展公共信息平台，推动征信、税务、投融资、工商、司法等公共数据资源的及时接入和整合，降低信息采集成本，让金融机构"敢贷愿贷"，提升专精特新企业金融服务精准性。

四是积极推进企业数字化转型。不断优化现有的数字化转型财政资金补贴政策，扩大数字化转型财政资金支持范围，优化政策覆盖的时间范围，降低支持门槛，探索出台针对优秀数字化服务商的奖励支持政策，引导更多专精特新中小企业持续进行数字化转型投入；加强企业数字化转型的多元化金融支持，进一步拓宽专精特新企业数字化转型融资渠道。鼓励金融机构与数字化服务商等合作，合规利用生产运营数据，为中小企业提供多元化金融服务，拓宽企业数字化转型融资渠道；完善分级分类的培训体系，加强对数字化人才培训的政策支持，加强复合型数字化人才培养，增加数字化人才供给。

六、加强服务统筹，营造高质量发展营商环境

营商环境的建设程度可直接影响企业发展进程，是企业培育的基础。北京市可通过完善企业梯度培育体系、完善重点企业服务库、优化综合监管体系等方面为企业提供良好的商业环境和便利条件。企业梯度培育建设方面，除坚持已发布实施的政策法规外，可具体根据企业实际情况对政策进行及时调整，发挥龙头企业的引领示范作用，总结"专精特新"发展道路。完善重点企业服务库方面，通过健全的评价指标筛选重点被服务企业，根据企业具体需求定制解决方案，建立服务库评估机制，积极提升服务质量。优化综合监管体系方面，完善监管框架，努力实现信息共享和协同监管，建立专精特新企业的风险监测和预警机制等。

一是加强企业梯度培育体系建设。当前专精特新企业梯度培育体系已取得明显成效，但仍需进一步完善。坚持落实《优质中小企业梯度培育管理暂行办法》《北京市优质中小企业梯度培育管理实施细则》等相关制度措施；通过企业评分检测结果、数据分析结果、运营监测结果等实际情况，结合企业诉求、意见等，深入了解企业需求与短板，积极调整相关政策措施，做到有的放矢；发挥龙头企业的示范引领作用，对主营业务突出、竞争能力强、具有较强创新能力的优质企业运营案例进行分析与梳理，总结有效模范典型引导中小企业走"专精特新"发展道路等。

二是完善重点企业服务库。完善专精特新企业认定标准与指标，对企业进行有效筛选与评估，确定重点支持与服务对象；与企业展开深入交流与调研，可通过企业访谈、问卷调查、工作坊等形式，了解企业需求与挑战，总结问题清单，设计解决方案；建立对服务库的评估机制，定期收集企业反馈意见，进行企业满意度调查，了解服务效果，积极改进不足，提升服务质量。

附　录

一、政策汇总

附表 1　国家层面专精特新企业支持政策

日期	部门	文件名称	主要内容
2011 年 9 月	工业和信息化部	《"十二五"中小企业成长规划》	将"专精特新"发展方向作为中小企业转型升级、转变发展方式的重要途径，进一步提高"专精特新"和产业集群发展水平
2011 年 12 月	国务院	《关于印发工业转型升级规划（2011－2015 年）的通知》	支持中小企业加快技术进步，促进走"专精特新"发展道路，支持工艺专业企业发展，健全协作配套体系，提高中小企业集聚度，发展产业集群
2012 年 4 月	国务院	《国务院关于进一步支持小型微型企业健康发展的意见》	"鼓励小型微型企业走'专精特新'和与大企业协作配套发展的道路"
2013 年 7 月	工信部	《关于促进中小企业"专精特新"发展的指导意见》	从财税金融、服务体系建设、市场开拓活动等方面加强对专精特新中小企业的培育和支持，不断提高专精特新中小企业的数量和比重，提高中小企业的整体素质
2015 年 2 月	国务院	《关于加快培育外贸竞争新优势的若干意见》	鼓励创新型、创业型和劳动密集型中小微企业发展，支持企业走"专精特新"和与大企业协作配套发展的道路
2016 年 6 月	工信部	《促进中小企业发展规划（2016—2020 年）》	在关键工程与专项行动章节，提出专精特新中小企业培育工程
2016 年 7 月	国务院	《"十三五"国家科技创新规划》	支持高成长性的科技型中小微企业发展，培育一批掌握行业"专精特新"技术的"隐形冠军"

续表

日期	部门	文件名称	主要内容
2018年11月	工信部	《关于开展专精特新"小巨人"企业培育工作的通知》	明确"小巨人"企业定义，计划利用三年时间（2018~2020年）培育600家左右专精特新"小巨人"企业
2019年4月	中共中央办公厅、国务院	《关于促进中小企业健康发展的指导意见》	在政府采购活动中，向专精特新中小企业倾斜。研究制定专精特新评价体系，建立动态企业库。以专精特新中小企业为基础，在核心基础零部件（元器件）、关键基础材料、先进基础工艺和产业技术基础等领域，培育一批主营业务突出、竞争力强、成长性好的专精特新"小巨人"企业
2020年7月	工信部等十七部门	《关于健全支持中小企业发展制度的若干意见》	提出完善支持中小企业"专精特新"发展机制
2021年1月	工信部、财政部	《关于支持"专精特新"中小企业高质量发展的通知》	2021~2025年，中央财政累计安排100亿元以上奖补资金，引导地方完善扶持政策和公共服务体系，分三批（每批不超过三年）重点支持1000余家国家级专精特新"小巨人"企业（以下简称重点"小巨人"企业）高质量发展
2021年7月	工信部等六部门	《关于加快培育发展制造业优质企业的指导意见》	构建优质企业梯度培育格局，引导专精特新中小企业成长为国内市场领先的"小巨人"企业
2021年11月	国务院促进中小企业发展工作领导小组办公室	《为"专精特新"中小企业办实事清单》	从加大财税支持力度、完善信贷支持、畅通市场化融资渠道、推动产业链协同创新、提升企业创新能力等10个方面列出了支持"专精特新"企业发展的31项任务"清单"
2021年12月	工信部等十九部门	《"十四五"促进中小企业发展规划》	推动形成一百万家创新型中小企业、十万家专精特新中小企业、一万家专精特新"小巨人"企业。 聚焦创新型中小企业、专精特新中小企业、专精特新"小巨人"企业，构建从孵化培育、成长扶持到推动壮大的全生命周期梯次培育体系。 构建专精特新中小企业、专精特新"小巨人"企业标准体系和评价机制，建立数据库。 推动技术、资金、人才、数据等要素资源向专精特新中小企业集聚。 针对专精特新中小企业，开展产品质量技术帮扶"巡回问诊"活动。 提高财政支持的精准度和有效性，通过中小企业发展专项资金重点引导支持国家级专精特新"小巨人"企业高质量发展

日期	部门	文件名称	主要内容
2022 年 1 月	工信部	《关于大众消费领域北斗推广应用的若干意见》	"十四五"末，突破一批关键技术和产品，健全覆盖芯片、模块、终端、软件、应用等上下游各环节的北斗产业生态，培育 20 家以上专精特新"小巨人"企业及若干家制造业单项冠军企业
2022 年 3 月	国务院	《2022 年国务院政府工作报告》	着力培育专精特新企业，在资金、人才、孵化平台搭建等方面给予大力支持
2022 年 5 月	工信部等十一部门	《关于开展"携手行动"促进大中小企业融通创新（2022—2025 年）的通知》	目标：到 2025 年，激发涌现一批协同配套能力突出的专精特新中小企业。协同突破产业链断点堵点卡点问题。梳理产业链薄弱环节和大企业配套需求，组织专精特新中小企业开展技术攻关和样机研发，引导中小企业精准补链。提升中小企业配套支撑能力。梳理专精特新"小巨人"企业产业链图谱，按产业链组织与大企业对接，助力中小企业融入大企业产业链。同等条件下，将为关键产业链重点龙头企业提供核心产品或服务的中小企业优先认定为专精特新"小巨人"企业，通过中央和地方财政加强对专精特新中小企业的支持力度。加强供应链供需对接。开展大企业携手专精特新中小企业对接活动
2022 年 6 月	工信部	《优质中小企业梯度培育管理暂行办法》	明确了优质中小企业三大培育梯度，即创新型中小企业、专精特新中小企业和专精特新"小巨人"企业
2022 年 8 月	工业和信息化办公厅、财政部办公厅	《关于开展财政支持中小企业数字化转型试点工作的通知》	指出将制造业关键领域和产业链关键环节的中小企业作为数字化转型试点的重点方向，重点向医药和化学制造、通用和专用设备制造、汽车零部件及配件制造、运输设备制造、电气机械和器材制造、计算机和通信电子等行业中小企业倾斜
2022 年 9 月	交通运输部办公厅	《关于进一步支持公路建设领域中小企业发展的通知》	引导中小企业创新发展，不断提升核心竞争力，走"专精特新"发展道路，积极参与公路工程分包项目
2022 年 10 月	国家知识产权局、工信部	《关于知识产权助力专精特新中小企业创新发展若干措施的通知》	从提升知识产权创造水平、促进知识产权高效运用、加强知识产权保护、强化知识产权服务保障、加大协同推进力度等方面提出支持举措
2022 年 11 月	工信部	《中小企业数字化转型指南》	支持专精特新中小企业开展数字化转型，发挥引领示范作用带动更多中小企业数字化发展

续表

日期	部门	文件名称	主要内容
2023 年 1 月	国务院促进中小企业发展工作领导小组办公室	《助力中小微企业稳增长调结构强能力若干措施》	到 2023 年底，累计培育创新型中小企业 15 万家以上、省级专精特新中小企业 8 万家以上、专精特新"小巨人"企业 1 万家以上。 深入实施大中小企业融通创新"携手行动"，围绕重点产业链举办"百场万企"大中小企业融通创新对接活动，引导大企业向中小企业开放创新资源和应用场景。分行业分地区开展大中小企业供需对接活动，着力提升产业链供应链韧性和安全水平。推动中小微商贸企业创特色、创品质、创品牌，促进商贸企业以大带小、协同发展
2023 年 5 月	工信部等十部门	《科技成果赋智中小企业专项行动（2023—2025 年）》	围绕培育更多专精特新中小企业，健全成果转化服务格局，促进中小企业产出更多高质量科技成果，形成闭环激励机制，构建成果"常态化"汇聚、供需"精准化"对接、服务"体系化"布局的创新生态，实现成果价值和经济效益持续增长
2023 年 5 月	工信部等九部门	《质量标准品牌赋值中小企业专项行动（2023—2025 年）》	行动目标：到 2025 年，中小企业质量标准品牌意识显著增强，综合效能不断提高，质量标准品牌对中小企业生存发展贡献持续加大，有力推动中小企业"专精特新"发展。 鼓励专精特新中小企业开展先进质量管理标准贯标达标，科学评估贯标效果，实现质量管理持续成功及财务经济效益增长。 鼓励中小企业结合自身实际迈向中高端，推动专精特新中小企业、专精特新"小巨人"企业开展高端品质评价，增加优质产品供给。 支持专精特新"小巨人"企业等发挥"独门绝技"优势，积极参与国际标准化工作。支持专精特新中小企业参与国家标准、行业标准制定，不断提升标准的先进性和适用性
2023 年 7 月	工信部等五部门	《关于开展"一链一策一批"中小微企业融资促进行动的通知》	加大金融支持中小微企业"专精特新"发展力度。推进区域性股权市场高质量建设"专精特新"专板。完善股权投资策略，激发专精特新企业
2023 年 7 月	国家发展改革委等八部门	《关于实施促进民营经济发展近期若干举措的通知》	支持专精特新"小巨人"企业、高新技术企业在当地的国家级知识产权保护中心进行备案，开展快速预审、快速确权、快速维权
2023 年 8 月	财政部	《关于加强财税支持政策落实促进中小企业高质量发展的通知》	支持中小企业"专精特新"发展。中央财政继续通过中小企业发展专项资金支持国家级专精特新"小巨人"企业发展，并已经下达有关预算。各地财政部门要抓紧向纳入支持范围的国家级专精特新"小巨人"企业拨付资金，引导企业加大创新投入、加强产业链上下游协作配套、促进数字化网络化智能化改造等

附表 2　北京市专精特新企业支持政策

发布日期	部门	文件名称	主要内容
2019 年 12 月	北京市经济和信息化局	《关于推进北京市中小企业"专精特新"发展的指导意见》（京经信发〔2019〕86 号）	培育一批北京市专精特新中小企业，并建立企业培育库，加快形成滚动发展、梯队培养格局，不断提高全市专精特新中小企业的数量和比重
2019 年 12 月	北京市经济和信息化局	《北京市促进大中小企业融通发展 2019—2021 年行动计划》	以北京市十大高精尖产业发展方向为重点，制定和实施北京市专精特新中小企业培育计划。计划 3 年内认定和扶持一批在细分行业内技术实力强、产品质量好、服务水平优、市场份额高、品牌影响大、发展前景广的专精特新中小企业，建立专精特新中小企业培育库。依托专精特新中小企业培育库，重点打造一批主营业务突出、质量效益优、竞争力强、成长性好的专精特新"小巨人"企业和一批制造业单项冠军企业，推动我市中小企业不断做优做强。 推动龙头企业延伸产业链，带动北京市专精特新中小企业融入全球价值链，促进制造业单项冠军企业迈向全球价值链中高端，积极参与国际产业竞争。 组织宣传大中小企业融通发展典型案例，加大对各类融通发展模式、北京市专精特新中小企业和平台载体等的宣传力度
2020 年 9 月	北京市人民代表大会常务委员会	《北京市促进中小企业发展条例》	中小企业发展专项资金通过补助、贷款贴息、风险补偿、购买服务、奖励等方式，重点支持专精特新发展。 区域性股权市场设立专精特新板，根据专精特新中小企业特点，提供挂牌展示、托管交易、投融资服务、培训辅导等服务。 专精特新中小企业申请和维持发明专利的费用给予资助
2021 年 8 月	北京市人民政府	《北京市"十四五"时期高精尖产业发展规划》	培育扶持一批专精特新企业。实施专精特新企业培育计划，建立中小微企业梯次培育库，在智能制造与装备、智能网联汽车等领域做强做精一批专业能力强、产品技术过硬的零部件配套或软件开发企业群体，支持企业成长为专精特新"小巨人"、单项冠军、独角兽企业。 促进大中小企业融通发展。实施企业"登峰"工程，加快构建以"链主"企业带动、单项冠军企业跟进、专精特新"小巨人"企业集聚梯次有序、融通发展的产业生态。 高水平推动国际合作产业园建设。吸引一批国际化经营的单项冠军、专精特新企业入驻，努力建成我国对日、对德开放合作的重要窗口

续表

发布日期	部门	文件名称	主要内容
2021 年 11 月	北京市经济和信息化局、北京市发展和改革委员会	《北京市关于应对疫情防控常态化促进中小企业健康发展若干措施》	鼓励安排纾困资金对专精特新企业给予支持，支持专精特新制造业中小企业实施数字化改造升级。促进"专精特新"重点企业梯度发展，推进辖内商业银行为专精特新企业开辟信贷绿色通道，推出专属信贷产品。用好北京股权交易中心"专精特新板"和北交所北京基地，为专精特新企业提供挂牌展示、托管交易等服务。支持专精特新企业在新三板挂牌或北交所、上交所、深交所上市，在辅导备案、证监会受理、上市挂牌等阶段给予奖励。 引导鼓励各区进一步细化纾困举措，制定针对性措施，创造性开展支持"专精特新"专项服务
2021 年 12 月	北京市促进中小企业发展工作领导小组办公室	《北京市关于促进"专精特新"中小企业高质量发展的若干措施》	加快推动专精特新企业梯队培育和高质量发展，力争到"十四五"末，国家级专精特新"小巨人"企业达到 500 家，市级专精特新"小巨人"企业达到 1000 家，市级专精特新中小企业达到 5000 家。 加快"专精特新"集聚发展，打造一批"专精特新"特色园区，对迁入本市的国家级专精特新"小巨人"企业给予一次性奖励。 按产业链梳理专精特新企业，支持"小巨人"企业围绕产业链布局开展并购重组，吸引上下游企业在北京落地。 指导银行业金融机构推出"专精特新贷"、引导政府性融资担保机构开发"专精特新保"、探索推动"专精特新"园区贷、集合债等金融产品创新。 充分利用各级政府投资基金，重点支持专精特新企业发展，用好北京股权交易中心"专精特新板"。 加大宣传力度，讲好专精特新自主品牌故事，提高品牌影响力和美誉度。 加强京通 APP"专精特新"服务专区建设，为企业提供优质高效服务。发挥中小企业公共服务示范平台和小微企业双创示范基地作用，定制"专精特新"专属工具箱。 组织开展专精特新企业经营管理人才培训，对"小巨人"企业实现全覆盖

续表

发布日期	部门	文件名称	主要内容
2022 年 1 月	北京市人民政府	《2022 年政府工作报告》	全力支持新三板改革，用好北京证券交易所，完善多层次资本市场体系，培育推动更多专精特新企业上市
2022 年 5 月	北京市经济和信息化局等五部门	《北京市中小微企业首次贷款贴息及担保费用补助实施细则》	将对符合条件的、在贷款服务中心现场登记的中小微企业"首次贷款"，进行贴息或担保费用补助支持，按照企业实际获得贷款产生利息的 20% 给予贴息，按照贷款额和实际担保期限给予年化 1% 的贷款担保费用补助，对于担保费率低于年化 1% 的，按照实际执行的担保费率予以补助
2022 年 5 月	北京市经济和信息化局	《关于征集上市意愿并第一批纳入"专精特新"企业上市挂牌服务库的通知》	对于纳入"专精特新"上市挂牌服务库的企业，将为其配备上市挂牌服务管家，联合上交所、深交所、北交所开展走访调研、培训授课、行业沙龙、董事长上市训练营等培训活动，安排有 IPO 审核经验的交易所资深专家为企业提供"一对一"上门把脉问诊、答疑解惑，并会同北京证监局提供持续跟踪辅导，帮助企业走稳 IPO 之路
2022 年 5 月	北京市地方金融监督管理局、中国人民银行营业管理部、中国银行保险监督管理委员会、北京监管局	《关于加大中小微企业金融支持力度建立"融资纾困直通车"工作机制的通知》	本着"市场化、法治化、救急不救差"的原则，通过各区政府标准化梳理名单并数据核验，主要商业银行发挥"头雁"作用，地方金融组织发挥补充作用，支持疫情前吸纳就业多、纳税正常、销售稳定、信用记录良好，受疫情影响营业收入下降，但仍有发展前景的中小微企业。推动金融机构与企业供需两端信息融合和精准对接，对符合条件企业采取续贷、展期、调整还款安排等方式予以支持。建立授信审批绿色通道，缩短贷款审批时限。发挥政府性融资担保机构作用，提高银担合作效率
2022 年 6 月	北京市地方金融监督管理局等六部门	《关于对科技创新企业给予全链条金融支持的若干措施》	加大科创企业信贷投放力度。鼓励银行机构为高新技术和专精特新企业开辟信贷绿色通道，推出专属信贷产品。加强被投企业服务。建立被投企业数据库，按照独角兽、"隐形冠军"、"专精特新"等类型，细化属性特征标签，推动将重点被投企业纳入市区两级服务包。进一步提升中关村科创企业跨境融资支持力度。进一步拓宽企业跨境融资渠道，符合条件的中关村高新技术企业和"专精特新"企业可在不超过等值 1000 万美元便利化额度内自主借用外债

续表

发布日期	部门	文件名称	主要内容
2022 年 6 月	北京市人民政府	《北京市统筹疫情防控和稳定经济增长的实施方案》	对"专精特新"中小企业数字化赋能项目给予不超过合同额 20%的奖励。 支持"专精特新"等企业开拓国际市场，研究推动中欧班列开通运行，实现单证申报、货物查验等通关事项"一件事"集成服务
2022 年 7 月	北京市人民政府国有资产监督管理委员会	《关于市管企业统筹做好疫情防控稳定经济增长的实施意见》	鼓励积极申报专精特新企业、认定高新技术企业，对于 2022 年获批"专新技术企业"和"高精特新"企业认证的，视企业规模可单列工资总额 100 万~300 万元
2022 年 7 月	北京市经济和信息化局	《北京市优质中小企业梯度培育管理实施细则》	明确优质中小企业评价认定标准、动态管理方法、培育扶持手段
2022 年 8 月	北京市经济和信息化局	《关于鼓励"专精特新"企业积极参与北京市专精特新融通发展的通知》	搭建"专精特新融通发展"平台将于 2022 年 8 月 11 日正式上线，旨在为北京市专精特新企业提供融通对接服务
2022 年 8 月	北京市经济和信息化局	《关于促进本市老旧厂房更新利用的若干措施》	支持专精特新企业集聚发展。打造一批"专精特新"特色园区。积极鼓励园区建设中试打样和共享制造等产业支撑平台，吸引专精特新企业入驻，对于入驻的专精特新企业使用面积占园区入驻企业总使用面积比例超 20%的特色园区，对该类项目按实际建设投入给予最高 500 万元资金补助，并根据服务绩效给予最高 100 万元奖励
2022 年 9 月	中国人民银行营业管理部等十一部门	《金融服务北京地区科技创新、"专精特新"中小企业健康发展若干措施》	在完善会商机制、加强专项信贷支持、拓展直接融资渠道、提升跨境业务便利等方面制定扶持措施
2022 年 9 月	北京市经济和信息化局	《关于促进先进制造业和软件信息服务业中小企业升规稳规创新发展的若干措施（2023—2025 年）》	培育壮大骨干高精尖稳规企业。鼓励符合首都城市功能定位的先进制造业、软件信息服务业上规企业加快成长壮大，通过为产业链龙头企业配套，向专精特新、单项冠军方向发展，对满足条件的稳规企业通过北京市高精尖产业发展资金给予支持。 鼓励企业持续保持创新强度。在获得升规稳规奖励基础上，对取得专精特新企业认定的，追加奖励 20 万元

发布日期	部门	文件名称	主要内容
2022 年 11 月	北京市商务局等四部门	《"两区"建设国际收支便利化全环节改革工作方案》	扩大跨境融资便利化试点。扩大中关村跨境融资便利化试点范围,北京地区符合条件的高新技术和专精特新企业可在不超过等值 1000 万美元额度内自主借用外债,助力高新技术和专精特新企业拓宽融资渠道
2023 年 1 月	北京市人民政府	《2023 年市政府工作报告重点任务清单》	高标准建设中日创新合作示范区,围绕新能源、智能制造、医药健康等打造创新创业载体,吸引更多专精特新企业和优质项目入驻。 加大研发创新、场景应用、融资上市等支持力度,加快培育一批独角兽、专精特新"小巨人"、隐形冠军企业
2023 年 2 月	北京市发展和改革委员会等十一部门	《关于北京市推动先进制造业和现代服务业深度融合发展的实施意见》	激发中小企业融合发展活力:引导先进制造业、软件信息服务业中小企业向"专精特新"、单项冠军方向发展,对满足条件的稳规升规企业通过北京市高精尖产业发展资金给予支持。将符合条件的工业互联网供应商纳入中小企业服务券等政策支持范围,对专精特新中小企业数字化赋能项目给予不超过合同额的 20%、上限 100 万元的奖励,服务中小微企业数字化转型。 促进企业高效协同:鼓励产业链"链主"企业组建创新联合体,通过专利布局、标准引领、平台建设等方式与专精特新企业精准对接,采取服务外包、订单生产、外协加工等形式带动产业链上下游企业融通发展。 加强金融支持:落实金融服务科技创新、专精特新中小企业健康发展若干措施,加强专项信贷支持,拓展直接融资渠道
2023 年 2 月	北京市经济和信息化局、北京市财政局	《2023 年北京市高精尖产业发展资金实施指南(第一批)》	升规稳规创新奖励:对 2023 年度新建投产(开工)且当年纳入规模以上统计范围的先进制造业企业一次性奖励金额最高不超过 50 万元。获评"专精特新"的,再增加奖励 20 万元,已获得中央财政资金支持的国家级专精特新"小巨人"企业不予奖励。对 2022 年度产值首次突破 1 亿元(含)且纳入规模以上统计范围的先进制造业企业,2022 年度首次纳入规模以上软件和信息服务业统计范围且营业收入突破 1 亿元(含)的软件信息服务业企业(国民经济行业大类代码 64、65),一次性奖励金额最高不超过 50 万元。获评"专精特新"的,再增加奖励 20 万元,已获得中央财政资金支持的国家级专精特新"小巨人"企业不予奖励

续表

发布日期	部门	文件名称	主要内容
2023 年 3 月	北京市经济和信息化局、北京市财政局	《2023 年北京市支持中小企业发展资金实施指南》	中小企业服务券补贴：北京市专精特新中小企业年补贴上限 10 万元，北京地区国家级专精特新"小巨人"企业年补贴上限 20 万元。单笔合同补贴金额最高不超过合同总金额的 30%。 中小企业数字化赋能补助：一是支持专精特新中小企业上云上平台，对 2022 年 10 月 1 日至 2023 年 9 月 30 日，北京市专精特新中小企业上云上平台项目，且验收合格的合同额累计超过 10 万元（含），按照不超过合同额的 30%，给予最高 30 万元的补助。二是支持制造业领域专精特新中小企业开展数字化赋能行动，对 2022 年 10 月 1 日至 2023 年 9 月 30 日，北京市专精特新制造业企业购买数字化赋能服务或产品，且验收合格的合同额累计超过 100 万元（含），按照不超过合同额的 20%，给予最高 100 万元的补助
2023 年 4 月	北京市人民政府办公厅	《北京市全面优化营商环境助力企业高质量发展实施方案》	优化五大环境，实现"3 个一"关键突破，数字赋能推动"整体政府"建设，构建统一高效、多元参与的推进优化营商环境工作体系，共包括 273 项改革任务
2023 年 4 月	北京市人力资源和社会保障局等五部门	《北京市人力资源服务业创新发展行动计划（2023—2025 年）》	实施优质中小企业梯度培育。开展"专精特新"人力资源服务企业遴选培育，组织专题培训，在人力资源测评、培训、网络招聘、人力资源管理软件、大数据分析应用等领域培育形成一批创新型中小企业、专精特新中小企业、"小巨人"企业，鼓励各区对获得认定的企业给予资金奖励
2023 年 4 月	北京市经济和信息化局	《关于组织开展 2023 年度大企业"发榜"中小企业"揭榜"工作的通知》	聚焦制造强国、网络强国重点领域，通过龙头企业发布产业技术创新和配套需求，中小企业"揭榜"攻关，形成大中小企业协同创新合力，攻克一批产业技术难题，形成一批融通创新成果，助力补短板锻长板强基础，提升产业链供应链韧性和安全水平
2023 年 5 月	北京市经济和信息化局	《北京市关于加快打造信息技术应用创新产业高地的若干政策措施》	设立信创生态产业基金，支持孵化、培育信创产业链上下游专精特新、"小巨人"企业。 提高信创专精特新、"小巨人"企业在北交所等交易市场上市挂牌效率，加速形成信创板块；对在北交所等交易市场上市的信创企业给予市区两级补贴，区级财政资金补贴不低于市级标准；推动金融机构参与"募贷联动"试点，对信创企业提供融资支持

发布日期	部门	文件名称	主要内容
2023 年 6 月	北京市经济和信息化局	《关于实施十大强企行动激发专精特新企业活力的若干措施》	提出实施"创新领航""融通入链""场景育新""千亿畅融""数智转型""挂牌倍增""专利护航""京才荟聚""品牌点亮""服务聚合"共十大行动，助力专精特新企业高质量发展
2023 年 6 月	北京市人民政府办公厅	《北京市机器人产业创新发展行动方案（2023—2025 年）》	面向特种机器人、关键零部件等领域，支持和推动一批专注细分领域、具有高成长预期的创新企业做优做强，培育一批具有全球影响力的专精特新"小巨人"和独角兽企业
2023 年 7 月	北京市就业工作领导小组	《优化调整稳就业政策全力促发展惠民生若干措施》	强化重点行业企业扩岗支持。坚持"五子"联动服务和融入新发展格局，紧紧围绕"专精特新"企业、带动就业能力强的行业企业、涉及国计民生和生产保供企业，建立企业清单，配备就业服务专员，提供岗位收集、用工指导、人员推荐、技能培训、政策宣传等就业服务
2023 年 7 月	北京市人民政府	《北京市贯彻落实加快建设全国统一大市场意见的实施方案》	优化北京证券交易所市场生态，加快推进北京股权交易中心"专精特新"专板建设，推动北京证券交易所债券市场建设、REITs 发行、与香港交易所互联互通以及红筹企业在北京证券交易所上市等方面改革尽快落地
2023 年 8 月	北京市经济和信息化局	《北京市促进机器人产业创新发展的若干措施》	培育机器人专精特新企业：组织专业机构为机器人创新型中小企业和专精特新企业提供孵化、投资等服务，根据服务绩效对符合条件的机构予以奖励。对首次"升规"和产值首次突破 1 亿元的专精特新机器人企业予以支持。 支持机器人企业融资上市：对进入北京"专精特新"专板、全国中小企业股份转让系统和上市的优质企业予以奖励。支持机器人专精特新企业快速申报北交所，提高发行上市审核效率
2023 年 8 月	中共北京市委办公厅、北京市人民政府办公厅	《关于进一步推动首都高质量发展取得新突破的行动方案（2023-2025 年）》	构建科技企业全周期支持与服务体系。支持专精特新企业进一步强化专业化优势，聚焦细分赛道进一步提升工艺、技术、配方领先水平。做大做强北京证券交易所：持续优化北京证券交易所市场生态，加快推进北京专精特新专板建设。建立健全优质企业储备库、培育库、推荐库，将行业标杆企业纳入市级"服务包"，持续跟踪培育，推动形成北京板块"明星企业"群

附表3 北京各区专精特新企业认定奖补政策

区域	资金奖励方式	政策办法
东城区	北京市专精特新中小企业称号的企业，一次性给予10万元奖励； 北京市专精特新"小巨人"企业称号的企业，一次性给予25万元奖励； 国家级专精特新"小巨人"企业称号的企业，一次性给予80万元奖励； 对获得北京市隐形冠军称号的企业一次性给予150万元奖励。晋级补差	《北京市东城区支持中关村科技园区东城园产业升级和创新发展的若干措施（试行）》
大兴区	市级专精特新企业，奖励20万元； 市级专精特新"小巨人"企业，奖励50万元； 国家级专精特新"小巨人"企业，奖励100万元。晋档补差	《大兴区支持商业航天产业发展暂行办法》（京兴政发〔2022〕7号）、《大兴区促进氢能产业发展暂行办法（2022年修订版）》（京兴政发〔2022〕6号）
石景山区	北京市专精特新中小企业，一次性奖励20万元； 北京市专精特新"小巨人"企业，一次性奖励50万元； 国家级专精特新"小巨人"企业，一次性奖励80万元。晋级补差	《石景山区关于促进"专精特新"中小企业高质量发展的若干措施》（石经信局〔2022〕8号）
丰台区	对首次认定或新入区的市级专精特新"小巨人"企业，给予30万元扶持； 对首次认定或新入区的国家级专精特新"小巨人"企业，给予60万元扶持	《丰台区促进高精尖产业发展扶持措施（试行）》（丰投促发〔2020〕5号）
	对获得国家、市级重点实验室、企业技术中心等创新平台、专精特新"小巨人"等资质或科技进步奖的企业，给予总额最高300万元扶持	《丰台区支持高新技术企业发展的若干措施》（丰科信发〔2022〕9号）
	每年提供不少于200个进京落户指标用于支持独角兽企业人才引进，为企业员工和外籍员工高效办理《北京市工作居住证》和《外国人工作许可证》；推出5000套各类房源定向服务独角兽企业人才居住；对纳入"丰泽计划"的优秀创新团队和人才给予最高200万元奖励。 注："独角兽"企业（含潜在"独角兽"企业、专精特新"小巨人"企业、隐形冠军企业等）	《关于支持独角兽企业在丰台区集聚发展的若干措施》（丰科园委发〔2021〕13号）

区域	资金奖励方式	政策办法
西城区	获得工信部国家专精特新"小巨人"企业、"独角兽"企业给予一次性30万元奖励；获得市经信局北京市专精特新"小巨人"企业给予一次性10万元奖励	《〈北京市西城区支持中关村科技园区西城园自主创新若干规定〉实施细则（试行）》（西科管发〔2021〕9号）
	对新迁入或首次获得市（省）级专精特新中小企业认定的驻区企业，给予20万元一次性资金奖励；对新迁入或首次获得国家级、市（省）级专精特新小巨人企业认定的驻区企业，分别给予最高100万元、50万元一次性资金奖励	《北京市西城区支持中小微企业高质量发展的若干措施》（西发改文〔2023〕71号）
通州区	北京市专精特新中小企业称号的企业，给予最高10万元奖励；北京市专精特新"小巨人"企业称号的企业，给予最高20万元奖励；国家级专精特新"小巨人"企业称号的企业，给予最高50万元奖励	《通州区高精尖产业发展资金管理办法（试行）实施细则（2021年版）》（通经信局〔2021〕72号）
	北京市专精特新中小企业称号的企业，给予最高20万元奖励；国家级专精特新"小巨人"企业称号的企业，给予最高80万元奖励；对新入区和已驻区的成长性良好的专精特新企业，经认定给予最高600万元奖励；成功在国内外主要交易所上市的专精特新企业，经认定给予最高1000万元上市补贴	《关于进一步促进北京城市副中心"专精特新"企业高质量发展的若干措施》（通经信局〔2022〕166号）
密云区	国家级专精特新"小巨人"企业，给予50万元一次性奖励；北京市专精特新"小巨人"企业，给予20万元一次性奖励；北京市专精特新中小企业，给予20万元一次性奖励	《密云区支持企业发展办法（试行）》（密政发〔2021〕31号）
朝阳区	对首次入选北京市专精特新中小企业、上年度营业收入超过5000万元的，给予30万元奖励；对首次入选国家级专精特新小巨人的企业给予80万元奖励	《2023年〈朝阳区促进高新技术产业发展若干措施〉实施细则》
海淀区	对国家级"小巨人"企业、市级专精特新企业上半年新增设备购置款，按档支持5万~20万元	《海淀区积极应对疫情影响助企纾困的若干措施》（海政办发〔2023〕2号）

区域	资金奖励方式	政策办法
门头沟区	对首次获得北京市专精特新称号的中小企业，一次性给予20万元奖励； 对首次获得北京市专精特新"小巨人"称号的企业，一次性给予50万元奖励； 对首次获得国家级专精特新"小巨人"称号的企业，一次性给予80万元奖励，单个企业不重复享受，晋级补差； 对自2022年1月1日以来从北京市外新引进的符合条件的专精特新中小企业除上述奖励外，再一次性给予10万元的入区奖励，促进企业稳定发展	《门头沟区关于促进"专精特新"中小企业高质量发展的若干措施》（门科信文〔2022〕53号）
房山区	遴选科技创新型企业开展股权激励政策试点、科技成果处置和收益权改革试点、科研项目和经费管理改革试点	《房山区"十四五"时期科技创新发展规划》
顺义区	国家级专精特新"小巨人"企业称号，给予一次性50万元奖励； 北京市专精特新"小巨人"企业称号，给予一次性25万元奖励； 北京市专精特新中小企业称号，给予一次性10万元奖励	《顺义区打造大中小融通特色载体推动中小企业创新创业升级专项资金实施办法》（顺经信字〔2021〕92号）
昌平区	对首次获评或登记注册、税务、统计关系整体迁入的专精特新中小企业、国家级专精特新"小巨人"企业，分别给予10万元、50万元的一次性资金支持；专精特新中小企业经培育后认定为国家级专精特新"小巨人"的，再给予40万元差额补贴。 对研发投入、承接重大专项、合作建设创新平台、数字化改造、首台（套）重大技术装备应用和推广等方面给予资金支持	《昌平区加快专精特新、独角兽企业培育发展支持办法（试行）（征求意见稿）》
怀柔区	对专精特新中小企业数字化赋能项目给予不超过合同额20%的奖励	《怀柔区关于〈北京市统筹疫情防控和稳定经济增长的实施方案〉的落实指引》
平谷区	被认定为专精特新的企业给予10万元资金奖励； 被认定为国家级专精特新"小巨人"称号的企业给予企业不超过50万元资金奖励； 对新迁入本区的国家级专精特新"小巨人"称号企业，给予一次性不高于50万元资金奖励	《优化营商环境平谷区支持中小企业发展专项资金管理办法》

续表

区域	资金奖励方式	政策办法
延庆区	对首次获得北京市专精特新中小企业给予 10 万元一次性奖励； 对北京市专精特新"小巨人"企业给予 20 万元一次性奖励； 对国家级专精特新"小巨人"企业给予 50 万元一次性奖励； 单家符合条件的支持对象只能享受上款中的一项奖励	《关于加快延庆区高新技术企业创新发展的支持办法》（延园委文〔2022〕37 号）
经济技术开发区	对载体内新认定的国家级、市级专精特新企业和制造业单项冠军企业，每家给予不超过 30 万元、10 万元的奖励，晋级补差	《北京经济技术开发区打造大中小企业融通型特色载体推动中小企业创新创业升级专项资金管理办法和实施细则》（京技管〔2020〕43 号）
经济技术开发区	国家专精特新"小巨人"企业、北京市专精特新中小企业、北京市创新型中小企业发放 300 元/人的一次性稳岗补贴	《北京经济技术开发区助企稳岗保用工若干措施》（京技管发〔2023〕3 号）
经济技术开发区	年度研发费用超过年度目标值的"小巨人"企业按高出部分的 20%给予支持，最高 300 万元； 助力更多专精特新企业在北交所上市； 对由区外迁入、在区内新建重大产业项目且购置研发设备 500 万元以上的专精特新企业给予设备总额的 20%的资金支持	《北京经济技术开发区关于加快推进国际科技创新中心建设打造高精尖产业主阵地的若干意见》（京技管〔2022〕8 号）
经济技术开发区	支持专精特新企业发展，鼓励中小微企业升规入统。对于首次纳入北京经济技术开发区规模以上工业企业统计的企业，给予年度区域经济贡献中开发区地方财政可支配部分的 50%奖励，最高 30 万元	《北京经济技术开发区关于贯彻新发展理念加快亦庄新城高质量发展的若干措施（4.0 版）》（京技管〔2022〕12 号）

附表 4　主要省区市专精特新企业支持政策

省市	日期	部门	政策文件	主要内容
上海	2022 年 1 月 16 日	上海市知识产权局办公厅	《关于推进知识产权服务"专精特新"中小企业高质量发展的工作方案》（沪知局办〔2022〕1 号）	提出加强宣传培训、加强政策引导、加强信息服务、加强运营服务、加强保护服务五大任务

续表

省市	日期	部门	政策文件	主要内容
上海	2022年9月26日	上海市人民政府	《上海市助行业强主体稳增长的若干政策措施》（沪府规〔2022〕12号）	对入选市级、国家级的专精特新中小企业实现奖励全覆盖，由各区对新认定市级专精特新中小企业给予不低于10万元奖励，对新认定国家专精特新"小巨人"给予不低于30万元奖励。推广专精特新中小企业"码上贷"，深入实施知识产权服务专精特新中小企业专项行动，推出专精特新中小企业专属服务包，在上海市企业服务云开设专精特新中小企业服务专窗，为"专精特新"中小企业提供一门式服务
深圳	2022年4月8日	深圳市人民政府	《深圳市人民政府关于加快培育壮大市场主体的实施意见》（深府〔2022〕31号）	对入选市级、省级、国家级的专精特新中小企业，最高奖励10万元、20万元、50万元。支持公共服务示范平台为专精特新等优质企业提供技术创新、上市辅导、创新成果转化与应用等普惠服务，对服务质量高、效果好的机构给予最高100万元奖励。聚焦专精特新中小企业，委托第三方开展产业紧缺人才培训和企业家培育工程，对第三方机构按照每人每次最高2万元予以资助
	2022年9月5日	深圳市工业和信息化局	《深圳市关于促进专精特新企业高质量发展的若干措施》（征求意见稿）	围绕促进专精特新企业发展所涉及的财税支持、企业融资、研发创新、人才培育、数字化转型、质量品牌、市场开拓、产业空间、精准服务9个方面，提出32项措施，全方位加大对专精特新企业的培育和扶持力度
浙江	2022年4月5日	浙江省人民政府办公厅	《浙江省人民政府办公厅关于大力培育促进"专精特新"中小企业高质量发展的若干意见》（浙政办发〔2022〕19号）	提出加大创新支持力度、加大知识产权保护力度、加大人才支持力度、加大质量品牌建设力度、加大政府采购支持力度、加大市场拓展力度、加大数字化赋能力度、加大融资支持力度、加大要素保障力度、加大精准服务力度共十大任务
江苏	2023年1月20日	江苏省人民政府办公厅	《关于印发江苏省专精特新企业培育三年行动计划（2023—2025年）的通知》（苏政办发〔2023〕3号）	大力实施优质企业梯度培育工程、创新能级提升工程、协作配套强链工程、质量品牌创优工程、高价值专利培育工程、数字技术赋能工程、特色金融助力工程、服务体系升级工程"八大工程"，全力护航专精特新企业对标世界一流提升综合实力和竞争力

省市	日期	部门	政策文件	主要内容
安徽	2022 年 2 月 17 日	安徽省人民政府办公厅	《安徽省人民政府办公厅关于印发安徽省专精特新中小企业倍增行动方案的通知》	省培育认定的专精特新冠军企业给予一次性奖励 80 万元。对获国家级专精特新"小巨人"、单项冠军称号的企业分别给予一次性奖励 100 万元、200 万元，鼓励各地对省认定的专精特新企业给予奖补。对迁入安徽的国家级专精特新"小巨人"、单项冠军企业分别给予一次性奖补 100 万元、200 万元
广东	2022 年 2 月 26 日	广东省人民政府办公厅	《广东省人民政府办公厅关于印发广东省进一步支持中小企业和个体工商户纾困发展若干政策措施的通知》（粤府办〔2022〕6 号）	对国家新认定的专精特新"小巨人"企业给予一次性奖励。支持先进制造发展等专项资金对国家级和省级专精特新中小企业予以倾斜支持；鼓励各市对专精特新中小企业给予资金支持
福建	2022 年 1 月 5 日	福建省促进中小企业发展工作领导小组办公室	《福建省促进中小企业发展工作领导小组办公室关于福建省加大力度助企纾困激发中小企业发展活力的若干意见》（闽中小企业办〔2022〕1 号）	对新认定的省专精特新中小企业和国家专精特新"小巨人"企业，由省级财政分别给予一次性 20 万元、50 万元奖励。各地可根据实际情况给予专精特新企业配套资金支持
天津	2022 年 3 月 24 日	天津市工业和信息化局、天津市财政局	《关于印发〈天津市中小企业发展专项资金管理办法〉的通知》（津财规〔2022〕3 号）	对在库市级专精特新中小企业给予累计不超过 50 万元的补贴；对专精特新种子企业给予累计不超过 10 万元的补贴，纳入市级专精特新中小企业名单后已获得的补贴纳入补贴基数
重庆	2022 年 2 月 23 日	重庆市人民政府办公厅	《关于印发重庆市推进"专精特新"企业高质量发展专项行动计划（2022—2025 年）的通知》（渝府办发〔2022〕23 号）	主要包括加强孵化培育、夯实科技支撑、加大金融支持、优化公共服务、优化财政政策，共 30 条具体措施

省市	日期	部门	政策文件	主要内容
河北	2021年12月15日	河北省民营经济领导小组	《关于印发〈河北省促进中小企业"专精特新"发展若干措施〉的通知》	支持专精特新重点企业开展"制造业+互联网"新模式新业态应用，对自动化设备购置与改造、信息化软硬件购置、系统开发与服务等费用，按照不高于实际投入额的10%给予支持，单个项目不超过100万元
山西	2022年3月18日	山西省促进中小企业发展工作领导小组	《山西省"专精特新"中小企业培育工作方案》	省级财政给予每户专精特新中小企业一次性奖励资金最高不超过30万元。有条件的市要设立专精特新中小企业奖补资金，对省级专精特新中小企业、省级"小巨人"企业、国家级"小巨人"企业给予资金奖励
辽宁	2022年3月14日	辽宁省人民政府办公厅	《关于印发进一步优化营商环境加大对中小微企业和个体工商户纾困帮扶力度的政策措施的通知》（辽政办发〔2022〕24号）	统筹省优质企业培育专项资金，对新认定的国家级和省级专精特新中小企业、专精特新"小巨人"企业、制造业单项冠军，给予最高不超过100万元奖励。各地区可根据实际情况给予瞪羚、独角兽企业和专精特新企业政策资金支持
吉林	2021年7月23日	吉林省人民政府	《关于进一步支持民营经济（中小企业）发展若干政策措施的通知》（吉政发〔2021〕14号）	"十四五"期间，累计安排1亿元省级中小企业和民营经济发展专项资金，对认定为省级以上的专精特新中小企业，给予贷款贴息和奖补等方面的扶持
黑龙江	2021年10月20日	黑龙江省人民政府	《关于印发推动"数字龙江"建设加快数字经济高质量发展若干政策措施的通知》（黑政规〔2021〕14号）	每年认定中小企业数字化示范标杆企业50户，省级财政对每户企业一次性奖励50万元，其中省级专精特新中小企业一次性奖励100万元
	2022年3月12日	黑龙江省人民政府办公厅	《关于印发黑龙江省推动工业振兴若干政策措施的通知》（黑政办规〔2022〕8号）	对认定为省级制造业"隐形冠军"的企业，给予一次性奖励50万元。对认定为国家级专精特新"小巨人"的企业，给予一次性奖励100万元

续表

省市	日期	部门	政策文件	主要内容
江西	2022 年 1 月 6 日	江西省促进中小企业发展工作领导小组	《江西省为"专精特新"中小企业办实事清单》	从加大财税支持、优化信贷政策、畅通融资渠道、提升创新水平、推动数字赋能、加强人才支撑、助力开拓市场、提供精准服务、形成帮扶合力等九个方面提出了 25 条实事任务清单
山东	2022 年 1 月 12 日	山东省促进非公有制经济发展工作领导小组	《山东省"专精特新"中小企业培育方案》	提出"八大工程":国家重点项目引领工程、育种扶苗工程、创新能力提升工程、产业链协同工程、数字化转型工程、资本赋能工程、双循环融入工程、人才汇聚工程
河南	2022 年 3 月 2 日	中国银行保险监督管理委员会河南监管局等单位	《河南银行业保险业支持"专精特新"中小企业高质量发展的指导意见》	从明确服务重点、健全体系机制、创新特色产品、强化联动合作等六个方面提出 20 条措施,引导金融机构进一步支持河南省专精特新中小企业高质量发展
湖北	2022 年 5 月	中国人民银行武汉分行、湖北省经济和信息化厅	《中国人民银行武汉分行湖北省经济和信息化厅关于金融支持"专精特新"中小企业创新发展的指导意见》(武银〔2022〕42 号)	"十四五"期间通过"鄂微融""鄂创融"分别安排不少于 30 亿元的再贷款、再贴现额度定向支持专精特新小微企业和科创型企业发展,按"专精特新"普惠小微贷款余额增量的 1% 对法人机构发放激励资金
湖南	2021 年 2 月 18 日	湖南省工业和信息化厅、湖南省财政厅	《关于印发〈湖南省专精特新"小巨人"企业培育计划(2021—2025)〉的通知》(湘工信中小发展〔2021〕27 号)	从支持技术创新、推动数字化发展、加强孵化提升、加强融资促进、提升经营管理五方面加大培育支持力度
海南	2021 年 6 月 14 日	海南省工业和信息化厅	《海南省工业和信息化厅关于印发海南省促进中小企业"专精特新"发展工作实施方案(修订)的通知》(琼工信规〔2021〕1 号)	推荐专精特新"小巨人"企业申报国家重点支持资金。鼓励市县结合本地实际给予财政支持

续表

省市	日期	部门	政策文件	主要内容
四川	2023年2月	四川省人民政府	《聚焦高质量发展推动经济运行整体好转的若干政策措施》	安排专项资金实施"珠峰攀登"行动和"贡嘎培优"计划，培育领航企业、单项冠军、专精特新企业、"小升规"企业等
贵州	2022年3月	贵州省工业和信息化厅	《关于支持贵州股权交易中心设立"专精特新专板"的通知》	支持贵州股交设立"专精特新专板"
云南	2022年1月5日	云南省人民政府办公厅	《关于印发云南省支持中小企业纾困发展若干措施的通知》（云政办发〔2021〕66号）	对专精特新中小企业实施梯度分类培育，根据企业发展指标评定情况，通过省级中小企业发展专项资金择优给予一定奖补。建立税务、金融、银保监、证监等部门直通专精特新中小企业机制，"一企一策"提供"点对点"精细服务。建立专精特新企业名单推送共享机制，鼓励银行量身定制金融服务方案，打造专属信贷产品；鼓励保险机构提供信用保险服务，落实中央小微企业融资担保降费奖补政策，在云南省区域性股权市场探索设立"专精特新专板"
陕西	2022年10月	陕西省财政厅、陕西省工业和信息化厅	《陕西省重点产业链和"专精特新"中小企业银行贷款（工信贷）风险补偿实施细则》	在陕西省中小微企业银行贷款风险补偿资金项下设立重点产业链及专精特新中小企业银行贷款（工信贷）风险补偿金
甘肃	2022年3月11日	甘肃省促进中小企业和民营经济发展工作领导小组办公室	《甘肃省为"专精特新"中小企业办实事清单》	省级财政对认定为省级专精特新中小企业每户奖励30万元，认定为国家级专精特新"小巨人"企业每户奖励50万元，并争取中央中小企业发展专项资金支持
青海	2018年5月23日	青海省经济和信息化委员会	《关于促进中小企业"专精特新"发展的实施意见》	从提升创新能力、推动质量和管理提升、提高信息化应用水平、推进集约化发展、加强品牌建设、完善服务体系、拓宽融资渠道、加强人才队伍建设八方面提出了具体措施

续表

省市	日期	部门	政策文件	主要内容
广西	2022 年 2 月 15 日	广西壮族自治区促进中小企业发展工作领导小组办公室	《广西壮族自治区为"专精特新"中小企业办实事清单》	自治区统筹安排资金用于专精特新中小企业奖励、技改支持及服务券补助，其中对获得国家、自治区认定的专精特新"小巨人"企业和专精特新中小企业分别给予不超过 100 万元、50 万元一次性奖励；对专精特新中小企业技术改造提质项目给予补助，补助资金最高不超过项目固定资产投资额的 20%。 持续实施"桂惠贷"财政贴息政策，每年"桂惠贷"投向专精特新中小企业不少于 100 亿元
内蒙古	2022 年 3 月 31 日	内蒙古自治区工业和信息化厅	《内蒙古自治区 2022 年促进制造业高端化、智能化、绿色化发展政策清单》（内工信投规字发〔2022〕130 号）	对自治区认定的创新型中小企业、专精特新中小企业和"小巨人"企业，分别给予 20 万元、50 万元、100 万元一次性奖励
内蒙古	2023 年 8 月 20 日	内蒙古自治区工业和信息化厅	《内蒙古自治区促进中小企业发展三年行动方案（2023—2025）》	设立内蒙古专精特新企业专板，提升区域性股权市场服务中小企业的能力。 推动盟市设立专精特新企业服务站，配备服务专员，开展孵化培育、成长扶持、推动壮大全生命周期培育服务，不断提升优质中小企业发展水平
西藏	2020 年 6 月	自治区经济和信息化厅	《西藏自治区关于促进中小企业"专精特新"发展的指导意见》	从加强培育指导、增强创新能力、强化载体建设、提升质量品牌、完善服务体系、提升信息化水平、促进协作配套、提高管理水平八方面提出了具体措施
宁夏	2022 年 3 月 3 日	自治区促进民营经济和中小企业发展工作领导小组办公室	《自治区为"专精特新"中小企业办实事清单》	以培育更多专精特新中小企业、推动专精特新企业加快实现高质量发展为目标，共提出涵盖财税支持、信贷支持、直接融资支持、产业链协同创新、创新能力提升、数字化转型、人才智力支持、助力开拓市场、精准对接服务、万人助万企活动等在内的 10 项实事、31 条具体任务
新疆	2020 年 12 月 29 日	自治区工业和信息化厅、中国银行新疆分行	《助力"专精特新"中小企业融资服务实施方案》	未来三年，中国银行新疆分行将累计提供 30 亿元授信支持专精特新中小企业健康发展

二、Top 企业名录

附表 5 北京市专精特新企业科技创新能力 Top100[①]

序号	企业名称	所属行业
1	北京奇虎科技有限公司	信息传输、软件和信息技术服务业
2	北京国双互联科技有限公司	信息传输、软件和信息技术服务业
3	慧之安信息技术股份有限公司	信息传输、软件和信息技术服务业
4	北京云迹科技股份有限公司	信息传输、软件和信息技术服务业
5	有研工程技术研究院有限公司	制造业
6	北京声智科技有限公司	信息传输、软件和信息技术服务业
7	新石器慧通（北京）科技有限公司	制造业
8	北京地平线机器人技术研发有限公司	科学研究和技术服务业
9	圣邦微电子（北京）股份有限公司	制造业
10	中煤科工开采研究院有限公司	科学研究和技术服务业
11	推想医疗科技股份有限公司	信息传输、软件和信息技术服务业
12	中科三清科技有限公司	信息传输、软件和信息技术服务业
13	中广核风电有限公司	租赁和商务服务业
14	北京华大九天科技股份有限公司	信息传输、软件和信息技术服务业
15	北京微纳星空科技股份有限公司	制造业
16	北京得瑞领新科技有限公司	信息传输、软件和信息技术服务业
17	华控清交信息科技（北京）有限公司	信息传输、软件和信息技术服务业
18	云知声智能科技股份有限公司	信息传输、软件和信息技术服务业
19	北京微步在线科技有限公司	信息传输、软件和信息技术服务业
20	掌阅科技股份有限公司	信息传输、软件和信息技术服务业
21	北京爱康宜诚医疗器材有限公司	制造业
22	北京智行者科技股份有限公司	信息传输、软件和信息技术服务业
23	卡斯柯信号（北京）有限公司	信息传输、软件和信息技术服务业
24	北京八亿时空液晶科技股份有限公司	制造业
25	北京市春立正达医疗器械股份有限公司	制造业
26	中建材创新科技研究院有限公司	科学研究和技术服务业

[①] 根据 2022 年数据计算排名。

序号	企业名称	所属行业
27	特斯联科技集团有限公司	信息传输、软件和信息技术服务业
28	北京京仪自动化装备技术股份有限公司	制造业
29	北京航天驭星科技有限公司	信息传输、软件和信息技术服务业
30	北京中科慧眼科技有限公司	科学研究和技术服务业
31	北京百瑞互联技术股份有限公司	信息传输、软件和信息技术服务业
32	国家电投集团氢能科技发展有限公司	科学研究和技术服务业
33	国汽智控（北京）科技有限公司	批发和零售业
34	北京连山科技股份有限公司	信息传输、软件和信息技术服务业
35	凌云光技术股份有限公司	制造业
36	中航信移动科技有限公司	信息传输、软件和信息技术服务业
37	中关村科学城城市大脑股份有限公司	信息传输、软件和信息技术服务业
38	北京鼎材科技有限公司	科学研究和技术服务业
39	北京瑞莱智慧科技有限公司	信息传输、软件和信息技术服务业
40	中铝材料应用研究院有限公司	科学研究和技术服务业
41	北京紫光青藤微系统有限公司	信息传输、软件和信息技术服务业
42	蓝箭航天空间科技股份有限公司	科学研究和技术服务业
43	中咨数据有限公司	信息传输、软件和信息技术服务业
44	北京安华金和科技有限公司	信息传输、软件和信息技术服务业
45	北京京东方传感技术有限公司	制造业
46	北京燕东微电子科技股份有限公司	制造业
47	医渡云（北京）技术有限公司	信息传输、软件和信息技术服务业
48	北京海兰信数据科技股份有限公司	制造业
49	北京勤邦科技股份有限公司	制造业
50	北京融信数联科技有限公司	信息传输、软件和信息技术服务业
51	北京鹰瞳科技发展股份有限公司	信息传输、软件和信息技术服务业
52	北京航天和兴科技股份有限公司	制造业
53	北京深盾科技股份有限公司	信息传输、软件和信息技术服务业
54	北京亿华通科技股份有限公司	制造业
55	北京利尔高温材料股份有限公司	制造业
56	北京一径科技有限公司	信息传输、软件和信息技术服务业
57	北京医准智能科技有限公司	信息传输、软件和信息技术服务业
58	国药集团工业有限公司	制造业

续表

序号	企业名称	所属行业
59	有研资源环境技术研究院（北京）有限公司	制造业
60	北京集创北方科技股份有限公司	制造业
61	北京信安世纪科技股份有限公司	信息传输、软件和信息技术服务业
62	梅卡曼德（北京）机器人科技有限公司	科学研究和技术服务业
63	泰瑞数创科技（北京）股份有限公司	信息传输、软件和信息技术服务业
64	天新福（北京）医疗器材股份有限公司	制造业
65	驭势科技（北京）有限公司	科学研究和技术服务业
66	北矿新材科技有限公司	制造业
67	北京知道创宇信息技术股份有限公司	信息传输、软件和信息技术服务业
68	北京星河动力装备科技有限公司	制造业
69	北京戴纳实验科技股份有限公司	科学研究和技术服务业
70	北京和合医学诊断技术股份有限公司	卫生和社会工作
71	北京屹唐半导体科技股份有限公司	制造业
72	北京卫蓝新能源科技股份有限公司	制造业
73	国开启科量子技术（北京）有限公司	科学研究和技术服务业
74	北京明朝万达科技股份有限公司	信息传输、软件和信息技术服务业
75	北京津发科技股份有限公司	信息传输、软件和信息技术服务业
76	北京燕化集联光电技术有限公司	制造业
77	北京力达康科技有限公司	制造业
78	北京麟卓信息科技有限公司	信息传输、软件和信息技术服务业
79	北京猎户星空科技有限公司	制造业
80	为准（北京）电子科技有限公司	租赁和商务服务业
81	北京金堤科技有限公司	信息传输、软件和信息技术服务业
82	北京志凌海纳科技股份有限公司	信息传输、软件和信息技术服务业
83	北京小狗吸尘器集团股份有限公司	信息传输、软件和信息技术服务业
84	北京华捷艾米科技有限公司	信息传输、软件和信息技术服务业
85	北京泰策科技有限公司	信息传输、软件和信息技术服务业
86	北京中科航天人才服务有限公司	租赁和商务服务业
87	灵动科技（北京）有限公司	制造业
88	海杰亚（北京）医疗器械有限公司	制造业
89	富思特新材料科技发展股份有限公司	制造业
90	北京元年科技股份有限公司	信息传输、软件和信息技术服务业

序号	企业名称	所属行业
91	中核控制系统工程有限公司	制造业
92	北京宝兰德软件股份有限公司	信息传输、软件和信息技术服务业
93	北京易控智驾科技有限公司	信息传输、软件和信息技术服务业
94	北京柏惠维康科技股份有限公司	制造业
95	北京玻钢院复合材料有限公司	制造业
96	智慧足迹数据科技有限公司	信息传输、软件和信息技术服务业
97	北京好运达智创科技有限公司	科学研究和技术服务业
98	北京顺造科技有限公司	批发和零售业
99	北京凌空天行科技有限责任公司	租赁和商务服务业
100	北京中科闻歌科技股份有限公司	信息传输、软件和信息技术服务业

附表6 北京市专精特新企业授权发明专利Top100①

序号	企业名称	所属行业
1	北京国双科技有限公司	信息传输、软件和信息技术服务业
2	慧之安信息技术股份有限公司	信息传输、软件和信息技术服务业
3	北京奇虎科技有限公司	信息传输、软件和信息技术服务业
4	有研工程技术研究院有限公司	制造业
5	北京地平线机器人技术研发有限公司	科学研究和技术服务业
6	北京声智科技有限公司	信息传输、软件和信息技术服务业
7	北京云迹科技股份有限公司	信息传输、软件和信息技术服务业
8	新石器慧通（北京）科技有限公司	制造业
9	掌阅科技股份有限公司	信息传输、软件和信息技术服务业
10	圣邦微电子（北京）股份有限公司	制造业
11	中煤科工开采研究院有限公司	科学研究和技术服务业
12	中建材创新科技研究院有限公司	科学研究和技术服务业
13	中科三清科技有限公司	信息传输、软件和信息技术服务业
14	推想医疗科技股份有限公司	信息传输、软件和信息技术服务业
15	北京微纳星空科技有限公司	制造业
16	华控清交信息科技（北京）有限公司	信息传输、软件和信息技术服务业

① 根据2022年数据计算排名。

序号	企业名称	所属行业
17	北京得瑞领新科技有限公司	信息传输、软件和信息技术服务业
18	北京华大九天科技股份有限公司	信息传输、软件和信息技术服务业
19	云知声智能科技股份有限公司	信息传输、软件和信息技术服务业
20	国汽智控（北京）科技有限公司	批发和零售业
21	特斯联科技集团有限公司	信息传输、软件和信息技术服务业
22	中航信移动科技有限公司	信息传输、软件和信息技术服务业
23	北京微步在线科技有限公司	信息传输、软件和信息技术服务业
24	北京爱康宜诚医疗器材有限公司	制造业
25	卡斯柯信号（北京）有限公司	信息传输、软件和信息技术服务业
26	医渡云（北京）技术有限公司	信息传输、软件和信息技术服务业
27	北京八亿时空液晶科技股份有限公司	制造业
28	国药集团工业有限公司	制造业
29	北京市春立正达医疗器械股份有限公司	制造业
30	北京戴纳实验科技有限公司	科学研究和技术服务业
31	北京集创北方科技股份有限公司	制造业
32	北京京仪自动化装备技术股份有限公司	制造业
33	北京中科慧眼科技有限公司	科学研究和技术服务业
34	北京航天驭星科技有限公司	信息传输、软件和信息技术服务业
35	北京麟卓信息科技有限公司	信息传输、软件和信息技术服务业
36	北京百瑞互联技术股份有限公司	信息传输、软件和信息技术服务业
37	北京小狗吸尘器集团股份有限公司	信息传输、软件和信息技术服务业
38	北京猎户星空科技有限公司	制造业
39	北京金堤科技有限公司	信息传输、软件和信息技术服务业
40	北京连山科技股份有限公司	信息传输、软件和信息技术服务业
41	国家电投集团氢能科技发展有限公司	科学研究和技术服务业
42	北京屹唐半导体科技股份有限公司	制造业
43	瑞泰科技股份有限公司	制造业
44	北京玻钢院复合材料有限公司	制造业
45	中科雨辰科技有限公司	信息传输、软件和信息技术服务业
46	北京中煤矿山工程有限公司	建筑业
47	北京鼎材科技有限公司	科学研究和技术服务业
48	中关村科学城城市大脑股份有限公司	信息传输、软件和信息技术服务业

续表

序号	企业名称	所属行业
49	北京顺造科技有限公司	批发和零售业
50	北京机科国创轻量化科学研究院有限公司	科学研究和技术服务业
51	凌云光技术股份有限公司	制造业
52	北京智行者科技股份有限公司	信息传输、软件和信息技术服务业
53	中铝材料应用研究院有限公司	科学研究和技术服务业
54	北京瑞莱智慧科技有限公司	信息传输、软件和信息技术服务业
55	北京紫光青藤微系统有限公司	信息传输、软件和信息技术服务业
56	中咨数据有限公司	信息传输、软件和信息技术服务业
57	蓝箭航天空间科技股份有限公司	科学研究和技术服务业
58	北京奕斯伟计算技术股份有限公司	制造业
59	北京天玛智控科技股份有限公司	制造业
60	北京勤邦科技股份有限公司	制造业
61	航天科工惯性技术有限公司	科学研究和技术服务业
62	鹿客科技（北京）股份有限公司	制造业
63	北京安华金和科技有限公司	信息传输、软件和信息技术服务业
64	北京拙河科技有限公司	制造业
65	北京海兰信数据科技股份有限公司	制造业
66	云智慧（北京）科技有限公司	信息传输、软件和信息技术服务业
67	北京融信数联科技有限公司	信息传输、软件和信息技术服务业
68	北京斯利安药业有限公司	制造业
69	北京科技大学设计研究院有限公司	科学研究和技术服务业
70	北京航天和兴科技股份有限公司	制造业
71	北京鹰瞳科技发展股份有限公司	信息传输、软件和信息技术服务业
72	中科视语（北京）科技有限公司	信息传输、软件和信息技术服务业
73	北京亿华通科技股份有限公司	制造业
74	北京国家新能源汽车技术创新中心有限公司	科学研究和技术服务业
75	北京一径科技有限公司	信息传输、软件和信息技术服务业
76	博奥生物集团有限公司	科学研究和技术服务业
77	有研资源环境技术研究院（北京）有限公司	制造业
78	北京医准智能科技有限公司	信息传输、软件和信息技术服务业
79	北京信安世纪科技股份有限公司	信息传输、软件和信息技术服务业
80	北京利尔高温材料股份有限公司	制造业

续表

序号	企业名称	所属行业
81	国网区块链科技（北京）有限公司	信息传输、软件和信息技术服务业
82	北京安天网络安全技术有限公司	信息传输、软件和信息技术服务业
83	驭势科技（北京）有限公司	科学研究和技术服务业
84	北矿新材科技有限公司	制造业
85	数坤科技股份有限公司	信息传输、软件和信息技术服务业
86	泰瑞数创科技（北京）股份有限公司	信息传输、软件和信息技术服务业
87	北京中科生仪科技有限公司	信息传输、软件和信息技术服务业
88	天新福（北京）医疗器材股份有限公司	制造业
89	真健康（北京）医疗科技有限公司	科学研究和技术服务业
90	摩尔线程智能科技（北京）有限责任公司	信息传输、软件和信息技术服务业
91	中国食品发酵工业研究院有限公司	科学研究和技术服务业
92	北京知道创宇信息技术股份有限公司	信息传输、软件和信息技术服务业
93	北京蔚领时代科技有限公司	信息传输、软件和信息技术服务业
94	北京和合医学诊断技术股份有限公司	卫生和社会工作
95	太和康美（北京）中医研究院有限公司	科学研究和技术服务业
96	北京云测信息技术有限公司	信息传输、软件和信息技术服务业
97	北京卫蓝新能源科技有限公司	制造业
98	北京灵汐科技有限公司	信息传输、软件和信息技术服务业
99	北京星河动力装备科技有限公司	制造业
100	国开启科量子技术（北京）有限公司	科学研究和技术服务业

附表7　北京市专精特新企业经济贡献Top100①

序号	企业名称	所属行业
1	北京长润化工有限公司	制造业
2	北京国双科技有限公司	信息传输、软件和信息技术服务业
3	北京智能建筑科技有限公司	信息传输、软件和信息技术服务业
4	北京博图纵横科技有限责任公司	信息传输、软件和信息技术服务业
5	北京比特大陆科技有限公司	信息传输、软件和信息技术服务业
6	北京幸福益生高新技术有限公司	信息传输、软件和信息技术服务业

① 根据2022年企业上缴税金数据计算排名。

续表

序号	企业名称	所属行业
7	北京热景生物技术股份有限公司	制造业
8	北京康仁堂药业有限公司	制造业
9	北京乐普诊断科技股份有限公司	制造业
10	北京首创环境科技有限公司	批发和零售业
11	北京晨晰环保工程有限公司	建筑业
12	北京四环科宝制药股份有限公司	制造业
13	北京天顺长城液压科技有限公司	制造业
14	北京协和药厂有限公司	制造业
15	北京云采科技有限公司	信息传输、软件和信息技术服务业
16	北京博格华纳汽车传动器有限公司	制造业
17	北京首钢冷轧薄板有限公司	制造业
18	北京保罗盛世集团股份有限公司	批发和零售业
19	北京京瀚禹电子工程技术有限公司	科学研究和技术服务业
20	北京石头创新科技有限公司	信息传输、软件和信息技术服务业
21	北京博恩特药业有限公司	制造业
22	威乐（中国）水泵系统有限公司	制造业
23	中铁十四局集团房桥有限公司	制造业
24	北京中都星徽物流有限公司	交通运输、仓储和邮政业
25	北京瑞普北光电子有限公司	制造业
26	北京中海沃邦能源投资有限公司	采矿业
27	北京北大维信生物科技有限公司	制造业
28	扬子江药业集团北京海燕药业有限公司	制造业
29	北京雪迪龙科技股份有限公司	制造业
30	原子高科股份有限公司	制造业
31	中都物流有限公司	交通运输、仓储和邮政业
32	北京 ABB 低压电器有限公司	制造业
33	紫光同芯微电子有限公司	制造业
34	北京智飞绿竹生物制药有限公司	制造业
35	北京铁科首钢轨道技术股份有限公司	制造业
36	北京中关村科金技术有限公司	信息传输、软件和信息技术服务业
37	睿至科技集团有限公司	信息传输、软件和信息技术服务业
38	北京广利核系统工程有限公司	制造业

续表

序号	企业名称	所属行业
39	北京联馨药业有限公司	制造业
40	北京市政路桥建材集团有限公司	制造业
41	北京四环制药有限公司	制造业
42	摩尔线程智能科技（北京）有限责任公司	信息传输、软件和信息技术服务业
43	中智薪税技术服务有限公司	租赁和商务服务业
44	北京北陆药业股份有限公司	制造业
45	北京创阅科技有限公司	信息传输、软件和信息技术服务业
46	北京七星华创微电子有限责任公司	制造业
47	北京奕斯伟计算技术股份有限公司	制造业
48	北京康蒂尼药业股份有限公司	制造业
49	北京市永康药业有限公司	制造业
50	北京九州恒盛电力科技有限公司	制造业
51	苏伊士环境科技（北京）有限公司	水利、环境和公共设施管理业
52	北京东方红航天生物技术股份有限公司	制造业
53	北京义翘神州科技股份有限公司	制造业
54	北京数码视讯科技股份有限公司	制造业
55	北京凯因科技股份有限公司	制造业
56	北京戴纳实验科技有限公司	科学研究和技术服务业
57	科美诊断技术股份有限公司	制造业
58	华云敏视达雷达（北京）有限公司	制造业
59	北京航天万源科技有限公司	制造业
60	博格华纳汽车零部件（北京）有限公司	制造业
61	北京中科江南信息技术股份有限公司	信息传输、软件和信息技术服务业
62	北京日立能源高压开关设备有限公司	制造业
63	萨姆森控制设备（中国）有限公司	制造业
64	北京水滴科技集团有限公司	信息传输、软件和信息技术服务业
65	北京铝能清新环境技术有限公司	水利、环境和公共设施管理业
66	北京康辰药业股份有限公司	制造业
67	北京汇成基金销售有限公司	金融业
68	北京先声祥瑞生物制品股份有限公司	制造业
69	北京格雷时尚科技有限公司	制造业
70	北京英诺特生物技术股份有限公司	科学研究和技术服务业

续表

序号	企业名称	所属行业
71	大唐微电子技术有限公司	制造业
72	北京科勒有限公司	制造业
73	北京优贝在线网络科技有限公司	信息传输、软件和信息技术服务业
74	北京协和制药二厂有限公司	制造业
75	中电系统建设工程有限公司	建筑业
76	北京玻钢院复合材料有限公司	制造业
77	北京双杰电气股份有限公司	制造业
78	中建生态环境集团有限公司	建筑业
79	优赛恒创科技发展（北京）有限公司	租赁和商务服务业
80	紫光恒越技术有限公司	制造业
81	北京华德液压工业集团有限责任公司	制造业
82	华泰永创（北京）科技股份有限公司	科学研究和技术服务业
83	华云升达（北京）气象科技有限责任公司	信息传输、软件和信息技术服务业
84	畅捷通信息技术股份有限公司	信息传输、软件和信息技术服务业
85	中核控制系统工程有限公司	制造业
86	北京金自天正智能控制股份有限公司	制造业
87	北京城建智控科技股份有限公司	信息传输、软件和信息技术服务业
88	国网汇通金财（北京）信息科技有限公司	信息传输、软件和信息技术服务业
89	神策网络科技（北京）有限公司	信息传输、软件和信息技术服务业
90	北京中亦安图科技股份有限公司	信息传输、软件和信息技术服务业
91	曲美家居集团股份有限公司	制造业
92	北京动力源科技股份有限公司	制造业
93	北京钥途冷运物流有限公司	交通运输、仓储和邮政业
94	北京京乾锐机电设备有限公司	批发和零售业
95	同方药业集团有限公司	制造业
96	联通智网科技股份有限公司	信息传输、软件和信息技术服务业
97	神州细胞工程有限公司	制造业
98	隆平高科信息技术（北京）有限公司	信息传输、软件和信息技术服务业
99	北京高威科电气技术股份有限公司	科学研究和技术服务业
100	北京华亘安邦科技有限公司	制造业

附表 8　北京市专精特新企业市值 Top50①

序号	企业名称	所属行业
1	爱美客技术发展股份有限公司	科学研究和技术服务业
2	北京华大九天科技股份有限公司	科学研究和技术服务业
3	北京石头世纪科技股份有限公司	科学研究和技术服务业
4	圣邦微电子（北京）股份有限公司	制造业
5	北京君正集成电路股份有限公司	制造业
6	北京左江科技股份有限公司	科学研究和技术服务业
7	北京千方科技股份有限公司	科学研究和技术服务业
8	北京华峰测控技术股份有限公司	制造业
9	北京昭衍新药研究中心股份有限公司	科学研究和技术服务业
10	北京光环新网科技股份有限公司	信息传输、软件和信息技术服务业
11	北京佰仁医疗科技股份有限公司	科学研究和技术服务业
12	爱博诺德（北京）医疗科技股份有限公司	制造业
13	北京大豪科技股份有限公司	科学研究和技术服务业
14	北京掌趣科技股份有限公司	科学研究和技术服务业
15	北京元六鸿远电子科技股份有限公司	科学研究和技术服务业
16	北京中科江南信息技术股份有限公司	信息传输、软件和信息技术服务业
17	凌云光技术股份有限公司	制造业
18	北京天玛智控科技股份有限公司	制造业
19	北京义翘神州科技股份有限公司	科学研究和技术服务业
20	北京京运通科技股份有限公司	科学研究和技术服务业
21	北京九强生物技术股份有限公司	科学研究和技术服务业
22	森特士兴集团股份有限公司	制造业
23	掌阅科技股份有限公司	科学研究和技术服务业
24	北京天宜上佳高新材料股份有限公司	制造业
25	北京新雷能科技股份有限公司	科学研究和技术服务业
26	北京市春立正达医疗器械股份有限公司	制造业
27	北京亿华通科技股份有限公司	科学研究和技术服务业
28	北京中科润宇环保科技股份有限公司	科学研究和技术服务业
29	北京怡和嘉业医疗科技股份有限公司	科学研究和技术服务业

① 根据 2023 年 8 月底数据计算排名。

续表

序号	企业名称	所属行业
30	北京数码视讯科技股份有限公司	科学研究和技术服务业
31	北京百普赛斯生物科技股份有限公司	科学研究和技术服务业
32	北京铁科首钢轨道技术股份有限公司	科学研究和技术服务业
33	曙光数据基础设施创新技术（北京）股份有限公司	科学研究和技术服务业
34	北京海兰信数据科技股份有限公司	科学研究和技术服务业
35	美芯晟科技（北京）股份有限公司	科学研究和技术服务业
36	北京首都在线科技股份有限公司	科学研究和技术服务业
37	北京阳光诺和药物研究股份有限公司	科学研究和技术服务业
38	北京天智航医疗科技股份有限公司	科学研究和技术服务业
39	三末信安科技股份有限公司	信息传输、软件和信息技术服务业
40	国能日新科技股份有限公司	科学研究和技术服务业
41	首药控股（北京）股份有限公司	制造业
42	北京同有飞骥科技股份有限公司	科学研究和技术服务业
43	远江盛邦（北京）网络安全科技股份有限公司	信息传输、软件和信息技术服务业
44	北京星网宇达科技股份有限公司	科学研究和技术服务业
45	北京亚康万玮信息技术股份有限公司	信息传输、软件和信息技术服务业
46	北京合康新能科技股份有限公司	科学研究和技术服务业
47	北京晶品特装科技股份有限公司	制造业
48	北京格灵深瞳信息技术股份有限公司	信息传输、软件和信息技术服务业
49	北京铜牛信息科技股份有限公司	信息传输、软件和信息技术服务业
50	北京信安世纪科技股份有限公司	科学研究和技术服务业

附表 9 北京市专精特新企业商标注册 Top100①

序号	企业名称	所属行业
1	北京奇虎科技有限公司	信息传输、软件和信息技术服务业
2	北京智行者科技股份有限公司	信息传输、软件和信息技术服务业
3	美巢集团股份公司	制造业
4	梅卡曼德（北京）机器人科技有限公司	科学研究和技术服务业

① 根据 2022 年数据计算排名。

续表

序号	企业名称	所属行业
5	拓胜（北京）科技发展有限公司	批发和零售业
6	北京姿美堂生物技术股份有限公司	批发和零售业
7	北京地平线机器人技术研发有限公司	科学研究和技术服务业
8	北京云迹科技股份有限公司	信息传输、软件和信息技术服务业
9	北京深盾科技股份有限公司	信息传输、软件和信息技术服务业
10	北京思维造物信息科技股份有限公司	信息传输、软件和信息技术服务业
11	北京星辰天合科技股份有限公司	信息传输、软件和信息技术服务业
12	北京创新伙伴科技有限公司	信息传输、软件和信息技术服务业
13	北京仁创科技集团有限公司	科学研究和技术服务业
14	北京自如信息科技有限公司	信息传输、软件和信息技术服务业
15	北京镁伽机器人科技有限公司	批发和零售业
16	北京盖娅互娱网络科技股份有限公司	信息传输、软件和信息技术服务业
17	北京澳特舒尔保健品开发有限公司	制造业
18	北京可瑞生物科技有限公司	科学研究和技术服务业
19	北京智米科技有限公司	科学研究和技术服务业
20	北京卡尤迪生物科技股份有限公司	制造业
21	北京泽桥医疗科技股份有限公司	信息传输、软件和信息技术服务业
22	北京缔佳医疗器械有限公司	制造业
23	强联智创（北京）科技有限公司	科学研究和技术服务业
24	北京深势科技有限公司	科学研究和技术服务业
25	北京华彬立成科技有限公司	信息传输、软件和信息技术服务业
26	北京洛可可科技有限公司	科学研究和技术服务业
27	北京佳格天地科技有限公司	信息传输、软件和信息技术服务业
28	掌阅科技股份有限公司	信息传输、软件和信息技术服务业
29	北京滴普科技有限公司	信息传输、软件和信息技术服务业
30	北京至真健康科技有限公司	信息传输、软件和信息技术服务业
31	北京四环科宝制药股份有限公司	制造业
32	北京蓝亚盒子科技有限公司	信息传输、软件和信息技术服务业
33	北京酷我科技有限公司	信息传输、软件和信息技术服务业
34	北京物灵科技有限公司	批发和零售业
35	北京影谱科技股份有限公司	信息传输、软件和信息技术服务业
36	中科微针（北京）科技有限公司	科学研究和技术服务业

序号	企业名称	所属行业
37	北京行易道科技有限公司	制造业
38	北京朗迪制药有限公司	制造业
39	北京小仙炖生物科技有限公司	批发和零售业
40	北京智同精密传动科技有限责任公司	制造业
41	北京斯利安药业有限公司	制造业
42	学科网（北京）股份有限公司	教育
43	北京阳光印易科技有限公司	批发和零售业
44	北京尘锋信息技术有限公司	信息传输、软件和信息技术服务业
45	爱博诺德（北京）医疗科技股份有限公司	制造业
46	乐荟健康科技集团有限公司	租赁和商务服务业
47	北京轻舟智航智能技术有限公司	科学研究和技术服务业
48	北京多点在线科技有限公司	信息传输、软件和信息技术服务业
49	北京金米兰咖啡有限公司	制造业
50	博尔诚（北京）科技有限公司	制造业
51	北京来也网络科技有限公司	信息传输、软件和信息技术服务业
52	北京五一视界数字孪生科技股份有限公司	信息传输、软件和信息技术服务业
53	北京千丁智能技术有限公司	科学研究和技术服务业
54	北京中关村科金技术有限公司	信息传输、软件和信息技术服务业
55	易元数字（北京）科技集团有限公司	信息传输、软件和信息技术服务业
56	北京百悟科技有限公司	科学研究和技术服务业
57	北京梦想加信息技术有限公司	科学研究和技术服务业
58	北京柏惠维康科技股份有限公司	制造业
59	北京四环生物制药有限公司	制造业
60	北京通成网联科技有限公司	信息传输、软件和信息技术服务业
61	北京与光科技有限公司	科学研究和技术服务业
62	北京致远慧图科技有限公司	信息传输、软件和信息技术服务业
63	科美诊断技术股份有限公司	制造业
64	北京小唱科技有限公司	信息传输、软件和信息技术服务业
65	北京雷力海洋生物新产业股份有限公司	制造业
66	北京久幺幺科技有限公司	信息传输、软件和信息技术服务业
67	北京美联桥科技集团有限公司	批发和零售业
68	北京牛客科技有限公司	信息传输、软件和信息技术服务业

续表

序号	企业名称	所属行业
69	尚亦城（北京）科技文化集团有限公司	信息传输、软件和信息技术服务业
70	中国食品发酵工业研究院有限公司	科学研究和技术服务业
71	北京清博智能科技有限公司	信息传输、软件和信息技术服务业
72	北京农信通科技有限责任公司	信息传输、软件和信息技术服务业
73	北京九章云极科技有限公司	信息传输、软件和信息技术服务业
74	清研讯科（北京）科技有限公司	信息传输、软件和信息技术服务业
75	四季沐歌科技集团有限公司	批发和零售业
76	北京蓝晶微生物科技有限公司	科学研究和技术服务业
77	北京凯声文化传媒有限责任公司	信息传输、软件和信息技术服务业
78	北京金堤科技有限公司	信息传输、软件和信息技术服务业
79	北京猎户星空科技有限公司	制造业
80	北京尽微致广信息技术有限公司	信息传输、软件和信息技术服务业
81	艾柯医疗器械（北京）股份有限公司	制造业
82	北京柏睿数据技术股份有限公司	信息传输、软件和信息技术服务业
83	随心瑜（北京）科技有限公司	信息传输、软件和信息技术服务业
84	北京凌宇智控科技有限公司	信息传输、软件和信息技术服务业
85	北京梦之墨科技有限公司	信息传输、软件和信息技术服务业
86	北京康力优蓝机器人科技有限公司	批发和零售业
87	北京主线科技有限公司	科学研究和技术服务业
88	北京探境科技有限公司	信息传输、软件和信息技术服务业
89	北京智谱华章科技有限公司	信息传输、软件和信息技术服务业
90	北京全式金生物技术股份有限公司	制造业
91	北京康派特医疗器械有限公司	制造业
92	北京灵矾互联科技有限公司	信息传输、软件和信息技术服务业
93	北京德开医药科技有限公司	批发和零售业
94	东为商业集团有限公司	批发和零售业
95	法研众成（北京）教育科技有限责任公司	租赁和商务服务业
96	北京科拓恒通生物技术股份有限公司	批发和零售业
97	北京小罐茶业有限公司	批发和零售业
98	中科驭数（北京）科技有限公司	信息传输、软件和信息技术服务业
99	北京猫猫狗狗科技有限公司	科学研究和技术服务业
100	北京科莱博医药开发有限责任公司	科学研究和技术服务业

附表 10　北京市专精特新企业营业收入 Top100①

序号	企业名称	所属行业
1	北京比特大陆科技有限公司	信息传输、软件和信息技术服务业
2	北京首钢冷轧薄板有限公司	制造业
3	北京集创北方科技股份有限公司	制造业
4	北京光环新网科技股份有限公司	信息传输、软件和信息技术服务业
5	中都物流有限公司	交通运输、仓储和邮政业
6	北京热景生物技术股份有限公司	制造业
7	领先未来科技集团有限公司	批发和零售业
8	北京中都星徽物流有限公司	交通运输、仓储和邮政业
9	中电系统建设工程有限公司	建筑业
10	北京乐普诊断科技股份有限公司	制造业
11	北京康仁堂药业有限公司	制造业
12	掌阅科技股份有限公司	信息传输、软件和信息技术服务业
13	北京点众科技股份有限公司	信息传输、软件和信息技术服务业
14	北京华夏建龙矿业科技有限公司	批发和零售业
15	中铁十四局集团房桥有限公司	制造业
16	北京海纳川汽车部件股份有限公司	制造业
17	北京鸿联九五信息产业有限公司	信息传输、软件和信息技术服务业
18	罗森伯格亚太电子有限公司	制造业
19	华泰永创（北京）科技股份有限公司	科学研究和技术服务业
20	北京英惠尔生物技术有限公司	制造业
21	北京天玛智控科技股份有限公司	制造业
22	北京双杰电气股份有限公司	制造业
23	北京首创环境科技有限公司	批发和零售业
24	北京市政路桥建材集团有限公司	制造业
25	北京九洲科瑞科技有限公司	批发和零售业
26	北京博格华纳汽车传动器有限公司	制造业
27	威乐（中国）水泵系统有限公司	制造业
28	紫光同芯微电子有限公司	制造业
29	北京中铁建建筑科技有限公司	科学研究和技术服务业

① 根据 2022 年数据计算排名。

续表

序号	企业名称	所属行业
30	安东石油技术（集团）有限公司	采矿业
31	北京城建智控科技股份有限公司	信息传输、软件和信息技术服务业
32	优赛恒创科技发展（北京）有限公司	租赁和商务服务业
33	北京智飞绿竹生物制药有限公司	制造业
34	北京高威科电气技术股份有限公司	科学研究和技术服务业
35	华锐风电科技（集团）股份有限公司	制造业
36	北京四环科宝制药股份有限公司	制造业
37	北京国都互联科技有限公司	信息传输、软件和信息技术服务业
38	北京屹唐半导体科技股份有限公司	制造业
39	北京中建政研信息咨询中心	租赁和商务服务业
40	北京微播易科技股份有限公司	信息传输、软件和信息技术服务业
41	东方诚建设集团有限公司	建筑业
42	有研亿金新材料有限公司	制造业
43	紫光恒越技术有限公司	制造业
44	北京博恩特药业有限公司	制造业
45	北京朝歌数码科技股份有限公司	制造业
46	北京协和药厂有限公司	制造业
47	扬子江药业集团北京海燕药业有限公司	制造业
48	爱空间科技（北京）有限公司	科学研究和技术服务业
49	北京合纵科技股份有限公司	制造业
50	北京动力源科技股份有限公司	制造业
51	国网汇通金财（北京）信息科技有限公司	信息传输、软件和信息技术服务业
52	北京雪迪龙科技股份有限公司	制造业
53	北京铁科首钢轨道技术股份有限公司	制造业
54	中车环境科技有限公司	批发和零售业
55	北京中亦安图科技股份有限公司	信息传输、软件和信息技术服务业
56	精进电动科技股份有限公司	制造业
57	北京联馨药业有限公司	制造业
58	中联云港数据科技股份有限公司	信息传输、软件和信息技术服务业
59	北京维通利电气股份有限公司	制造业
60	北京戴纳实验科技有限公司	科学研究和技术服务业
61	北京 ABB 低压电器有限公司	制造业

续表

序号	企业名称	所属行业
62	中核大地勘察设计有限公司	科学研究和技术服务业
63	中建集成科技有限公司	制造业
64	北京凯因科技股份有限公司	制造业
65	北京科勒有限公司	制造业
66	睿至科技集团有限公司	信息传输、软件和信息技术服务业
67	北京同城必应科技有限公司	信息传输、软件和信息技术服务业
68	北京云杉信息技术有限公司	信息传输、软件和信息技术服务业
69	北京微梦传媒股份有限公司	租赁和商务服务业
70	北京数码视讯科技股份有限公司	制造业
71	曲美家居集团股份有限公司	制造业
72	中核控制系统工程有限公司	制造业
73	北京华光浩阳科技有限公司	建筑业
74	北京北大维信生物科技有限公司	制造业
75	北京格雷时尚科技有限公司	制造业
76	北京市永康药业有限公司	制造业
77	北京中日联节能环保工程技术有限公司	科学研究和技术服务业
78	北京米连科技有限公司	信息传输、软件和信息技术服务业
79	神州细胞工程有限公司	制造业
80	北京广利核系统工程有限公司	制造业
81	中铁建设集团机电安装有限公司	建筑业
82	北京英诺威尔科技股份有限公司	信息传输、软件和信息技术服务业
83	航天科工惯性技术有限公司	科学研究和技术服务业
84	北京天诚同创电气有限公司	制造业
85	北京创世云科技股份有限公司	信息传输、软件和信息技术服务业
86	北京航天万源科技有限公司	制造业
87	北京京东方能源科技有限公司	科学研究和技术服务业
88	明达海洋工程有限公司	建筑业
89	延锋海纳川汽车饰件系统有限公司	制造业
90	北京京诚凤凰工业炉工程技术有限公司	制造业
91	北京首创大气环境科技股份有限公司	水利、环境和公共设施管理业
92	北京神州数码云科信息技术有限公司	信息传输、软件和信息技术服务业
93	北京金沃夫生物工程科技有限公司	制造业

续表

序号	企业名称	所属行业
94	北京中科江南信息技术股份有限公司	信息传输、软件和信息技术服务业
95	华电水务工程有限公司	科学研究和技术服务业
96	萨姆森控制设备（中国）有限公司	制造业
97	北京小仙炖生物科技有限公司	批发和零售业
98	北京中铁装饰工程有限公司	建筑业
99	哇棒（北京）移动技术有限公司	信息传输、软件和信息技术服务业
100	北京康辰药业股份有限公司	制造业

附表 11　北京市专精特新企业净利润 Top100①

序号	企业名称	所属行业
1	北京玻钢院检测中心有限公司	科学研究和技术服务业
2	北京溢美四方软件技术有限公司	批发和零售业
3	北京比特大陆科技有限公司	信息传输、软件和信息技术服务业
4	中广核风电有限公司	租赁和商务服务业
5	中广核太阳能开发有限公司	租赁和商务服务业
6	北京热景生物技术股份有限公司	制造业
7	北京海纳川汽车部件股份有限公司	制造业
8	北京乐普诊断科技股份有限公司	制造业
9	博奥生物集团有限公司	科学研究和技术服务业
10	北京集创北方科技股份有限公司	制造业
11	睿至科技集团有限公司	信息传输、软件和信息技术服务业
12	北京交科公路勘察设计研究院有限公司	科学研究和技术服务业
13	北京博恩特药业有限公司	制造业
14	北京首创环境科技有限公司	批发和零售业
15	北京石头创新科技有限公司	信息传输、软件和信息技术服务业
16	北京智飞绿竹生物制药有限公司	制造业
17	北京博格华纳汽车传动器有限公司	制造业
18	北京大豪科技股份有限公司	制造业
19	北京智明星通科技股份有限公司	信息传输、软件和信息技术服务业

① 根据 2022 年数据计算排名。

序号	企业名称	所属行业
20	北京天玛智控科技股份有限公司	制造业
21	北京康仁堂药业有限公司	制造业
22	北京乐信圣文科技有限责任公司	信息传输、软件和信息技术服务业
23	北京白龙马云行科技有限公司	信息传输、软件和信息技术服务业
24	北京义翘神州科技股份有限公司	制造业
25	北京华夏建龙矿业科技有限公司	批发和零售业
26	北京屹唐半导体科技股份有限公司	制造业
27	北京瑞普北光电子有限公司	制造业
28	北京汇成基金销售有限公司	金融业
29	北京雪迪龙科技股份有限公司	制造业
30	北京协和药厂有限公司	制造业
31	北京联馨药业有限公司	制造业
32	鲲鹏基因（北京）科技有限责任公司	制造业
33	中联云港数据科技股份有限公司	信息传输、软件和信息技术服务业
34	北京铁科首钢轨道技术股份有限公司	制造业
35	北京中科江南信息技术股份有限公司	信息传输、软件和信息技术服务业
36	北京ABB低压电器有限公司	制造业
37	北京金沃夫生物工程科技有限公司	制造业
38	优赛恒创科技发展（北京）有限公司	租赁和商务服务业
39	北京金隅红树林环保技术有限责任公司	水利、环境和公共设施管理业
40	北京优贝在线网络科技有限公司	信息传输、软件和信息技术服务业
41	北京北大维信生物科技有限公司	制造业
42	北京海鑫科金高科技股份有限公司	信息传输、软件和信息技术服务业
43	北京首钢冷轧薄板有限公司	制造业
44	原子高科股份有限公司	制造业
45	北京旭阳科技有限公司	科学研究和技术服务业
46	北京晓程科技股份有限公司	科学研究和技术服务业
47	国网汇通金财（北京）信息科技有限公司	信息传输、软件和信息技术服务业
48	北京中都星徽物流有限公司	交通运输、仓储和邮政业
49	大龙兴创实验仪器（北京）股份公司	制造业
50	北京斯奎德量子技术有限公司	科学研究和技术服务业
51	北京闲徕互娱网络科技有限公司	信息传输、软件和信息技术服务业

续表

序号	企业名称	所属行业
52	安东石油技术（集团）有限公司	采矿业
53	北京万邦达环保技术股份有限公司	科学研究和技术服务业
54	北京协和制药二厂有限公司	制造业
55	北京东方红航天生物技术股份有限公司	制造业
56	北京康彻思坦生物技术有限公司	制造业
57	北京戴纳实验科技有限公司	科学研究和技术服务业
58	北京玩蟹科技有限公司	信息传输、软件和信息技术服务业
59	北京韩建河山管业股份有限公司	制造业
60	北京创阅科技有限公司	信息传输、软件和信息技术服务业
61	北京中石伟业科技股份有限公司	制造业
62	威乐（中国）水泵系统有限公司	制造业
63	北京德开医药科技有限公司	批发和零售业
64	北京展心展力信息科技有限公司	信息传输、软件和信息技术服务业
65	北京京瀚禹电子工程技术有限公司	科学研究和技术服务业
66	北京七星华创微电子有限责任公司	制造业
67	北京康蒂尼药业股份有限公司	制造业
68	北京祥瑞生物制品股份有限公司	制造业
69	萨姆森控制设备（中国）有限公司	制造业
70	科美诊断技术股份有限公司	制造业
71	北京英诺特生物技术股份有限公司	科学研究和技术服务业
72	北京康吉森自动化技术股份有限公司	制造业
73	中铁十四局集团房桥有限公司	制造业
74	北京天山新材料技术有限公司	制造业
75	北京中亦安图科技股份有限公司	信息传输、软件和信息技术服务业
76	北京超思电子技术有限责任公司	制造业
77	扬子江药业集团北京海燕药业有限公司	制造业
78	北京数码视讯科技股份有限公司	制造业
79	龙基能源集团有限公司	科学研究和技术服务业
80	北京四环科宝制药股份有限公司	制造业
81	北京晶亦精微科技股份有限公司	制造业
82	北京华芯微半导体有限公司	信息传输、软件和信息技术服务业
83	北京天一恩华科技股份有限公司	信息传输、软件和信息技术服务业

序号	企业名称	所属行业
84	中节能（北京）节能环保工程有限公司	科学研究和技术服务业
85	友康生物科技（北京）股份有限公司	制造业
86	北京康辰药业股份有限公司	制造业
87	北京华德液压工业集团有限责任公司	制造业
88	北京亿心宜行汽车技术开发服务有限公司	信息传输、软件和信息技术服务业
89	北京水滴科技集团有限公司	信息传输、软件和信息技术服务业
90	北京米可世界科技有限公司	信息传输、软件和信息技术服务业
91	北京中关村科金技术有限公司	信息传输、软件和信息技术服务业
92	北京健乃喜生物技术有限公司	制造业
93	瑞泰科技股份有限公司	制造业
94	北京华亘安邦科技有限公司	制造业
95	北京迈基诺基因科技股份有限公司	科学研究和技术服务业
96	罗森伯格亚太电子有限公司	制造业
97	北京中海沃邦能源投资有限公司	采矿业
98	北京科勒有限公司	制造业
99	同方药业集团有限公司	制造业
100	北京首创大气环境科技股份有限公司	水利、环境和公共设施管理业